ERNST SAMHABER

Weltgeschichtliche Zusammenhänge

Perspektiven für die Zukunft

BERTELSMANN
LEXIKON-VERLAG

Redaktion: Birgit-Kristina Koch, M.A.

Verlagsgruppe Bertelsmann GmbH / Bertelsmann Lexikon-Verlag
Gütersloh · Berlin · München · Wien 1976
Gesamtherstellung Mohndruck Reinhard Mohn OHG, Gütersloh
Printed in Germany
 · ISBN 3-570-05209-5

Inhaltsverzeichnis

Stunden der Entscheidung

Wozu Geschichte? Wir leben in einer technischen Zeit. Da soll die industrielle Produktion gehoben, der Wohlstand gesichert werden. Dazu müssen vor allem Maschinen gebaut werden. Der Sinn technischer Leistung ist über jeden Zweifel erhaben. Aber Geschichte? Geschichtskenntnisse bringen ja nichts ein. Da dreht sich nicht ein Rad schneller; da wird nicht eine Tonne Kohle, nicht eine Tonne Stahl mehr erzeugt. Da wächst nicht ein Halm mehr auf den Feldern. Doch gibt es Stunden, da Entscheidungen gefällt werden müssen. Das sind meist nicht Sternstunden der Geschichte, sondern Stunden höchster Gefahr. Eine einzige falsche Entscheidung kann ein Land und ein Volk zugrunde richten. Erst später zeigt es sich, welche unheilvollen Folgen es haben kann, von der Geschichte zu wenig zu wissen, von der eigenen Geschichte, aber auch von der anderer Länder.

In den ersten Tagen des Jahres 1917 schien der Krieg für das Deutsche Reich und seine Verbündeten verloren. Österreich-Ungarn war am Ende seiner Kraft angelangt. Die russische »Brussilow«-Offensive war nur mühsam aufgefangen worden. Im Westen hatte die Sommeschlacht die Kräfte der deutschen Truppen aufgezehrt und ihre Standfestigkeit in beängstigendem Umfange untergraben. Das zeigte sich, als die Franzosen unter Nivelle bei Verdun zum Gegenangriff übergingen. Es war zu befürchten, daß die Franzosen und die Engländer im Frühjahr mit gestärktem Selbstbewußtsein, mit überlegenen Streitkräften und einem ungeheuren Materialaufwand angreifen und die geschwächten deutschen Linien durchbrechen würden. Gab es noch eine Rettung?

In dieser verzweifelten Lage versprach die deutsche Marineleitung, den Krieg innerhalb von fünf Monaten siegreich zu beenden, falls die politische Führung dem »unbegrenzten« Unterseebootkrieg zustimmte. Alle wußten es: Der unbegrenzte Unterseebootkrieg würde die Kriegserklärung der Vereinigten Staaten nach sich ziehen. Das glaubte die deutsche Führung immerhin verantworten zu können. Was wußten die Herren schon von den Entwicklungen, die sich inzwischen in Übersee abgespielt hatten? Ein Mann wie Ludendorff war im Kadettenkorps erzogen worden. Da lernte man das nicht. Aber die Zivilisten? Der Reichskanzler v. Bethmann-Hollweg verfügte über eine ausgezeichnete humanistische Bildung. Doch hatte gerade sie sein Weltbild erweitert?

Da begann Geschichte mit den Griechen, lief hinüber zur »Ewigen Stadt« Rom, die ihre Macht immer weiter ausbreitete, bis das römische Imperium entstand; als seine Nachfolger gestalteten und trugen die »germanisch-romanischen« Völker »die« Weltgeschichte und als Erbe Ostroms die Osmanen und die Russen. Außerhalb dieses Raumes blieben Länder, Erdteile und Völker weitgehend im dunkeln. Wie sollte ein deutscher Staatsmann mit Gebilden rechnen, die sich dort entwickelt hatten?

Die Reichsregierung ließ die politischen Folgen außer acht in der Hoffnung auf militärische Ergebnisse. Die Admiräle und der Vizekanzler Helfferich versprachen, mit den fünf Unterseebooten, die sie an der Front einzusetzen vermochten – ebenso viele waren auf dem Weg zur Front, ebenso viele auf dem Rückweg, der Rest lag in der Heimat zur Reparatur –, das britische Weltreich binnen vier Monaten zu überwinden. Mehr Zeit blieb nach Auskunft der Soldaten auch nicht mehr. Nachträglich wissen wir, daß alle Voraussagen, die für diese Entscheidung angeführt wurden, nicht stimmten. Zwar errangen die Unterseeboote große, überraschende Erfolge, aber sie hätten wohl selbst dann den britischen Kriegswillen nicht brechen können, wenn es ihnen gelungen wäre, noch mehr Handelsschiffe zu versenken.

Doch brachte die Revolution in Rußland, die im März 1917 ausbrach, eine überraschende Wendung. Die Österreicher wurden entlastet, deutsche Truppen wurden frei. Im Westen brach die großangelegte Offensive Nivelles am Chemin des Dames blutig zusammen. Sie scheiterte an der neuen Abwehrtaktik, die Ludendorff eingeführt hatte. Und der britische, schlecht durchdachte Angriff in Flandern erstickte im Sumpf. Aber die politischen Folgen des unbeschränkten Unterseebootkrieges, von den Staatsmännern kaum durchdacht und nicht verstanden, wogen auf der Waagschale der Geschichte alle diese militärischen Erfolge auf. Die Nordamerikaner brachten mit dem ganzen Gewicht ihrer

Industrie die Entscheidung. Im November 1918 verließ der Kaiser bei Nacht und Nebel das Reich.

Bei der Suche nach den Schuldigen fiel das Wort vom Volk, das gestreikt, von den Soldaten, die versagt, von den Novemberverbrechern, die das Reich zugrunde gerichtet hätten. Als ob an ihnen die Schuld gelegen hatte! Was den Verantwortlichen gefehlt hatte, war ein umfassendes und zeitgemäßes Geschichtsbild von den Vereinigten Staaten. Dazu gehörten allerdings gründliche Kenntnisse. Was die Amerikaner in den Krieg hineingeworfen haben, gab den Ausschlag. War es wirklich unmöglich, 1917 vorauszusehen, was kommen würde? Bereits 1913 entfiel auf die USA über die Hälfte der gesamten Weltstahlgewinnung; sie stellten also allein mehr Stahl her als alle anderen Länder zusammen. Diese Überlegenheit hatte sich während und wegen des Krieges in Europa noch weiter zu ihren Gunsten verbessert. In den Zahlen der Stahlerzeugung spiegelt sich nur die technische und industrielle Macht der Vereinigten Staaten wider. Von den Politikern und den Soldaten kaum gewürdigt, war jenseits des Atlantiks eine gewaltige Weltmacht entstanden.

Was Industrie und Technik für die Politik, was sie militärisch bedeuten, welches Gewicht den Vereinigten Staaten zukam, das haben die Deutschen selbst nach dem Ersten Weltkrieg nicht verstanden. Im Herbst 1940 fuhr der amerikanische Journalist Karl v. Wiegand ins Führerhauptquartier, um Hitler davor zu warnen, nach seinem Sieg in Frankreich eine uferlose Eroberungspolitik zu treiben; früher oder später würde das die Vereinigten Staaten zum Eingreifen veranlassen. »Was wollen die Amerikaner schon?« entgegnete Hitler. »Sie haben kein Heer und keine Flotte. Bis sie eine solche geschaffen haben, ist der Krieg schon längst entschieden. Und dann können sie weder Menschen noch Material rechtzeitig nach Europa schaffen, dafür sorgen schon meine Unterseeboote und meine Flugzeuge.« – »Dasselbe, fast wörtlich dasselbe, hat mir 1917 der Kaiser geantwortet, als ich ihn warnte«, sagte Wiegand. »Sie werden sehen, was die Amerikaner tun werden. Sie werden herüberkommen, mit Menschen und Material in überwältigender Fülle, und sie werden die deutschen Heere besiegen und das Deutsche Reich zerstören.« Was verstand Hitler schon von Amerika! Er hatte nichts von 1918 gelernt. Auch den Zweiten Weltkrieg hat Amerika entschieden.

Waren jedoch die Amerikaner wesentlich klüger? Ein Geschichtsprofessor stand während des Ersten Weltkrieges an der Spitze der Vereinigten Staaten: Präsident Wilson. Er lebte geistig noch im 19., wenn nicht gar im 18. Jahrhundert, in der Zeit des großen Freiheitskampfes, als das Gute wider das Böse focht, als die Siedler über Königtum, Fremdherrschaft und Knechtschaft siegten. Damals hatten die Nordamerikaner die Fackel der Freiheit und der Demokratie entzündet; nun waren sie berufen, diese hehren Ideale über die ganze Welt zu tragen. Sein »Geschichtsbild« Europas war schlicht und einleuchtend. Im Westen gab es freie Demokratien, im Osten feudale, finstere Gewaltherrschaft. Hier gab es freie Bürger und feudale Großgrundbesitzercliquen, da gab es unterdrückte Völker und monarchische Gewaltherrschaft. Nur das Selbstbestimmungsrecht der Völker konnte diese Verworrenheit und Ungerechtigkeit beenden. Von den geschichtlich gewachsenen Verhältnissen in Europa verstand er im Grunde nichts. Wilson hatte eine zwar lesbare, aber einseitige Geschichte der Vereinigten Staaten geschrieben mit der ganzen Hochachtung vor dem, was die Väter der Unabhängigkeit, die Urheber der Verfassung und die Kämpfer wider die Sklaverei geleistet hatten.

Er unterlegte auch den Begriffen der europäischen Geschichte eine amerikanische Bedeutung. Wilson sprach vom »Volk«, und er meinte »the people«, die einfachen Leute, die von Magnaten, feudalen Großgrundbesitzern, von Junkern, einer Militärclique, von Kaisern und Königen unterdrückte und ausgebeutete Schicht. Die Europäer faßten dieses Wort ethnisch. Sie meinten, ein »Volk«, das sich von einem anderen durch Sprache und Kultur, durch Geschichte und Herkommen unterscheidet.

Für die Amerikaner spielten solche Unterschiede keine Rolle. Sie haben die Einwanderer aus den verschiedensten Teilen Europas im großen Schmelztiegel zur »Nation« umgeformt. Sie haben durch ihre Sitten und Gebräuche die völkischen Unterschiede aufgehoben. Wer in den Vereinigten Staaten aufgenommen werden wollte, mußte sich anpassen: er wurde Amerikaner. Jede politische Selbständigkeit der einzelnen Landschaften und Staaten haben die Nordamerikaner aber mit großer Härte unterdrückt. Sie haben die abgesprungenen Südstaaten in jahrelangem blutigem Bürgerkrieg wieder in die »Union« eingefügt. Daß die Frage der Sklaverei zum eigentlichen Streitpunkt im Sezessionskrieg erhoben wurde, hat der Entschlossenheit, die politische Einheit zu wahren, zwar ein moralisches Gewicht verliehen, war aber zweitrangig.

Unter amerikanischer Mitwirkung entstand in Versailles und den Pariser Vororten, wo die Friedensschlüsse mit den Verbündeten Deutschlands ausgehandelt wurden, ein Europa, das sich zwar angeblich auf dem Selbstbestimmungsrecht aufbaute, in dem jedoch die Grenzen rücksichtslos von den Siegern nach ihren Interessen gezogen wurden. Die Folgen blieben nicht aus. Von 1918 bis 1939 blieben der Balkan und Ostmitteleuropa ein ständiger Unruheherd. Es war kein Zufall, daß der Funke, der den Zweiten Weltkrieg auslöste, sich gerade in diesem Gebiet entzündete. Hier braute sich das Mißtrauen der Völker untereinander, der Haß gegeneinander zusammen, der bedenkenlosen Politikern die Handhabe zum Kriege bot. Ahnte Wilson, was er durch seine Politik heraufbeschwor, die sich nach moralischen Idealen ausrichtete? Ihm fehlten gründliche Geschichtskenntnisse jener Gebiete, über die er großzügig verfügte. Wußte er, was er damit seinem eigenen Volke antat, das sich 23 Jahre später wieder gezwungen sah, in die europäischen Wirren einzugreifen? Hatte er begriffen, daß auch Amerikas Schicksal von Europa abhing?

Der Brite Lloyd George und der Franzose Clemenceau – beide praktische Politiker – hatten zwischen den Idealen Wilsons und den »Interessen ihrer Länder«, wie sie sie sahen, zu steuern. Sie wollten jeweils möglichst viel für ihr Land erreichen – und sie fragten nicht lange bei der Geschichte an, welche Folgen wohl eine solche Politik haben würde. Sie schufen Versailles. Staatsmänner glauben nur zu leicht, besonders klug zu handeln, wenn sie nüchtern und kalt bleiben, um möglichst viel für ihr Volk durchzusetzen. Unterstützt werden sie dabei von den Soldaten, denen die Diplomaten immer noch nicht weit genug gehen, nach dem Spruch, daß die »Feder verdirbt, was das Schwert geschaffen«. Geschichtliche Erinnerungen können beim großen Raubzug nur stören. Zwanzig Jahre nach Versailles standen nicht nur die Sieger, sondern die ganze Welt vor einer neuen Katastrophe. Haben die Sieger des Jahres 1945 von dieser Erkenntnis Nutzen gezogen?

Was sich 1919 in Versailles vollzog, wiederholte sich, wenn auch unter veränderten Umständen, 1945 in Jalta. Wieder sollte ein amerikanischer Präsident ein entscheidendes Wort über Ostmitteleuropa mitsprechen, wieder fehlten ihm die notwendigen geschichtlichen Kenntnisse. – Das ganze Gebiet von der Ostsee bis zum Schwarzen Meer und zur Adria fiel den Sowjets zu. Die Engländer hatten zwar 1939 dem verbündeten Polen seine Grenzen zugesichert, um den souveränen Staat zu stärken; jetzt aber gaben sie ihre Zusage preis. Die Nachfolgestaaten der Habsburger Monarchie, Rumänien, Ungarn, die Tschechoslowakei und Jugoslawien ebenso wie Bulgarien überantworteten sie dem kommunistischen Einfluß, was darauf hinauslief, daß sie diese Länder der Sowjetunion opferten. Nur in Griechenland blieben die Briten hart; hier fühlten sie sich in ihrer Vormachtstellung am Mittelmeer unmittelbar bedroht. Roosevelt glaubte damals noch, allerdings bereits als todkranker Mann, er könne, ja er müsse »Onkel Joe« vertrauen. Umfassende Geschichtskenntnisse hätten ihn vor zuviel Vertrauen bewahrt. Das Ergebnis war der »kalte Krieg«. Noch 30 Jahre nach Potsdam stehen amerikanische Truppen in Europa, um ein weiteres Vorrücken der Sowjets zu verhindern.

Das Wissen um die Vergangenheit kann gewiß nicht Politik ersetzen. Es kann nur den Blick für die wirkenden Kräfte der Gegenwart schärfen. Es genügt nicht, die Lage allein aus dem Blickwinkel des Augenblicks her zu beurteilen. Das Bild wird schief, wenn nicht sogar falsch. Da erscheint der Gegner von heute als der Erbfeind, der seit langer Zeit der Bösewicht schlechthin gewesen ist. So galten nach 1870 die Franzosen als die »Erbfeinde« der Deutschen. Dabei hat es bis 1870 keinen Krieg gegeben, in dem »die Deutschen« geschlossen gegen »die Franzosen« gestanden hätten. Noch bei der Völkerschlacht von Leipzig fochten die Sachsen und die Bayern auf seiten Napoleons.

Die Geschichte lehrt vor allem eines: Aus dem »Feind« von gestern ist immer wieder – manchmal innerhalb überraschend kurzer Zeit – der gute Nachbar oder der Freund und der Verbündete in der Not geworden. Bis Waterloo waren Briten und Franzosen »Todfeinde«, 1914 und 1939 aber waren sie auf Gedeih und Verderb miteinander verbündet. Hat sich die politische Lage gründlich verändert, dann wird auch »Geschichte« umgeschrieben; dann tauchen aus der Vergangenheit die vielen Beispiele des Zusammenstehens wieder auf, die während jener Zeit zurückgedrängt worden waren, da die »Erbfeindschaft« als unabwendbares Schicksal angesehen wurde. Meist beginnt das geschichtliche Interesse für fremde Länder und gar für entfernt wohnende Völker erst dann, wenn die politische oder die wirtschaftliche Auseinandersetzung sich bereits abzeichnet. Dann ist es häufig genug zu spät.

Man begnügt sich nur zu gern mit der Vergangenheit des eigenen Volkes, vielleicht zieht man noch diejenigen Nachbarn hinzu, mit denen es kriegerische Zusammenstöße gegeben hat oder die als Bundesgenossen aufgetreten sind, alle die also, die – meist bedauerlicherweise – in die eigene Geschichte hineingewirkt haben. Betrachtet man die Völker unter dem Gesichtspunkt des Freund-Feind-Verhältnisses, so erscheinen die Räume außerhalb des eigenen Erlebens als gleichgültig. Im Dunkel bleiben jene Völker, die noch nicht das eigene Schicksal berührt haben, bis dann unerwartet eine bisher zwar nicht unbekannte, aber unbeachtete Macht in unseren Lebensbereich einbricht und politisch, wirtschaftlich oder kulturell unser Leben beeinflußt. Dann erst stellen wir verwundert fest, was sich anderswo entfaltet hat. Daß auch in der Vergangenheit solche Einflüsse bis in unsere Heimat hineingewirkt haben, wird gern übersehen.

Seit etwa anderthalb Jahrhunderten spielt in der Geschichte Europas das Gebiet zwischen Danzig–Adriaküste–Krim eine bedeutsame Rolle. In diesem Dreieck vollzog sich ein gut Teil der europäischen Politik: der griechisch-rumänische Aufstand von 1821, der die Freundschaft Rußland–England und damit die Heilige Allianz sprengte; der ungarische Aufstand 1848, der zum Eingreifen der zaristischen Truppen führte und damit das auf dem Wiener Kongreß mühsam aufgebaute Gleichgewicht in Mitteleuropa zerstörte und den Krimkrieg möglich machte; der wiederum hat es erst dem Preußen Bismarck erlaubt, den Krieg gegen Frankreich siegreich zu führen und das Deutsche Reich zu gründen, da er nun der russischen Rückendeckung sicher sein konnte. Der Erste Weltkrieg ist auf dem Balkan ausgebrochen, der Zweite Weltkrieg hat sich an der polnischen Grenze entzündet.

Im Geschichtsbewußtsein der europäischen Völker hat dieses Gebiet jedoch nur eine untergeordnete Beachtung gefunden. Alle starrten wie gebannt auf den Rhein, dort, wo angeblich seit den Tagen Karls V. alle großen Entscheidungen zwischen Frankreich, England und Deutschland gefallen sind. Für Rußland hat das ostmitteleuropäische Dreieck bis 1805 nur eine bescheidene Rolle gespielt; seitdem aber wurde gerade dieses Gebiet für die Russen von größter geschichtlicher Bedeutung. Selbst als das Habsburger Reich und das Osmanische Reich zerschlagen waren, blieb diese Zone für die europäische Politik – und nicht nur für sie – bedeutsam. Sie ist es auch heute noch!

Es genügt eben nicht, nur diejenigen Länder zu kennen, die in der Vergangenheit eine politische Rolle für unser eigenes Land gespielt haben. Die Welt verändert sich; sie schrumpft immer mehr zusammen, im gleichen Maße, wie sich die Räume dadurch weiten, daß sich die Verkehrsbeziehungen bessern. Für Goethe schien es noch recht unwichtig, ob »ferne weit in der Türkei« die Völker aufeinanderschlugen. Der Erste Weltkrieg ist in einem Gebiet entflammt, das zu Goethes Zeiten noch zum Osmanischen Reiche gehörte. Der Zweite Weltkrieg führte deutsche Soldaten bis vor das Niltal und bis zum Kaukasus.

Für die Russen in Petersburg und Moskau galt der Ferne Osten noch lange Zeit als nebelhaft weites Kolonialgebiet, bis in der Mandschurei im Krieg gegen Japan 1905 die große militärische Entscheidung fiel. Seit der Zeit wissen die Russen, was Ostasien bedeutet. Mit dieser Niederlage erhielt die innerpolitische Revolution im Zarenreich einen entscheidenden Anstoß. Heute muß die Sowjetunion an ihrer Ostgrenze mit dem neuen, selbstbewußten China rechnen, also mit einem ernsthaften Gegner, den man kennen muß. Was aber heißt »kennen«?

Die Politiker glauben häufig, Verständnis für andere Völker zu beweisen, wenn sie deren »Interessen« kennen und richtig abwägen. Sie studieren die Außenhandelszahlen, untersuchen, wohin die Ausfuhr geht, woher die Einfuhr stammt, welche Waren benötigt, welche verkauft werden müssen. Das sind gewiß Tatsachen. Sie zu kennen genügt aber nicht. Auch die offenen und überdeckten Grenzstreitigkeiten, der gemeinsame Gegner, die religiösen und die kulturellen, vielleicht auch die ideologischen und innenpolitischen Gemeinsamkeiten reichen nicht aus. Alles das gehört zwar zum Verständnis, aber selbst damit bleibt man in der Gegenwart. Man sucht herauszufinden, wie man selber angesichts dieser Verhältnisse wohl handeln würde, um zu erkennen, wo die »Interessen« der anderen liegen und wohin voraussichtlich ihre Politik zielt. Wenn die anderen »ganz gegen die wahren Interessen« sich anders verhalten, ist man erstaunt. Es stellt sich dann häufig genug heraus, daß die Politik von der Geschichte bestimmt wird.

Seit 300 Jahren hat das Zarenreich beziehungsweise die Sowjetunion eine gemeinsame, wenn auch immer noch umstrittene Grenze mit China. Hat die politische Berührung jedoch ein tieferes Verständnis für das Volk jenseits dieser Grenze geweckt? Führt überhaupt eine vordergründige Bekanntschaft nicht eher zu einem Zerrbild – einerseits zur Unterschätzung, andererseits häufig zum Schreckbild – als zu nutzbringender Kenntnis? Die russisch-chinesische Zusammenarbeit nach 1948 auf der gemeinsamen Grundlage der kommunistischen Lehre scheiterte an einem tiefreichenden Mißverständnis des einen Nachbarn gegenüber dem anderen. Jeder sah im anderen sein eigenes Bild und entrüstete sich, daß der Bundesgenosse aus ganz anderen geistigen Grundlagen heraus dachte und handelte.

Ein lebendiges Weltbild gewinnt man nicht nur durch ein Wissen von Tatsachen allein, man muß zum Verständnis anderer Völker kommen, und dazu gehört auch ihre Geschichte. Solche Geschichtskenntnisse dürfen sich allerdings nicht nur auf die oberen Ebenen der Geschehnisse beschränken, sondern müssen auch die untere Ebene der tragenden Gefühle und Vorstellungen umfassen. Gerade manche Zwangsvorstellung ist historisch zu erklären, muß historisch erklärt werden. Die Psychologie spricht von den Erlebnissen, die – teilweise in frühester Jugend – das Denken und Fühlen eines Menschen maßgebend bestimmt haben. Freud spricht von einem »Trauma«. Auch im Leben der Völker gibt es Erlebnisse, die nur schwer, wenn überhaupt, zu verwinden sind. Diese »Traumata« aufzudecken ist eine der großen Aufgaben der Geschichtsforschung. Gerade hierin wird sie für die praktische Politik der Gegenwart von unschätzbarem Wert.

Ein Ereignis kann auf das eine Volk einen großen, das gleiche auf ein anderes einen nebensächlichen Eindruck machen. Die beiden Weltkriege haben das Weltbild der nordamerikanischen Nation nur an der Oberfläche berührt. Beide Male waren die blutigen Verluste zwar schwer, aber nicht außergewöhnlich hoch. Beide Male ging Nordamerika reicher aus dem Krieg hervor. Die schwere Weltwirtschaftskrise der Jahre 1929/1933 jedoch hat einen ganz ungeheuren Eindruck hinterlassen, der auch heute noch nachklingt. Infolge des schweren wirtschaftlichen Rückschlags suchte eine erschreckende Not das Land heim. Entscheidend aber für die Erinnerung der Nation war, daß Nordamerika nach einem Aufschwung sondergleichen das Vertrauen zu sich selber und zu seiner Zukunft verlor. Nur ein anderes geschichtliches Ereignis hat vielleicht einen ähnlich tiefen Eindruck gemacht: als die Sowjets den ersten Sputnik in den Weltraum sandten. Da wurde den Amerikanern bewußt, daß sie in der technischen Entwicklung zurückgefallen waren, daß ihr Land nicht länger völlig unangreifbar war. Zum ersten Male fühlten sich die Bewohner der Vereinigten Staaten wirklich »bedroht«.

Das Bild, das wir uns von unserer Vergangenheit machen – weniger die Vergangenheit selber –, färbt die Zukunft. Es gibt Völker, die nur schwer zu einem abgewogenen Bild ihrer Geschichte finden. Sie hegen gegen das, was einst geschehen ist, ein tiefes, fast unüberbrückbares Mißtrauen. Deswegen sehen sie immer nur Teile, und zwar nur jene, die ihnen verständlich erscheinen, nie aber das Ganze. Sie fühlen sich einig mit denjenigen, die ihnen blutsmäßig, dem Glauben oder der Sprache nach nahestehen. Daß zu ihrer wahren, umfassenden Geschichte auch die anderen gehören, die Unterworfenen, die Geschlagenen, die Unterdrückten, wollen sie nicht wahrhaben. So verschiebt sich das Geschichtsbild; da es einseitig ist, weckt es falsche Vorstellungen, solche der Selbstüberschätzung, indem man nur die lichtvollen Seiten der eigenen Geschichte gelten läßt, oder solche tiefer Niedergeschlagenheit, weil man die bedrückte Gegenwart an der glanzvollen Vergangenheit mißt. Die Spanier von heute fühlen sich als die Erben der Männer aus dem Norden, die einst die Moslems vertrieben. Daß in ihren Adern wohl mehr Blut von den Besiegten in diesem jahrhundertelangen Ringen pulst als der wenigen Krieger aus den dünnbesiedelten Bergen Asturiens und Galiziens, von wo die Rückeroberung, die Reconquista, ausging, »verdrängt« man.

Man »verdrängt« in der Geschichtsbetrachtung überhaupt sehr gern. Die arabischen Völker fühlen sich als die Erben der Helden, die unter dem Propheten Mohammed die halbe Welt eroberten. Doch läßt sich nachrechnen, daß die wenigen Tausend Reiter, die aus der arabischen Wüste aufbrachen, allein niemals die Völker zwischen dem Atlantik und dem Iran gebildet haben können. Den wesentlichen Blutanteil stellten die Bewohner jener gleichen Landstriche, die damals überrannt und bekehrt wurden. Die arabische Sprache hat sich erst im Laufe von Jahrhunderten, vor allem als Sprache des Koran, durchgesetzt.

Mussolini schwärmte vom Mittelmeer als dem »mare nostrum«. Dabei sah er sich als Erbe des antiken Roms. Was hatten jedoch die Italiener des 20. Jahrhunderts mit den Römern des Kaisers Augustus noch gemein? Gewiß, das Lateinische ist als italienische Sprache erhalten geblieben. Aber in den 20 Jahrhunderten sind unzählige verschiedenartige Scharen nach Italien geströmt; sie haben das »Volk« gründlich verändert. Dennoch hat das Bild des mächtigen Imperium Romanum das Weltbild »der Italiener« mit geformt, anspornend ebenso wie niederdrückend im Bewußtsein der eigenen Schwäche. Nichts ist beschämender, als den eigenen Niedergang mit der vielbewunderten Stellung der Vorfahren zu vergleichen. Es bleibt der Stachel des Vorwurfes, versagt zu haben. Läßt sich das Versagen vielleicht aus der Geschichte erklären? Oder ist es tatsächlich nur die eigene Unzulänglichkeit? Muß es weiterhin so bleiben?

Das Bild der Geschichte enthält auch die dunklen Schatten furchtbarer Erinnerungen. Mit ihnen werden die Gefahren lebendig, denen das Volk nur knapp entgangen ist, die schrecklichen Niederlagen, in denen Heer und Reich zerbrachen, die Demütigungen und die qualvollen Leiden. Zweieinhalb Jahrhunderte mußten die Russen die mongolische Fremdherrschaft erdulden. Sie hatten fast unerträgliche Tribute zu zahlen; es kamen die entsetzlichen Sklavenjagden, die Hunderttausende in Ketten in fremde Länder – einem entsetzlichen Schicksal entgegen – führten. Damals haben die Russen ein inneres Verhältnis zur Macht bekommen, zur Gewalt, zum allmächtigen Staat, zur Herrschaft eines unumschränkten Zaren. Diese tiefverwurzelte, geschichtlich bedingte Einstellung hat den Sturz des Zarenreiches überstanden und fand in Stalin einen neuen Vertreter.

An die Zeit der politischen Ohnmacht erinnert man sich nicht gern. Teilungen, wie die in Polen, werden weggewischt, bis Freiheit und Selbständigkeit errungen sind – die dann wieder gewaltsam unterdrückt werden. Heute möchten die Polen die Teilung ihres westlichen Nachbarn verewigen. Sie weigern sich, aus ihrer eigenen Geschichte die Lehre zu ziehen, daß dies gefährlich ist.

Die Juden sahen in ihrer Geschichte immer wieder die strafende Hand Gottes, sosehr sie seinem Schutz unterstanden. Ihr Reich wurde zerschlagen, ihre Vorfahren in die babylonische Gefangenschaft verschleppt, dann von den Römern vertrieben. Erst im 20.

Jahrhundert kamen sie zu einem eigenen Reich. Die Araber wollen von dieser Geschichtsauffassung nichts wissen, die die geschichtliche Entwicklung der letzten beiden Jahrtausende beiseite schiebt. Auch bei anderen Völkern gibt es Einschnitte, die das Denken und das Fühlen, die Politik und die wirtschaftliche Einstellung tief berühren und bestimmen. Nur zu häufig verdrängen Völker gerade jene Erlebnisse, die sie auf das tiefste bedrücken.

Oft sind es ja nicht die Höhepunkte der Geschichte, die stolzen Siege oder die großartigen Eroberungen, die sich tief ins Herz eingraben, sondern jene Schrecken und Sorgen, die dem Versagen folgten, die Ängste und die Verzweiflung nach der Niederlage. Wer spricht schon gern davon? Diese Eindrücke, ihre äußeren Umstände, ihre wirtschaftlichen und sozialen Folgen, ihre Auswirkungen auf Geist und Gemüt der Zeitgenossen wie deren Nachfahren lehren uns erst verstehen, was die betreffenden Völker formte und bestimmte. Von dem düsteren Tag, da die Athener ihre Stadt verließen, um sich auf ihren Schiffen in Sicherheit zu bringen, bevor die Perser alles einäscherten, sprachen sie nicht viel. Von dem Sieg, da die Flotte des Xerxes geschlagen war und sein Heer den Rückzug antrat, kündeten die Dichter. Aber wie tief saß der vorangegangene Schrecken im Volk von Athen?

Was berührte wohl die Römer mehr, die Niederlage bei Cannae, als Hannibal auf ihre Stadt vorrückte, oder der Sieg bei Zama, der den gefährlichen Gegner endlich zu Boden warf? Überall schlummert in der Seele der Völker die Erinnerung an schreckliche Tage und furchtbare Zustände. Manchmal scheinen sie schon längst vergessen zu sein, doch dann brechen sie plötzlich wieder hervor und verbreiten Angst und zuweilen sogar Panik. Solche Schrecken zu übergehen, weil man längst weiß, daß alles nicht so schlimm ausgegangen ist, wie es den Zeitgenossen schien, liegt offenbar in der menschlichen Natur.

Tiefer noch sitzt die Abneigung gegen alles, was Geschichte darstellt, wenn sie nicht logisch zu begründen ist, sondern auf uneingestandene und dennoch übermächtige Gefühle zurückgeht. Wenn Geschichte mit Schuld unlösbar verknüpft ist! Wenn sie sich aus Erlebnissen zusammensetzt, die man abschütteln möchte, die quälen und dennoch aus der Erinnerung nicht ausgelöscht werden können. Das ist Geschichte, die man nicht »bewältigen« kann – die man nicht in den Bereich kühlen Abwägens und kritischer Vernunft emporzuheben vermag, weil sie zu schwer und zu niederdrückend ist. Wir haben das in Deutschland nach 1945 erlebt, als Geschichte »ausgeklammert«, beiseite geschoben und vergessen werden sollte – was nicht möglich war. Einen solchen Versuch hat es immer wieder und bei fast allen Völkern gegeben, doch sind sie meist mit ihrer Vergangenheit dadurch fertig geworden, daß sie sie anders deuteten. Mit der Zeit erwacht aber auch dort das Bewußtsein aller Schrecken, die die Vorfahren verursacht haben.

Die Last der aufgehäuften Schuld zeigt als erschütterndes Beispiel die Geschichte der Sklaverei. Sie ist uralt. Besonders im 18. Jahrhundert, aber noch bis ins 19. hinein wurde Afrika von dieser Plage heimgesucht. Millionen wurden bei den Sklavenjagden erschlagen, Millionen kamen unterwegs auf dem Meere jämmerlich um, und von denen, die dann in Amerika ins Sklavenjoch eingezwängt wurden, ist ein großer Teil bald elend zugrunde gegangen. Die Übriggebliebenen erwartete ein trauriges Dasein. Für die Sklavenjäger, die Sklavenhändler und die Sklavenhalter schien das eine naturgegebene, ja eine gottgewollte Ordnung zu sein. Erst die Enkel und Urenkel empfinden die beunruhigende Erbschaft in ihrer ganzen Folgewirkung – und in ihrer schweren moralischen Belastung. Die Rassenunruhen in Amerika, das Aufbegehren der Afrikaner gegen den Kolonialismus, die Aufstände im südlichen Sudan und der unbarmherzige Krieg in Biafra sind ohne den geschichtlichen Hintergrund der Sklaverei kaum zu verstehen.

Diese Betrachtung wirft eine andere Frage auf: Wie lassen sich in einer geschichtlichen Untersuchung die Erinnerungen der verschiedenen Volksschichten zu einer einheitlichen nationalen Geschichte zusammenfassen? Ganz besonders drängend wird die Frage, wenn zwischen den verschiedenen Schichten die große Schuld steht, das Vorgehen der einen gegen die anderen, ob aus religiösen, ob aus sprachlichen, ob aus sozialen Gründen, bleibt dabei zweitrangig. Wir sprechen von einer »deutschen«, einer »englischen«, einer »amerikanischen« Geschichte. Solange man von der herrschenden Dynastie sprechen konnte, war die Ausrichtung des Blickfeldes gegeben.

In Nordamerika waren es die weißen Siedler, die die Geschichte bestimmten. Im Kampf gegen Indianer und Franzosen standen sie noch zusammen. Nach dem Unabhängigkeitskriege mußten jedoch viele Tausende von »loyalen« Untertanen des britischen Königs das Land verlassen. Sie zogen vorwiegend nach Kanada, das erst dadurch zu einer britischen Kolonie – und der treuesten für anderthalb Jahrhunderte! – wurde. Gehören diese »Kanadier« noch zur Geschichte der Vereinigten Staaten, wenn auch nur so lange, bis sie ihr Heimatland verließen? Rechnen die Kanadier auch ihre Zeit in den heutigen Vereinigten Staaten zu »ihrer Geschichte«? Aber dann erhebt sich wiederum die Frage: Wie sehen die französisch sprechenden Kanadier ihre »Geschichte«? Daß die Vergangenheit auch bei ihnen lebendig ist, zeigt der Sprachenstreit, der heute die kanadische Innenpolitik – und zuweilen selbst die Außenpolitik – erfüllt.

Welche Rolle spielen die Neger in der Geschichte der Vereinigten Staaten? Sind sie nur eine »Unterschicht«, die an der eigentlichen Geschichte – nämlich der der Weißen – gar nicht teilgenommen hat, sind sie nur ein Objekt, kein Subjekt dieser Geschichte? Oder müssen nicht auch die geistigen und – nicht zu unterschätzen – auch die blutsmäßigen Ströme, die in die nordamerikanische »Nation« hineingeflossen sind, ausreichend beachtet werden? Und umgekehrt: Was bedeutet die Geschichte des 16. und 17. Jahrhunderts in Amerika für den Abkömmling dessen, der in Ketten gegen Ende des 18. Jahrhunderts dorthin verschleppt wurde? Rückwärts schauend lassen sich die verschiedenen Bäche aus vielen Quellen erkennen, die zusammen den breiten Strom der jetzt »einheitlich« erscheinenden Nation gespeist haben. Aber wann beginnt »amerikanische« Geschichte für den heutigen Nordamerikaner? Wenn seine Vorfahren zu den Pilgrimvätern gehörten? Wenn sie erst im 19., gar im 20. Jahrhundert einwanderten? Wenn sie als freie Männer, wenn sie als Lohnverpflichtete, wenn sie als Sklaven kamen? Was bedeutet ein Bruch wie der Bürgerkrieg für den Norden und was für den besiegten Süden?

Alles das, was in den Vereinigten Staaten so klar als Problem zu erkennen ist, gilt für alle »Nationen«. Was hat die »deutsche« Geschichte zu schildern? Seit wann umfaßt sie das Gebiet östlich der Elbe? Wann gibt sie Böhmen wieder auf? Umschließt sie die französisch sprechenden Teile im Westen? Sie haben doch jahrhundertelang zum »Reich« gehört und über die Luxemburger sogar das Herrscherhaus gestellt! Die »deutsche Nation« des 20. Jahrhunderts hat kaum etwas mit den »Deutschen« der Zeit der Hohenstaufen gemein, weder die Sprache noch das Blut, noch die

Wohnsitze. Wo liegen die Grenzen? Wie soll ein Bewußtsein der »eigenen« Geschichte erwachsen, wenn alle diese Fragen nicht geklärt sind?

Die »Nationen« Lateinamerikas haben bis tief ins 20. Jahrhundert hinein ihre »Geschichte« damit beginnen lassen, daß Spanier und Portugiesen in Amerika erschienen. Inzwischen hat man auch die Indianer wieder als untrennbaren Bestandteil der Nation anerkannt, in der Gesellschaft wie in der Politik. Auch in der Geschichte? Schon rücken sie in manchen Republiken in den Vordergrund des öffentlichen Lebens. Trägt das Geschichtsbild dem Rechnung? Überspielt werden alle Zweifel an der einheitlichen »Nation« mit einem »Nationalismus«, der nicht von der geistigen Einheit lebt, sondern von der Grenze, die die »Nation« von den Nachbarn scheidet. Jenseits der Grenze steht der andere, der Bundesgenosse oder der Feind.

Damit allein kommt man jedoch nicht zu dem Selbstverständnis, das die »Geschichte« vermitteln soll. Wichtiger als die Abgrenzung nach außen ist die innere Einsicht, daß das, was als »Geschichte« dargestellt wird, höchst eigene Vergangenheit über die Vorfahren darstellt. Und diese Geschichte umfaßt nun einmal auch die Zeiten in anderen Ländern, in anderen Erdteilen, wie in Afrika.

Amerigo Castro sah das formende Erlebnis der spanischen Geschichte in der Vertreibung der Mauren von der iberischen Halbinsel. Vor der Reconquista gab es keine »spanische Nation« und damit auch keine »spanische Geschichte«. Iberer und Punier, Kelten, Römer und Goten und schließlich Araber lebten in Spanien. Sie gehörten jeweils anderen Kulturbereichen und anderen umfassenden sozialen Gemeinwesen an. »Spanier« waren es nicht. Unter der arabischen Herrschaft blühten Córdoba, Sevilla und Granada auf. Geistig und politisch, wirtschaftlich und sozial wurde Südspanien »maurisch«, und das heißt städtisch, hochentwickelt, den Wissenschaften hingegeben. Die Bewohner des Nordens jedoch hielten am Christentum, an der ländlichen Lebensweise und an den kriegerischen Idealen fest. Der Kampf gegen die Mauren war zugleich ein Kampf gegen eine Lebensform, die ihnen im tiefsten Herzen zuwider war, und gegen eine erdrückende geistige und wirtschaftliche Überlegenheit. Im Kampf gegen die Mauren bildeten sich jene Merkmale heraus, die den Spanier teilweise bis heute noch auszeichnen, obwohl die Nachfahren aller jener Völker, die je auf Spaniens Boden gelebt haben, immer noch dort vertreten sind. Spanien wurde durch die Reconquista nicht nur christlich, sondern auch so, wie es zum Teil bis heute geblieben ist: unduldsam, herrisch, stolz und ritterlich, dem Jenseits mehr hingegeben als der praktischen Tätigkeit in der Wirtschaft, durchglüht von den hohen Idealen und minderbegabt, den Gegebenheiten des täglichen Lebens Rechnung zu tragen. Wer die Spanier verstehen will, muß ihre Geschichte kennen.

Die Vergangenheit – im weitesten Sinne des Wortes – ist immer lebendig. »Geschichte« ist nicht nur in den Büchern für den Unterricht und in den Reden der Politiker gegenwärtig! Geschichte ist ein Teil unseres Lebens; die Vergangenheit läßt sich nicht auslöschen, mag man sich noch so sehr von ihr abwenden, sie vergessen wollen, sie beschönigen, verteidigen, rechtfertigen – die Vergangenheit bleibt mit unserem Leben unentrinnbar verknüpft, im Fühlen, aber auch im Denken. Nur die Geschichte erklärt den Dollpunkt, der Gegenwehr auslöst, wenn man ihn berührt.

Geschichte ist für ein Volk oder eine Nation einer der wichtigen Schlüssel zum Erkennen seiner selbst. Die »Vergangenheit« erklärt zweifellos nicht alles. Aber wer sie nicht kennt, dem fehlt ein bedeutsamer Zugang, um den anderen zu verstehen. Wer nur auf die eigene Vergangenheit schaut, wer aus ihr die anderen Völker beurteilen will, wer die eigenen Erfahrungen, den eigenen »Dollpunkt« auch auf die Nachbarn, gar auf andere Erdteile überträgt, der muß zu falschen Schlüssen kommen.

Will die Geschichtswissenschaft ihren Zielen gerecht werden, muß sie nach neuen Gesichtspunkten suchen. Es gilt, ihre Methoden zu überprüfen, es gilt zugleich auch, den Ausgangspunkt der Fragen neu festzulegen. Vor allem aber muß das Gebiet, mit dem sich die Geschichtswissenschaft beschäftigt, unserer Zeit angepaßt sein. Mit den Vorstellungen des 19. Jahrhunderts läßt sich die Welt des 20. weder begreifen noch meistern. Die Erdteile sind zusammengewachsen. Eine gemeinsame Wirtschaft umfaßt sie. Die Weltwirtschaftskrise hat alle getroffen. In der UNO hat die politische Zusammenarbeit ihre Organisation gefunden. Nur in der Geschichtsbetrachtung klammern wir uns weiterhin an die eigene Nation. Von diesem engen Rahmen aus wollen wir Geschichte schlechthin beurteilen. Noch fehlen uns manche Kenntnisse. Aber ist das ein Grund, um auf »Weltgeschichte« zu verzichten?

Machen Männer Geschichte?

Es gibt im Leben der Völker dramatische Stunden. Da rücken die Heere gegeneinander vor zur »entscheidenden« Schlacht. Langsam schoben sich bei Morgarten die Gewalthaufen der Schweizer gegen die gepanzerten Ritter der Habsburger vor und brachten deren Reihen ins Wanken, die langen Spieße gesenkt, dazwischen der »verlorene Haufen« mit dem »Biedenhänder«, dem nur mit zwei Händen zu fassenden Schwert. Da fegen auf den Katalaunischen Feldern die hunnischen Reitergeschwader heran mit Pfeil und leichtem Bogen. Sie versuchen vergeblich, die römischen Reihen zu durchbrechen. Vergeblich sind auch die arabischen Reiter zwischen Tours und Poitiers gegen die Mannen des Franken Karl Martell angeritten. Sie mußten zurück. Ihr Ansturm zerbrach am festen Widerstand des feindlichen Fußvolkes.

Die Männer waren überzeugt, daß sie in diesen Stunden das Schicksal ihres Heeres und ihres Volkes für die nächsten Jahre, vielleicht sogar für unabsehbare Zeit entschieden haben. Von diesem Gedanken waren sowohl die Feldherren wie die Staatsmänner, aber auch die Geschichtsschreiber durchdrungen. »Entscheidungsschlachten der Weltgeschichte« wurden geschlagen. Erziehung und Ausbildung des Soldaten waren darauf ausgerichtet, sich in diesen Stunden zu »bewähren«, und das hieß, sein Leben einzusetzen. Der Sieg war wichtiger als der Einzelne. Kein Opfer schien zu groß dafür. Wenn sich abends die Sonne senkte, ritt der siegreiche Feldherr über das »blutgetränkte« Schlachtfeld. Nun war er der Herr; nun mußte sich der geschlagene Feind seinem Willen beugen. Die Welt sah für Sieger wie Besiegte von diesem Tag an anders aus. Waren die Opfer zu groß? Auf dem Schlachtfeld lagen die Kameraden und Kampfgenossen, lagen die Freunde, lag vielleicht der Sohn. Gemessen werden durften diese Opfer nur am Ergebnis. Und das war – oder schien – der Sieg.

Mag der Sieger noch beiseite schieben, was ihn sein Erfolg gekostet hat; der Besiegte wird die Tragik um so deutlicher empfinden, als seine Opfer vergebens waren. König Karl XII. sprengt nach der Niederlage bei Poltawa eilends davon, um sich im Osmanischen Reich in Sicherheit zu bringen. Napoleon reitet mit verhängtem Zügel vom Schlachtfeld bei Waterloo. Sie können sich noch glücklich schätzen; sie überlebten die Schlacht. Den stolzen Burgunderherzog Karl den Kühnen fand man erschlagen auf einem zugefrorenen Teich bei Nancy. Der junge König von Portugal, Sebastian, erlag den Marokkanern. Der römische Kaiser Valerian fiel in die Hände der Sassaniden, der Osmanenkaiser Bayasid in die der Mongolen unter Tamerlan. Im Triumph wurden sie vom Feinde mitgeführt. Das stolze Bild vom Sieg hat auch seine Schattenseiten. Nur hört man wenig davon. Der Besiegte hat wenig zu vermelden.

Geschrieben wird Geschichte meist von den Siegern. Sie berufen sich nachträglich nicht nur auf ihren Erfolg, sondern auch auf ihr »Recht«. Gott hat entschieden. Er hat – selbstverständlich – den Sieg der »gerechten Sache« zugeteilt; er hat das Unrecht bestraft, den Frevler gezüchtigt. Nun singen und sagen die Barden und Dichter vom »großen« König, vom überragenden Feldherrn, vom Mut der Mannen. Nun formt sich das Bild ihrer Taten. Der »Kriegsgrund« erscheint in einem neuen Licht. Da wird der Frevel der anderen Seite sichtbar und die berechtigte Empörung über die Niedertracht des Gegners verständlich. Um so heller erstrahlen der Ruhm und die Tugend des Siegers. Das war ein Mann! Um ihn standen wahre Männer, entschlossen, ihre Aufgabe zu erfüllen, mutig und treu. Deutlich kann man erkennen: Männer machen Geschichte!

Unsere Geschichtsbetrachtung geht auf die alten Römer zurück. Im Verlauf von tausend Jahren wuchs der kleine Stadtstaat Rom langsam zum umfassenden römischen Imperium heran. Immer in der Verteidigung, immer nur bedacht, die Götter nicht zu erzürnen, immer im Rahmen des Rechts, des römischen wie des Völkerrechts, hat sich die Macht der kleinen Stadt am Tiber über den ganzen Mittelmeerraum und schließlich von Schottland bis zum Euphrat, von den Karpaten bis zum 2. Katarakt am Nil ausgedehnt. Die Erweiterung des Reiches ließ sich an den entscheidenden Schlachtensiegen ablesen. Immer hat ein Feldherr den Feind niedergeworfen und damit den Krieg gewonnen. Immer haben kluge, weitschauende Staatsmänner die Richtung der Politik bestimmt. Sie haben den Staat aufgebaut, indem sie dem Recht zum

Sieg verhalfen, indem sie soziale Spannungen beseitigten, Ordnung schufen und die Heere aufstellten, die dann den Feind niederwarfen. Männer machten Geschichte! Teilweise haben sie selber Geschichte geschrieben, wie der große Caesar, oder sie fanden den Dichter, der sie verherrlichte, wie Augustus den Vergil, oder unterhielten die Geschichtsschreiber, die von den Taten der Großen erzählten, einen Livius, einen Tacitus.

Von diesen Historikern haben wir die Art, »Geschichte« zu betrachten, übernommen. Wir fragen schon kaum noch, ob die römische Geschichte tatsächlich so verlief, wie die siegreichen Römer sie uns schildern. Unter Augustus beginnen die ersten Rückschläge. Wieder scheint es, als ob eine »Entscheidungsschlacht« die Wende brachte, die Schlacht des Cheruskers am Teutoburger Wald. Dabei wird übersehen, daß der Rachefeldzug des Germanicus das militärische Gleichgewicht wiederherstellte. Aber Tiberius, selber ein erfahrener, sieggewohnter Feldherr, gab das Land östlich des Rheins freiwillig wieder auf. Er sah das Wohl seines Reiches in einem Frieden mit den Germanen, nicht in endlosen Feldzügen durch Wälder und Sümpfe. Dafür hat ihn die Nachwelt verurteilt. Er wurde in der römischen Geschichtsschreibung zum finsteren Tyrannen, der nur aus Neid und Mißtrauen gegen den jungen Germanicus den Sieg und die Eroberung wieder preisgab. Kein würdiger »Römer«! Dabei hat er dem Römischen Reich eigentlich die lange Zeit gültigen Grenzen gesetzt. Für die Römer alten Stils jedoch durften diese Grenzen erst an den Grenzen des Erdkreises liegen. Klingt das nicht erhebend?

Die alten Griechen waren vorsichtiger. Thukydides, der größte aller griechischen Geschichtsschreiber – einer der größten überhaupt –, gehörte als Athener zu den Besiegten im Peloponnesischen Krieg um die Vormachtstellung in Hellas. Er war zwar von der Überzeugung durchdrungen, daß die bedeutendsten Männer seiner Zeit, Politiker wie Perikles und Alkibiades, Denker wie Platon und Sokrates, in Athen lebten und nicht in Sparta, aber diese Männer waren machtlos, das Schicksal zu wenden. Perikles raffte die Pest dahin; die anderen scheiterten an ihren eigenen Landsleuten, an deren Neid, Eifersucht, Heimtücken und deren Machtgelüsten. Die »Verhältnisse« – um zunächst einen allgemeinen Ausdruck zu verwenden – erwiesen sich als stärker denn die »Männer«.

Dann aber erschien der strahlende Held, der »Mann« in Idealgestalt, der große Alexander! Aus dem kleinen Makedonien zog er mit seinem Heer über den Hellespont, um die Herrschaft der Perser zu brechen. Er schlug Schlacht auf Schlacht, am Granikus, bei Issus und bei Gangamela. So wurde er Erbe des riesigen Perserreiches. Er begründete das Zeitalter des Hellenismus. Jahrhundertelang werden die Völker vom Mittelmeer bis nach Indien hinein von den Taten und dem Ruhm dieses Helden sprechen, Griechen und Römer, Araber und Perser, Ägypter und Inder. Er prägte die Länder des Alexander-Reiches weit über sein Zeitalter hinaus, vielfach bis tief ins Mittelalter hinein.

Der Psychologe versteht, daß wir mit dem »Helden« fühlen. Er weiß auch, daß wir uns verbunden wissen mit dem großen weisen Staatsmann – wie einem George Washington, dem »Vater« der Nation – oder mit dem unerschütterlichen Befreier, wie dem Südamerikaner Bolivar, der die Kolonialherrschaft der Spanier brach. Sie überwinden den Zweifel. An ihnen erweist sich: Es ist ein erhebendes Erlebnis, einen wirklich großen Mann handeln zu sehen, ganz gleich, auf welchem Gebiet das geschieht, ganz gleich, wie man selber zu diesem Eingreifen stehen mag, ob man es billigt, ob man es begrüßt oder gar verdammt. Die Leistung an sich ist es, die wir da bewundern. Männer machen Geschichte. In ihnen verkörpert sich alles, was an bewegender Kraft in den Völkern lebendig zu sein scheint. Sie geben den Befehl zum Angriff, sie tragen die Verantwortung. Sie gewinnen oder sie verlieren die Schlacht. Sie tragen den Staat oder richten ihn zugrunde. Man weiß zu unterscheiden: Auf der einen Seite stehen die wahren Feldherren – die die Schlachten gewinnen –, die wahren Staatsmänner, die die dauerhafte Ordnung schaffen – und auf der anderen Seite stehen die Heer- und Reichsverderber, die Schwächlinge, die Zauderer, die Unfähigen – oder die Übermütigen, die Leichtsinnigen.

Vor dem Auftreten Dschinghis Khans bildeten die Mongolen nur eine in sich zersplitterte Gruppe von Steppenvölkern. Dschinghis Khan faßte sie zusammen, besiegte einen Gegner nach dem anderen, erst die Nachbarn, dann die Moslems in Turkestan, die Perser und die Chinesen. Seine Feldherren drangen bis Rußland, bis Polen, bis Ungarn, bis Syrien, bis Indien vor. Seine Nachfolger eroberten China. Ohne diese eine große Gestalt hätte es das mongolische Weltreich sicher nicht gegeben. Hat hier nicht ein

Mann, und nur er allein, Geschichte gemacht? Und hat nicht auch sein später Nachfahr, Tamerlan, ein großes Reich geschaffen, hat nicht er durch seinen Sieg über die Osmanen wenigstens für ein halbes Jahrhundert die Geschichte des oströmischen Reiches gestaltet?

Auch bei diesen überragenden Persönlichkeiten zeigt sich, wie begrenzt doch insgesamt das Wirken eines Einzelnen bleibt. Das Reich Dschinghis Khans zerfiel unter seinen Nachfolgern. Ein halbes Jahrtausend später waren die Mongolen besiegt und unterworfen, in Europa so gut wie in Asien. Die Geschichtsforschung wird zu ergründen suchen, warum es damals einem Einzelnen gelang, eine so ungewöhnliche Wirkung zu erreichen. Lag das nur an ihm? Lag das an den Zuständen seiner Zeit, an der Schwäche der Gegner, an den Mitteln, auf die er sich stützen konnte? Es genügt nicht, nur die Taten des Einzelnen hervorzuheben, man muß sie im Zusammenhang, im Rahmen der Zeit und der Zustände sehen. Es gibt sicher »Männer« in der Geschichte, doch sie allein »machen« sie nicht.

Doch wird das Urteil häufig von Erfolg oder Mißerfolg bestimmt. Als ob der Sieg ausschließlich von den Fähigkeiten und den Tugenden abhängt! Schlachten werden eben nicht allein von den »Männern«, weder von den Feldherren noch von den Kriegern und Soldaten entschieden! Viele Umstände wirken mit, die allerdings vielfach schwierig zu erkennen und zu überschauen sind. Bedeutende Feldherren erlitten schließlich eine schwere Niederlage. Hannibal wurde nach seinen vielen Siegen bei Zama geschlagen. Er floh nach Kleinasien. Julian Apostata, Sieger über die Germanen, scheiterte gegenüber den Persern. Der Angelsachse Harold schlug zwar die Norweger, erlag aber den Normannen aus Frankreich. Caesar wurde vielleicht nur dank seines frühen Todes vor einer Niederlage durch die Parther bewahrt. Sein Feldherr Mark Anton war diesen Gegnern jedenfalls mit einem größeren Heer, als es Caesar aufzubieten vermochte, nicht gewachsen.

Nach jedem Krieg – wie nach manchem Kartenspiel – stellen die Beteiligten Überlegungen auf, wie sie »Fehler« hätten vermeiden sollen, wie sie verspielte Gelegenheit hätten nutzen sollen. Nur zu leicht nimmt man an, daß eine kleine Wendung der getroffenen Entscheidungen die Weltgeschichte umgestaltet hätte. Hätte Hannibal nach der Schlacht bei Cannae Rom gestürmt, hätte Caesar seine germanische Leibwache in den Senat mitgenommen, hätte Napoleon die Schlacht bei Waterloo zwei Stunden früher begonnen! Spekulationen über Spekulationen! Verständlich, wenn man davon ausgeht, daß Männer Geschichte machen, daß ihre Fehler also auch das Schicksal gestalten. Doch ist es wohl kaum zulässig, anzunehmen, daß die eigene Partei alle Fehler, die nun einmal begangen wurden, vermeidet, die andere jedoch ihre Fehler getreulich beibehält.

Fehler auf der einen Seite gleichen sich mit solchen auf der anderen aus. Irren ist menschlich, auch – oder gerade – bei Männern, die Entscheidungen zu treffen haben. Es ist nicht nur reizvoll, sondern für spätere Geschlechter wertvoll, zu überdenken, welche Fehler im einzelnen begangen wurden, wie sie zu erklären, wie sie in einem späteren Falle zu vermeiden wären. Nur soll man sich keinem Irrtum hingeben: Der eine Fehler wird vermieden, ein anderer wird begangen.

Am Schachbrett stehen sich zwei Spieler gegenüber, die mit gleichwertigen Figuren nach festen Regeln gegeneinander »kämpfen«. Auf dem Schlachtfeld hingegen begegnen sich nicht nur Feldherren, sondern Soldaten aus Völkern mit verschiedenartigen Vorstellungen, mit ungleichen moralischen Reserven, mit unterschiedlicher Ausrüstung. Diese Unterschiede werden durch die geschichtliche Entwicklung bedingt. Die »Männer«, die befehlen, sind an die Heere gebunden. Sie sind auf die moralischen und materiellen Kräfte ihrer Truppen oder ihres Volkes angewiesen. Verkennen sie den Rahmen ihrer Handlungsfreiheit, wollen sie sich über die nun einmal gegebenen Grenzen hinwegsetzen – erfüllt von der eigenen Bedeutung und Fähigkeit –, müssen sie scheitern.

Gerade die größten und bedeutendsten Feldherren und Staatsmänner erleben aus diesem Grunde den tiefsten Fall. Sie überschreiten den Kreis, der durch die tatsächlichen Machtverhältnisse, die Größe der gegenüberstehenden Heere, durch die unterschiedliche Bewaffnung, durch die wirtschaftliche Kraft der miteinander ringenden Völker gesetzt wird. Wallenstein hoffte, mit dem Ruf, der seinen Namen begleitete, alle seine Gegner niederwerfen zu können. Im alten Peru waren die Inka gewohnt, siegreich alle Nachbarn zu überwinden – bis die Spanier mit überraschend neuen Waffen erschienen. Da half ihnen keine Todesverachtung; ihre

Steinschwerter waren den Stahlwaffen der Europäer nicht gewachsen. Die unbekannten Pferde verbreiteten, zusammen mit dem Donner der Feuerwaffen, trotz allem Gleichmut und aller Todesverachtung bei den Indianern einen panischen Schrecken.

Wir müssen abwägen: Wie weit reicht die Kraft eines einzelnen Mannes? Es wird sich immer wieder zeigen, daß von hervorragenden Feldherren oder Staatsmännern, von kühnen Unternehmern und weisen Denkern der Gang der Weltgeschichte zweifellos tiefreichend mitgeformt wurde. Cortez hat mit seiner unermüdlichen Tatkraft, seiner Standfestigkeit inmitten der schwersten Stunden sicher wesentlich dazu beigetragen, daß ein kleines spanisches Heer das anscheinend so mächtige und reiche Mexiko eroberte. Ein anderer wäre wohl gescheitert. Aber hätte sich nicht schließlich doch die beträchtliche technische Überlegenheit der Spanier durchsetzen müssen, angesichts der lockenden Reichtümer, die in Mexiko zu gewinnen waren? Pizarro hat mit einem einzigen Schlag – mit der Gefangennahme des Atahualpa – das Inkareich gewonnen, zweifellos eine der großen Taten der Weltgeschichte. Hätte sich Peru jedoch auf die Dauer halten können, selbst wenn es keinen Pizarro gegeben hätte?

Napoleon entschloß sich 1810, selber in Spanien einzugreifen, um Madrid wiederzuerobern. Spanische Batterien sperrten den Übergang, Napoleon befahl den polnischen Schwadronen, den Paß frei zu machen. Den Einwand des polnischen Reiterführers wischte Napoleon weg: Das Wort »unmöglich« kenne ich nicht. Tatsächlich gelang es den Polen, reitend die vier Batteriestellungen des Feindes zu nehmen. Madrid fiel. Der spanische Widerstand zerstob. Da drohten die vorrückenden Briten das französische Heer im besetzten Gebiet einzuschließen. Napoleon befahl den Marsch zurück über die Guadarrama, die inzwischen – verschneit und vereist – nahezu unpassierbar geworden war. Die Truppen kamen kaum vorwärts. Sie murrten. Mitten unter den Soldaten der Alten Garde marschierte ihr Feldherr, zu Fuß wie sie. Er hörte die Klagen, er spürte die wachsende Erregung; man solle diesen Wahnsinnigen totschlagen. Ohne ein Wort schritt er weiter. Der Übergang gelang.

Nun sahen sich die Briten, die die Franzosen von ihrer Rückzugslinie abschneiden wollten, ihrerseits von ihren Häfen im Nordwesten der iberischen Halbinsel abgeschnitten. In Eilmärschen strebten sie auf Coruña zurück. Es war ein Wettlauf mit der Zeit. Da erhielt Napoleon eine eilige Botschaft aus Paris. Nachts saß er stundenlang schweigend am Lagerfeuer, dann übergab er den Befehl seinen Marschällen und ritt, ohne Pause zu machen, nach Paris zurück. Dort hatten bereits Talleyrand und Fouchet verräterische Pläne mit dem Ausland gesponnen. Seine Marschälle aber gaben dem Drängen der übermüdeten Soldaten nach; sie legten eine Marschpause von drei Tagen ein, und so entkamen die Engländer auf ihre Schiffe, ähnlich wie 1940 bei Dünkirchen. Sie haben die Franzosen schließlich aus der iberischen Halbinsel vertrieben.

Mag man vielleicht die Taten der großen Feldherren überschätzen – auf anderen Gebieten haben große Männer Erstaunliches, vielleicht Entscheidendes geleistet. Ohne die jahrzehntelangen Anstrengungen des portugiesischen Prinzen Heinrich des Seefahrers wären die Küsten Afrikas kaum erforscht, der Seeweg nach Indien sicher sehr viel später gefunden worden. Hat Prinz Heinrich nicht »Geschichte« gemacht? Ohne seine Verdienste zu verkleinern, muß man aber auch seine Zeit kennen, um ihn zu verstehen: die wachsende Kenntnis der fremden Länder, die Schriftsteller und die Kartenzeichner, auf die er zurückgriff. Wir wissen, mit welchem Eifer er etwa die Reisebeschreibung des Marco Polo studierte. Unbestritten ist auch, daß Kolumbus Amerika entdeckte; es steht zwar fest, daß vor ihm Nordeuropäer über Island und Grönland bis Amerika gefahren sind, aber den Europäern erschlossen hat erst er die Neue Welt. Und dennoch!

Spätestens zehn Jahre später hätten die Portugiesen auf ihrer Fahrt nach Asien um das Kap der Guten Hoffnung herum Brasilien wohl genauso gefunden, wie ihnen das 1500 unter Cabral gelang – dank der besonderen Windverhältnisse im südlichen Atlantik. Eines aber erreichte nur Kolumbus: Amerika wurde in weiten Teilen spanisch. Das wäre ohne ihn sicher nicht geschehen; Spanien hätte sich seiner Vergangenheit und seinen Handelsinteressen gemäß nach Osten und nach Norden gewandt, nicht dem scheinbar uferlosen Atlantik zu.

Wenn man von den »Männern der Geschichte« spricht, werden mit Recht noch die großen Religionsstifter erwähnt, ein Moses, ein Buddha, Christus und Mohammed. Ihre überragende Stellung wird anerkannt. Die großen Denker und auch die großen Erfinder treten meist zurück. In der Vergangenheit sind die Namen der Erfinder überhaupt meist unbekannt geblieben. Ihre Gedanken haben weitergewirkt; was sie geschaffen, hat auf weiten Umwegen oft »Geschichte gemacht«.

Es ist natürlich verführerisch, alle Einflüsse, alle Entscheidungen, alle mehr oder weniger verworrenen Umstände in die Gestalt eines einzelnen Mannes hineinzulegen und sichtbar zu machen. Wer vermag zu schildern, was im Kopf – und im Herzen – eines solchen Mannes vor sich geht, was auf ihn einstürmt, welche Nachrichten, welche Auffassungen ihm zugänglich sind, was ihn schließlich bewog, den Befehl zum Angriff – oder zum Rückzug – zu geben. Seine Taten – und seine Tat – lassen sich packend, vielleicht sogar dramatisch schildern. Geschichte – so scheint es – wird erst faßlich und verständlich, wenn man die Erlebnisse eines Menschen erkennt. Dann nur ist sie menschlich.

»Männer« kann man bewundern. Würdigen und einordnen kann man sie aber nur, wenn man Hintergründe, Voraussetzungen, Grundlagen und Zeitumstände kennt und begreift. Die Geschichte wird nicht an den großen Männern vorübergehen, doch wird sie stets danach trachten, sie in ein umfassendes Geschichtsbild einzuordnen. Der Dichter hat es leichter. Er singt von Ruhm, Tragik und Untergang des Helden. Dabei kann er die Gegenspieler auf der Bühne auftreten lassen. Im Drama stehen zwei Feinde gegeneinander, wobei der Dichter noch zu begründen hat, warum sie gegeneinander stehen, aus welchen persönlichen oder »höheren« Gründen. Im Theater ringen Kraft gegen Kraft, List gegen List oder auch schlichter Heldenmut gegen niederträchtige Gemeinheit und Hinterlist. Jedermann ist überzeugt, daß die Hinterlist in unserer Welt der Falschheit und Heimtücke siegen muß. Der Held geht unter.

Nicht nur die Dichter lieben es, ihrem Helden den Glanz des unwiderstehlichen Heldenmutes und des durchdringenden Feldherrnblickes zu verleihen. Auch die Feldherren und Staatsmänner selber sehen sich zuweilen in diesem verklärenden Licht, wenn sie ihre Lebenserinnerungen schreiben – oder auch nur den Bericht ihrer Feldzüge, zumal dann, wenn diese Kämpfe siegreich verlaufen sind. Caesar hat über seinen »Gallischen Krieg« geschrieben, in geschliffenem Latein, klar, sachlich und nüchtern. Hat Caesar tatsächlich nur berichtet, wie es »wirklich« gewesen war? Wollte er es überhaupt? Er berichtet doch für die Stadt Rom, wo seine Gegner gegen ihn Intrigen anzettelten, wo er sich um ein neues Amt bewerben wollte.

In seinem Bericht erscheint der Feldherr – er selbst – als der Führer, der die verzagenden Truppen durch gute Worte aufrichtet, der die Ängstlichen mitreißt, wenn es gegen die gefürchteten Germanen geht, der durchhält, als eine Niederlage einzustecken ist, der aber auch in einem kritischen Augenblick das Schicksal durch einen raschen Entschluß wendet. Caesar hat durch seine überlegene Darstellung die klassische Schilderung der gallischen Kämpfe gegeben. Obwohl die Gallier seit Jahrhunderten in engem Waren- und Gedankenaustausch mit Griechen und Römern standen, haben sie nicht geschrieben. So stellt Caesar die Quelle schlechthin für die Eroberung Galliens dar. Heißt das aber, daß sie stimmen muß? Nur die Feldherrnkunst Caesars hat die Hunderttausende von Galliern besiegen lassen, so wenigstens erzählt er es uns. Oder hat er geheime Fäden gesponnen, um die Gegner zu kaufen? Das würde nicht ganz so eindrucksvoll sein.

Herodot hat vom Perserheer des Darius erzählt, daß es über eine Million Mann stark gewesen sei, und er führt die Völker auf, die darin vertreten waren. Hans Delbrück hat nachgewiesen, daß der letzte Mann dieses Riesenheeres die Hauptstadt Persepolis gerade verlassen hätte, wenn die Spitze an der Grenze Griechenlands eintraf. Nüchtern müssen wir auch die Zahlen des Caesar – und aller Überlieferungen – überprüfen. In Spanien haben die Kelt-Iberer den Römern jahrhundertlang Widerstand geleistet. Der spanische Krieg kostete Rom mehr Opfer und größere Anstrengungen als alle punischen Kriege zusammengenommen. Warum gelang die Eroberung Galliens – in wenigen Jahren und ohne wesentliche Verluste – einem Feldherrn, der von der Heimat nur ungenügend unterstützt wurde, so daß er weitgehend auf »seine« Provinzen, also auf die beiden Gallien beiderseits der Alpen und auf Illyrien angewiesen war? Der dazu noch mit den nachdrängenden Germanen rechnen mußte! War nicht vielleicht die Politik Caesars noch bedeutungsvoller als seine Feldherrnkunst?

Als Bundesgenosse hatte er den mächtigsten Gallierstamm, die Häduer, gewonnen. Nur einmal, nach der Niederlage vor Gergovia, setzte sich die romfeindliche Partei für kurze Zeit auch bei den Häduern durch, doch verstand es Caesar, sie durch Zugeständnisse wieder für sich zu gewinnen. Caesar schien es aber klüger, diese Zusammenhänge in seinen Berichten nach Rom nicht offen darzulegen.

Die Gallier blieben auch weiterhin dem Hause der Julier treu. Mit gallischen Truppen hat Caesar Rom erobert. Gallien brauchte keine Steuern zu zahlen. Unter Augustus bestand ein Drittel des römischen Senats aus Galliern. Vergil war Kelte. Die alten römischen Familien aber wurden während der Bürgerkriege so gut wie ausgerottet.

Warum messen wir den Feldherren eine so große Bedeutung in der Geschichte zu? In Kriegen, vor allem in Schlachten scheint sich das Schicksal der Völker gewissermaßen zusammenzuballen. Da fällt die Entschlußfähigkeit des Feldherrn besonders ins Gewicht. Ein Krieg, so scheint die Regel, wird durch einen Sieg auf dem Schlachtfeld entschieden und beendet. Aber in der Geschichte gibt es manchmal vernichtende Niederlagen, ohne daß der Krieg verlorengeht. Bei Cannae verloren die Römer die Schlacht und ihr ganzes Heer; den zweiten Punischen Krieg haben sie dennoch gewonnen. Bei Kunersdorf erlitt Friedrich II. eine vernichtende Niederlage; dennoch hat Preußen den Siebenjährigen Krieg durchgestanden und die Provinz Schlesien behalten. Im Hundertjährigen Krieg zwischen Engländern und Franzosen errangen die Engländer viele glanzvolle Siege bei Crécy, bei Maupertuis und bei Azincourt. Am Ende mußten sie dennoch ihre festländischen Besitzungen räumen.

Oder: Der eine Krieg wurde gewonnen, kurze Zeit später tauchte ein neuer Gegner auf – und alle Erfolge zerrannen in Nichts. Im 8. Jahrhundert schlug Karl Martell die Araber und rettete die Stadt Tours. Im folgenden Jahrhundert brannten die Normannen nicht nur Tours, sondern viele fränkische Städte nieder. Hat der Sieg wirklich »das Abendland gerettet«, wie die fränkische Geschichtsschreibung erzählt?

Manchmal scheinen Feldherren und Völker außerstande, den Sieg auszunutzen. Sie haben den Feind zwar zurückgewiesen, aber nur eine Atempause von wenigen Jahrzehnten, manchmal sogar nur von Jahren gewonnen. Hat sich an den Kräfteverhältnissen Wesentliches geändert? Waren es Männer, die sich der Entscheidung auf dem Schlachtfelde nicht beugten? Waren es äußere Umstände, die eine neue Wendung brachten? Nach den schweren

Niederlagen der Jahre 1806/1807 schien Preußen vernichtet. Der Feind stand im Lande und diktierte den Frieden. Waren die Siege Friedrichs II., die Preußens Stellung begründet hatten, vergebens gewesen? 1815, also acht Jahre später, hatte Preußen seinen alten Platz zurückgewonnen. Lag das an einzelnen hervorragenden Männern, an Stein und Hardenberg, an Scharnhorst und Gneisenau? Oder bewährten sich in den Notjahren jene nationalen Kräfte, die sich im Laufe der Geschichte geformt und gefestigt hatten?

Sobald jedoch dem Krieg seine entscheidende Rolle in der Weltgeschichte abgestritten wird, bricht eine ganze Welt, die Welt des streitbaren, waffenfähigen Mannes, zusammen, der davon überzeugt war, daß er, und nur er, Geschichte macht. Seit urdenklichen Zeiten bewährt sich der Mann im Kampf. Das beginnt in jugendlichem Alter beim Spiel, setzt sich fort im Scheinkampf, wird lebendig in der Jagd und schließlich im Krieg. Bei den Naturvölkern läßt sich die Rolle des Kampfes deutlich verfolgen. Da spielen die grausamen Mutproben bei den jungen Männern, die in den Kreis der Erwachsenen aufgenommen werden sollen, eine wichtige Rolle. Bei den großen Festen tanzen die Männer den Kriegstanz; da stampfen die Zulus mit ihrem reichen Federschmuck im Kreis, da schreiten die Berber in gleichem Takt mit ihren Gewehren, da feiern die Kosaken in der Steppe tanzend den Sieg. Begleitet wird der Tanz – ebenso wie Auszug und Angriff – von wilder Kriegsmusik. Da rasseln die Trommeln, da locken die Pfeifen, da schmettern die Clairons. Sie übertönen alle schwächlichen Anwandlungen, das Zagen ebenso wie die Todesangst. Sie lassen den Mann sich so gebärden, wie er sich selber gerne sieht und wie er gegenüber dem weiblichen Geschlecht erscheinen möchte.

Die Kriegsmusik mag in den einzelnen Erdteilen jeweils verschieden klingen, je nachdem, welche Musikinstrumente benutzt werden. Im Kern hatte die Musik der Mongolen auf ihren Kriegszügen wie auch die »Janitscharenmusik« der Osmanen mit Trommeln und Pfeifen oder die der Inkas den gleichen aufreizenden Rhythmus. Die Landsknechte Kaiser Karls V. rückten beim dumpfen Trommelschlag gegen den Feind vor; den Söldnern Wallensteins gab die Trommel die Kraft, gegen die Schweden anzurükken. Die Berufsheere des 18. Jahrhunderts zogen ebenso wie die nationalen Aufgebote des 19. und noch des 20. Jahrhunderts unter den Klängen der Janitscharenmusik in den Krieg.

Kampf und Krieg waren seit eh und je die bevorzugte Beschäftigung der Männer. Man sprach nur zu gern davon, daß sie berufen seien, das »schwache Geschlecht« zu beschirmen und zu verteidigen. Auf seinen Speer gelehnt sieht der Massaikrieger zu, wie die Frauen das Feld bestellen. Er selber bleibt Hirte und Krieger. Es ist unter seiner Würde, selber zu arbeiten. Stolz weiß er die Feinde allein schon durch den Ruf seiner Waffen abzuschrecken. Inmitten feindlicher Stämme ist Sicherheit wichtiger als eine reiche Ernte. Diese Auffassung hat die Vorstellung vom Leben mitbestimmt.

Das Leben erscheint als ein Kampf aller gegen alle. Der Krieg, heißt es bei den Denkern, ist der Vater aller Dinge. Der »Kampf ums Dasein« hat nach Darwin die Weiterentwicklung der Arten bestimmt. Wer sich in diesem Ringen bewährt, bleibt bestehen; wer versagt, geht unter. Die Einstellung zum Kampf als der tragenden Kraft jeder Fortentwicklung erfaßt auch andere, auf den ersten Blick recht friedliche Bereiche. In der Wirtschaft setzt sich der durch, der den »Kampf« um den Wettbewerb besteht. Fast scheint es, als hieße wirtschaften nur, sich gegenüber den Konkurrenten zu behaupten, die durch Preis, durch Qualität, durch überlegene Organisation niederzuringen sind. In der Technik entbrennt der »Kampf« um das Patent, also um den Anspruch, wer zuerst seine Erfindung angemeldet hat. Zwischen den Sozialpartnern entbrennt der »Klassenkampf«, das Ringen der Arbeitnehmer mit den Arbeitgebern um den »gerechten« Anteil am Sozialprodukt. Löhne und Preise werden zum Preis für zähen, entschlossenen Kampfwillen. Der Sport hat schließlich den Gedanken körperlicher Bewegung und gemeinsamen Spiels in einen Wettkampf umgemünzt, bei dem die Zahl der »Tore« im Fußball oder die Punkte in der Leichtathletik entscheidend werden.

Selbst wenn die Zusammenarbeit unerläßlich ist, wird sie häufig genug wieder im Wettstreit zu anderen Gruppen angesehen, etwa die »team«-Arbeit in der Wissenschaft. Dabei sollte gerade die Wissenschaft lehren, daß es dieses Gegeneinander von Gruppen nicht gibt, daß schließlich alle Gelehrten an einem einzigen Ziel arbeiten, ebenso wie in der Wirtschaft nur das Zusammenwirken beider Sozialpartner – wie das Wort bereits andeutet – den Erfolg bringt, nämlich das Sozialprodukt zu steigern. Mancher Kampf um die Verteilung hat nur dazu geführt, das Gesamtergebnis zu mindern und damit alle zu schädigen.

Aber »Männer, die Geschichte machen«, schauen gern auf die eigene Leistung, verteidigen einseitig die eigenen Interessen, achten nicht auf den anderen, schonen ihn nicht, sondern wollen ihm ihren Willen aufzwingen. Sie, und nur sie, wollen eben Geschichte gestalten, nach ihren eigenen Vorstellungen, im harten Ringen um ihre persönlichen Ziele. In ihrem Lebenswerk scheitern sie häufig genug gerade daran, daß sie sich durchzusetzen vermochten. In ihrem Ringen starren sie gebannt auf den Gegner, den sie bekämpfen. Sie werden nur von dem einen Gedanken an den Sieg erfüllt. Sie gewinnen den Krieg – und verlieren den Frieden.

Auf dem Vordergrund der großen Weltbühne vollziehen sich die entscheidenden Verhandlungen der Verbündeten des Zweiten Weltkrieges. Der todkranke Präsident Roosevelt wird in Jalta vom klar denkenden Stalin überspielt. Die Verhandlungen in Potsdam werden zwischen den Westmächten geführt, die ihre kriegsmüden Truppen in die Heimat entlassen wollen, und Stalin, der entschlossen ist, die große Stunde der sowjetischen Geschichte rücksichtslos zu nutzen. Aber auch hier werden wir die handelnden Personen im Vordergrund nicht überschätzen dürfen. Auch sie sind an den Rahmen des geschichtlich Gewachsenen gebunden. Aus vielen miteinander verwobenen Umständen und Einflüssen entsteht der Hintergrund der handelnden Personen.

Als Preußen 1815 sich auf dem Wiener Kongreß dem Drängen seiner Verbündeten beugen mußte, kam das Wort auf, die »Feder«, also die Diplomaten, hätte das verschenkt, was das »Schwert«, also die Soldaten, gewonnen hätte. Die getadelte »Schwäche« der Unterhändler wurde dafür verantwortlich gemacht, was in Wirklichkeit auf die tatsächlichen Machtverhältnisse in Europa, auf das Übergewicht der Großmächte zurückzuführen war. Wer in der Geschichte nur das Auftreten der »Männer« sieht, wer die im Hintergrund wirkenden Kräfte unbeachtet läßt, wird leicht zu solcher Fehleinschätzung kommen. Die Gefahr einer solchen Betrachtungsweise liegt darin, daß immer wieder »Männer« glauben, sie könnten sich über alle gegebenen Verhältnisse hinwegsetzen; sie könnten dem Schicksal trotzen und das Unmögliche verwirklichen. So bedeutsam auch der Wille des Einzelnen, so wirksam die rettende Tat auch manchmal sein kann, entscheidend für die Geschichte bleiben die Vorgänge im Hintergrund, die gegebenen Verhältnisse.

Angesichts der Mittelmäßigkeit, die nun einmal überall und immer überwiegt, scheint es verlockend, sich an die »Männer« zu halten, ihre Gedanken und Taten und ihre besonderen Erlebnisse zu schildern. Als Menschen sind sie dem eigenen Verständnis zugänglich. Und von den einzelnen Persönlichkeiten läßt sich ohne große Schwierigkeit die Brücke zu den Völkern schlagen. Nun treten sie gewissermaßen als handelnde Persönlichkeiten auf, einheitlich ausgerichtet auf ein einziges Ziel. Nun werden die Handlungen verständlich – weil menschlich –, nun lassen sich ihre Entschlüsse begründen und verstehen. Wie eng ist jedoch eine Betrachtung, die einseitig von Schlacht zu Schlacht, von Krieg zu Krieg, von Friedensschluß zu Friedensschluß schreitet, die vorwiegend die Krieger und die Staatsmänner sieht in ihrem Ringen, ihren Ränken, ihren Listen und ihren Siegen. Da wachsen die Staaten auf dem Papier der Friedensverträge und mit ihnen, so mag es scheinen, die »Völker« und die Nationen. Je tiefer man in die umfassenden Zusammenhänge eindringt, um so mehr zwingt sich die Überzeugung auf, daß nicht so sehr Männer die Geschichte machen, wie Geschichte den Männern ihre besondere Rolle zuweist.

Durch die gegebenen Verhältnisse kommt eine große Begabung – im Guten wie im Schlechten – mit Mut, Entschlußkraft, Zähigkeit, Weitblick und Menschenführung so zur Geltung, daß sie eine beachtliche Rolle in der Weltgeschichte spielen kann. Mit äußeren Umständen allein läßt sich Geschichte gewiß nicht erklären. Ein recht unbedeutender Mensch kann zwar auch einmal weitreichende geschichtliche Folgen auslösen, weil ihn die Gunst der Stunde an einen entscheidenden Posten gestellt hat, und umgekehrt kann ein überragender Mann an einem an sich unbedeutenden Zwischenfall scheitern, gewissermaßen an einem »Sandkorn«. Allen diesen Umständen und Verhältnissen nachzugehen ist die schwierige, aber notwendige und lohnende Aufgabe der Geschichte. Am schwersten aber dürfte die gefühlsmäßige Umstellung sein. Es sind nicht nur »Männer«, die Geschichte machen.

Nüchterne, zuweilen schwer überschaubare, kaum zu fassende Umstände, mühsam zu erschließende Zusammenhänge müssen berücksichtigt werden. Es scheint dann häufig, als ob alles wieder unklar, unverständlich, undurchschaubar wird, was eben noch so einfach und einleuchtend aus dem Charakter des Helden erklärt werden konnte.

Zum bunten Bild einer Zeit gehören gewiß die lebendigen Schilderungen der Zeitgenossen ebenso wie die Erinnerungen der handelnden Personen. Da fängt sich in einigen wenigen Köpfen die unendliche Fülle des Geschehens, es spiegelt sich in ihren Erlebnissen. So haben sie die Dinge gesehen; da sie zu den Handelnden gehörten, war dieses Bild maßgebend für die künftige Entwicklung. Aber dann kam alles anders, als sie es sich gedacht haben. Der Frieden von Versailles, in Monaten zäher Verhandlungen unter den Siegern geformt, im Diktat den Besiegten auferlegt, hat kaum mehr als ein Jahrzehnt Bestand gehabt. Was war nun wichtiger für die Geschichtsschreibung? Zu verfolgen, wie im zähen Ringen am Verhandlungstisch sich ein Clemenceau, ein Lloyd George, ein Wilson durchgesetzt haben, oder welche weltbewegenden Entwicklungen sich damals in den Vereinigten Staaten, in der Sowjetunion, in der Weltwirtschaft anbahnten?

Es gilt Abschied zu nehmen von der Überschätzung der Barden und Sänger, die von Sieg und Tod, von Leid und Freud ihres Helden berichten. Es gilt Abstand zu gewinnen von den Erinnerungen der Feldherren, die nur den entscheidenden Augenblick sahen, in dem sie den Befehl zum Angriff gaben. Es gilt sich frei zu machen von der Überschätzung der klugen Diplomaten, die unerwartete Bündnisse schlossen, die den Gegner listig umgarnten oder fest auf einer »sinnvollen« Friedensregelung bestanden.

Das Märchen vom Urahn

»Und der Herr sprach zu Abraham: Gehe aus deinem Vaterlande und von deiner Freundschaft und aus deines Vaters Hause in ein Land, das ich dir zeigen will. Und ich will dich zum großen Volk machen, und ich will dich segnen und dir einen großen Namen machen und sollst ein Segen sein« (1. Mose 12.1 und 2).

Diese Bibelworte könnten für alle die vielen Berichte stehen vom großen Vorfahren, der einst vor undenklichen Zeiten mit seiner Sippe ausgezogen ist, um ein neues Volk zu begründen. Alle Gallier, so Caesar, rühmen sich, vom Vater Dis abzustammen.

Diesem gemeinsamen Urahn verdankt das »Volk« seine blutsmäßige Zusammengehörigkeit. Ihm verdankt es die Sprache, jenes unverlierbare Gut eines jeden Volkes, das man wohl unterdrükken, niemals aber ausrotten kann. Menschen eines Volkes sind gewissermaßen Mitglieder einer einzigen großen Sippe, unlösbar miteinander verbunden. Das gemeinsame Blut bedingt ein verwandtes Denken, gleiche überlieferte Sitten und Gebräuche und gleiche gefühlsmäßige Werte. Wer außerhalb des Stammes oder des Volkes steht, bleibt ein Fremder. Nie wird er völlig in die Gemeinschaft aufgenommen werden können.

Die Dichter singen vom großen Urahn als dem unübertrefflichen Helden. Die Priester und Propheten predigen vom »Gott der Väter«, von den heiligen, überlieferten Glaubensvorstellungen oder von den Göttern, von denen der Ahn abstammt, ganz besonders, wenn es ihm gelungen war, den Traum aller Knaben zu erfüllen, den Drachen zu töten. Staatsmänner – wie Revolutionäre – berufen sich auf uralte Rechte und Gebräuche. Eng und unauflösbar sind die Bande, die die Menschen der Gegenwart mit denen der Vergangenheit verknüpfen. Jeder ist ein Erbe dieses Urahns. Bei ihm findet er Schutz und Hilfe, bei ihm kann er sich auf seine Rechte berufen.

Das Bild des Vaters weitet sich zum Bild des Königs, des Helden, des Staatsmannes, des Heerführers. Wie der einzelne in der

Familie, steht die Familie im »Volk« – naturnotwendig – durch das Blut naturbedingt.

An der Auffassung, daß ein Volk eine in sich geschlossene blutsmäßige Einheit darstellt, daß es auf einen gemeinsamen Urahn zurückgeht, stimmt aber auch nichts. Bereits zu der Zeit, da die Schriftgelehrten das Buch Mose aufzeichneten, waren die unmittelbaren Nachfahren Abrahams, wenn solche überhaupt noch lebten, auf einen verschwindenden Anteil am jüdischen »Volke« zusammengeschrumpft. Von »seinem Samen, dem der Herr dies Land geben« wollte, war wohl kaum noch etwas übrig geblieben. Möglicherweise war sogar Moses, wie sein Name andeutet, Ägypter, und wenn auch die fromme Legende, daß er als Kind von drei Monaten im Nil ausgesetzt worden sei und von der ägyptischen Königstochter nur gefunden wurde, seine Herkunft auf das Haus Levi zurückführen will, so bleibt doch die Tatsache erwähnenswert, daß die Juden ihn zunächst nicht als ihresgleichen anerkannten.

Grundsätzlich erhebt sich die Frage, ob es ein blutsmäßig einheitliches Volk überhaupt geben kann. Haben Menschen tatsächlich seit urvordenklichen Zeiten – untereinander heiratend – immer am selben Ort gesessen? Diese Annahme ist nirgends auf Erden gegeben. Selbst auf Inseln, die sich lange Zeit haben abschließen können, blieben die Menschen nicht unter sich. Bis zum 14. Jahrhundert waren die Kanarischen Inseln vom Verkehr mit Europa abgeschlossen. Man wußte zwar, daß fern im Meer die »Inseln der Seligen« lagen; die Schriftsteller des Altertums berichteten von ihnen. Man wußte auch, daß die Phönizier von dort das Harz des Drachenbaumes holten, von dem sie ihr vielbewundertes Rot zum Färben der Stoffe gewannen. Sonst wußte man nichts. Und dennoch muß es in frühesten Zeiten einen recht ansehnlichen Verkehr gegeben haben. Die Funde auf den Kanarischen Inseln haben erwiesen, daß die dortigen Ureinwohner, die Guanchen, sich aus vier verschiedenen Rassen zusammensetzen. Es ist also anzunehmen, daß die scheinbar weitabgelegenen Inseln in vier aufeinanderfolgenden Schüben besiedelt wurden – in dem weiten Atlantik! Wann sie erfolgten, wissen wir nicht.

Die Australneger, die vor vielen Jahrtausenden dorthin eingewandert sind, konnten sich zwar ziemlich unberührt halten, doch sind selbst sie keineswegs einheitlichen Blutes. Verschiedene Völkerwellen sind nach Australien eingedrungen. Als erste kamen die

Tasmanier, die später am weitesten nach Süden abgedrängt wurden. Sodann kamen die Einwanderer aus Melanesien, aus dem Nordwesten, aus Neuguinea. Was für Menschen das waren, wird sich vielleicht niemals mit Sicherheit feststellen lassen. Man braucht nur die unterschiedlichen Körpergrößen, die Kopfformen und den Gesichtsschnitt miteinander zu vergleichen, um zu erkennen, daß sich verschiedene Blutströme gemischt haben. Um so mehr ist das in der Alten Welt der Fall gewesen.

Jäger müssen wandern. Sie folgen dem flüchtigen Wild, ihrer wichtigsten Nahrungsquelle. Häufig haben sie bestimmte Jagdgründe, die sie nur unter äußerem Druck aufgeben. Weiterwandernd sind Jäger Nordwestasiens hinter Mammut, Bison und Rentier her in Amerika eingedrungen – in mehreren Schüben. Aber wieviel Menschen konnten in jenen Zeiten schon über die – wenn auch trockene – Behringstraße hinweg und über die Eisgründe Alaskas nach Nordamerika wandern? Die neuen Eindringlinge hatten sich jeweils mit den bereits im Lande lebenden auseinanderzusetzen. Häufig werden die Ureinwohner zum Weiterziehen gezwungen worden sein. Aber manche der »Altangesessenen« werden im Lande geblieben sein, teils freiwillig, indem sie vollwertig in die Stämme der neuen Herren aufgenommen wurden, oder gezwungen als Knechte oder als Sklaven. Zwischen 25000 und 8000 v. Chr. haben in großen Abständen diese Einwanderer den ganzen Kontinent gefüllt. Heute gelten »die Indianer« als eine geschlossene Rasse. Waren sie das immer? Wohl kaum! Sie sind erst in der Neuen Welt zu einer solchen zusammengewachsen.

Überall finden wir, daß sich seit urältesten Zeiten die Menschen vermischt haben. Eine reine Rasse gibt es nirgends. In der allerältesten Zeit, selbst bei den frühesten Menschen auf afrikanischem Boden, hat man verschiedene Rassenmerkmale feststellen können. Ein ganzes Volk, das aus einem einheitlichen Stamm entsprungen wäre, das einen gemeinsamen Urahn besitzt, hat es nie gegeben. Die verschiedenen Rassentypen lassen sich seit sehr alter Zeit nachweisen. So zeigen die Bewohner des Industales im 3. Jahrtausend neben westlichen Typen auch solche mit ausgesprochen mongolischen Gesichtsformen auf. Am mittleren Hoangho vereinigten sich Menschen mongolischer und europider Abstammung bereits zur Zeit der ersten geschichtlichen Dynastie, unter den Shang.

Die Griechen haben geglaubt, sie stammten von den homerischen Helden ab. Dabei wissen wir dank der Ausgrabungen, daß eine spätere Woge, die sogenannte »dorische Wanderung«, die Städte der homerischen Helden überspülte, wobei die Eindringlinge das stolze Mykene verbrannten, die Adelsschicht vertrieben, die verbliebene Bevölkerung unterwarfen oder gar, wie die Spartaner in Messenien, unterjochten und zu »Heloten«, praktisch zu Sklaven machten. Wo blieb die vielgerühmte Verwandtschaft? Stammen die Griechen von den homerischen Helden ab? Längst nachdem Troja wie auch Mykene in Trümmer gefallen waren – beide wohl durch die gleichen Feinde –, hat Homer dieses Märchen vom Urahn bekräftigt, indem er den Streitwagenkämpfern bescheinigte, es seien »Griechen« gewesen, die gemeinsam gegen den trojanischen Feind gezogen waren. Er hat – wie wir heute wissen – gegen die geschichtlichen Tatsachen eine Legende aufgebaut. Sie wurde geschichtsträchtig.

Legenden haben auch unser Bild von der gemeinsamen »Völkerwanderung« geformt. Wieder waren daran die Dichter ebenso beteiligt wie die Geschichtsforscher. Die Sagen berichten von riesigen Volks- und Heerzügen, vom Aufbruch in mächtigen Wagenkolonnen, mit Vieh, Ackergerät, mit Kind und Kegel. Die Ägypter haben die Züge der riesigen »Seevölker« abgebildet, wie sie mit schweren Ochsenkarren gen Ägypten zogen. Die Römer berichteten von den Ochsenkarren, die die Kimbern und Teutonen hinter der Schlachtfront als Wagenburg zusammenschoben. Dort warteten Frauen und Kinder den Ausgang der Schlacht ab. Mit seinem gotischen »Volk« drang Theoderich in Italien ein. Ein Jahrhundert später zogen »die Langobarden« unter ihrem König Alboin über die Alpen. Das mögen eindrucksvolle Bilder sein; sie lösen sich jedoch auf, sobald man sie kritisch betrachtet, sobald man nüchtern die Voraussetzungen für solche »Wanderungen« nachrechnet.

Wie lang ist eine Wagenkolonne, wenn sich 50000 Menschen in Bewegung setzten? Rechnen wir den Anteil der Frauen auf die Hälfte, den der Kinder auf ein Viertel, den der Alten und Gebrechlichen auf nur ein Sechstel, so ergibt sich eine Zahl von höchstens 15000 waffenfähigen Kriegern. Für 35000 Personen müßten also Wagen bereitgestellt werden; rechnet man sieben Köpfe auf den Wagen, so bedurfte es 5000 Wagen, um das »Volk« zu befördern – ohne das Vieh, das Gerät und die Nahrungsmittel mitzuzählen. Im fremden Land war man gezwungen, sich selber zu verpflegen.

Die Kimbern aus Jütland gelangen auf alten Handelswegen bis Schlesien, werden jedoch beim Versuch, in Böhmen einzubrechen, zurückgeschlagen. Böhmen umgehend, ziehen sie – ohne längeren Halt! – über Süddeutschland nach Gallien und weiter nach Spanien; von Spanien wieder zurück, wobei sie ihren Schatz bei den Atuatukern in Belgien zurücklassen, dann nach Süden bis zum Mittelmeer, wo sie an den Alpen von Marius endgültig besiegt und vernichtet werden. Die Wanderung dieses Volkes soll zwölf Jahre gedauert haben.

Man kann sich ausmalen, wie die damaligen »Straßen«, die doch wohl mehr Feldwege gewesen sind, ausgesehen haben mögen, wenn hundert schwere Ochsenkarren darüber hinweggezogen waren, nicht nur im sommerlichen Sonnenschein, sondern auch in Sturm und Regen, und im Frühjahr bei Überschwemmungen! Über Berge hinweg! Von den Ansässigen wurden sie wohl mit Recht als feindlich angesehen und behandelt. Wenn hundert Ochsenwagen zu einer »Wagenburg« zusammengeschoben wurden, ergaben sie bereits ein Geviert von 100 m auf jeder Seite. Und was kann man auf hundert Wagen befördern? Eine Kolonne von 5000 bis 10000 bewaffneten Männern wird wohl 10 bis 20 km lang gewesen sein, je nachdem, wieviel Tiere, Wagen und Troß sie mit sich führten. Größer durfte ein Heerhaufen im fremden Lande wohl kaum sein, wenn der Zug zusammenbleiben sollte. Und wenn der Feind angriff? Sobald sich jedoch ein »Volk« mit Frauen und Kindern, Kranken und Schwachen zwischen Vorhut und Nachhut schob, war es unmöglich, die Krieger in kurzer Zeit zusammenzufassen.

Als Theoderich mit seinen Ostgoten in Italien einrückte, konnte das ganze Volk einen Winter lang in Pavia verbleiben, ohne daß die Bewohner gezwungen waren, die Stadt zu verlassen. Wie viele Ostgoten können das gewesen sein? Als Caesar von Ariovist den Rückzug aus Gallien forderte, antwortete dieser: Wenn die Römer sie angreifen würden, würden sie merken, »was unbesiegte Germanen, völlig in den Waffen geübt und während 14 Jahren ohne ein Dach über dem Kopf, an Tapferkeit ausrichteten«. Ob wohl auch ihre Frauen und Kinder so lange Zeit im Freien zugebracht haben?

Man muß wohl auf die Vorstellung verzichten, daß ein seßhaftes Volk mit seiner ganzen Habe, mit Kind und Kegel, aufgebrochen ist, um in entfernten Ländern ein neues Leben zu beginnen. In der Regel sind seßhafte Menschen kaum dazu bereit, selbst in Zeiten, da Trockenheit, Überschwemmung oder äußere Feinde sie in arge Bedrängnis bringen, noch sind sie dazu in der Lage, sowohl wegen der Wegeverhältnisse wie der Abwehrkraft der Ansässigen in den Durchzugsgebieten als auch wegen der Versorgung mit Lebensmitteln. »Völker« konnten gar nicht wandern. »Völker« sind auch nie »gewandert«. Wie aber soll man sich dann die zahllosen Berichte von »Völkerwanderungen« erklären? Zweifellos haben doch »Völker« ihre Wohnsitze geändert!

Wo die schriftlichen Überlieferungen eingehender von solchen »Völkerwanderungen« berichten, beziehen sie sich auf große Heerhaufen. Zweifellos läßt sich eine Streitmacht von einigen Tausend Mann auch in schwierigem Gelände, schlimmstenfalls abseits der Straße, bewegen. Wenn die Witterungsverhältnisse besonders ungünstig sind, müssen sie in rasch aufgeworfenen Lagern – und Wagenburgen – abwarten. Wenn eine Straße besetzt ist, können sie umkehren oder einen Umweg wählen. Wenn die Lebensmittel ausgehen, werden die harten Krieger eben hungern, bis die Versorgung wieder gesichert ist.

Ein Volk mit Frauen und Kindern kann solche Entbehrungen nicht auf längere Zeit ertragen. Caesar berichtet, welche Schwierigkeiten er hatte, die Verpflegung seiner wenigen Legionen zu sichern. Ohne die Hilfe seiner Bundesgenossen wäre ihm das unmöglich gewesen. Germanien zu erobern scheiterte vor allem daran, daß die Römer die gesamte Versorgung ihrer Truppen von der linken Rheinseite heranschaffen mußten. Bei den Germanen gab es kaum Vorräte, die man hätte requirieren können. Mit dem wenigen, was sie hatten, brauchten die Germanen nur in die Wälder und Sümpfe auszuweichen, um dort abzuwarten, bis den Feinden die Nahrung ausging.

Die gleichen Schwierigkeiten ließen den Vormarsch des Darius gegen die Skythen in den Steppen am Schwarzen Meer scheitern. Als die Spanier so große Reiche wie Mexiko und Peru erobert und dabei märchenhafte Beute gemacht hatten, gedachten sie auch Nordamerika zu unterwerfen, das Gebiet der Vereinigten Staaten. Wir wissen heute, daß dort gewaltige Reichtümer an Gold und Silber im Boden schlummerten, daß es dort fruchtbare Ländereien gab. Und die Spanier waren zäh genug, auch die größten Entbehrungen auf sich zu nehmen, wenn ihnen entsprechende Beute winkte. Und dennoch scheiterten sie an der Weite des Raumes und an der Unmöglichkeit, sich in dem gering besiedelten Land zu verpflegen. Von dem stolzen Heer des de Soto kehrte 1543 nach vierjähriger Irrfahrt nur noch eine Schar zerlumpter, halb verhungerter Gestalten zurück. Die Angriffe der Indianer hatten sie stets siegreich zurückgewiesen; den Anstrengungen des Marsches waren sie jedoch nicht gewachsen gewesen! Nordamerika blieb deswegen außerhalb des spanischen Kolonialreiches – eine weltgeschichtliche Entscheidung!

Wenn selbst Heere sich nicht in einem fremden, dünnbesiedelten Lande halten können – wieviel weniger Scharen mit Frauen und Kindern. Aber wie erklärt sich dann die Legende von den »Völkerwanderungen«? Nicht »Völker«, sondern Heerhaufen sind in fremdes Gebiet eingedrungen, haben es erobert und ihm häufig ihren Namen gegeben. Aus Gallien wurde Franzien, heute Frankreich, nicht weil das »Volk« der Franken sich dort niederließ, sondern weil Chlodwig und seine Nachfolger die »Römer«, die Westgoten, die Burgunder und die Basken besiegten und unterwarfen. Die Burgunder, die sich am romanisierten Mittelrhein niederließen, wurden von den Hunnen »vernichtet«, von Aëtius an die Rhône verbannt. Sie haben dem Lande Burgund den Namen gegeben. Als die Langobarden in Italien ihre Gesetze aufzeichneten, gaben sie einen kurzen Rückblick auf ihre Geschichte: Alboin habe das Heer nach Italien geführt. Von einem »wahren Volkszug« über die Alpen zu sprechen ist wohl unangebracht.

»Völkerwanderungen« sind wohl meistens Züge reisiger Heerhaufen, die ihre Macht aufrichten und – wenn überhaupt – Frauen und Kinder erst später nachkommen lassen. In den meisten Fällen begnügen sie sich damit, Frauen aus dem unterworfenen Gebiet zu nehmen – diese Neigung haben viele siegreiche Heere. Ariovist war mit einer Keltin, einer Königstochter aus Norikum – neben einer Suebin –, verheiratet. Attila starb in der Hochzeitsnacht, als er sich mit einer Germanin vermählt hatte. Alexander der Große hat die vornehme Perserin Roxane geheiratet; er veranlaßte aber auch seine makedonischen Krieger zu Tausenden, einheimische Frauen zu ehelichen. Viele der »Griechen«, die im einstigen Perserreich lebten, entstammen wohl solchen Mischehen. Frauen kamen erst viel später aus Griechenland in die eroberten Provinzen.

Warum ziehen seßhafte Völker überhaupt auf die Wanderung? Ihr wertvollster Besitz sind doch Äcker und Felder, ihr Gerät und ihre Häuser. Jäger, die in Zelten wohnen, auch Viehhirten, die ihre Rinderherden vor sich hertreiben können, sind einigermaßen beweglich. Aber Ackerbauer? Warum sollen sie den sicheren Besitz aufgeben, um sich auf ein unübersehbares Abenteuer einzulassen? Im fremden Land, unter unbekannten Bedingungen? Gegen den Widerstand der Ansässigen, die verdrängt werden müssen? Für die Zuziehenden reicht die Scholle nur selten noch zusätzlich aus. Wenn fremde Scharen hinzukommen, ist Hunger meist unvermeidlich.

Dabei werden seit ältesten Zeiten die Einheimischen in der Regel nicht ausgerottet, sondern unterworfen. Sie haben sich, wenn auch häufig in untergeordneter Stellung, selbst als Sklaven, noch in Sprache, Sitten, Gebräuchen und Kunstformen erhalten. Und in der Erbmasse natürlich auch. Im Laufe der Jahrtausende haben sich überall Völker und Rassen, Sprachen und Kulturen derart oft und eindrücklich überlagert und vermischt, daß nirgend mehr ein »Volk« einheitliche Gesichtszüge, Körperformen oder eine einheitliche Kultur aufweist.

Seit dem 2. Jahrtausend deutlich erkennbar, haben sich Kriegerscharen und Siedlergruppen schichtweise über die Altansässigen gelagert. Die Zuwanderer werden kaum in großer Zahl gekommen sein. Aber sie brachten neue Lebensformen, neue Kunstformen – die die Archäologen entzücken – und eben auch ihre Sprache mit. Diese Sprache galt zunächst nur für die Oberschicht, bis sie langsam in tiefere Volksschichten drang – oder von der Volkssprache aufgesogen wurde und damit verschwand. Für uns greifbar wird die Sprache allerdings erst mit der Schrift, die sie festhält. Menschengruppen schoben sich in Nachbargebiete vor, wie die Funde deutlich zeigen: das Kupfer, das sie mitbringen, der Ackerbau, die Kulturdenkmäler wie die riesigen Steinsetzungen. Mit der Entwicklung der Schrift erfahren wir auch die Namen der »Völker«. Seit jener Zeit hat sich das Märchen vom Urahn durchgesetzt.

Die Etrusker führen ihren Stammbaum auf Aeneas zurück, der aus dem brennenden Troja entwichen sein soll. An der Spitze der vielen Völker, die im Laufe der Zeit in den Kulturraum an Euphrat und Tigris eingebrochen sind, stand jeweils ein großer Führer oder ein Feldherr: der sagenhafte Urahn. Von ihm leiten die Könige ihr Recht auf Herrschaft ab. Sie erheben den Anspruch, das »Volk« zu vertreten, Pharaonen und Könige künden stolz von ihren Taten: vom Bau der Tempel, von der Anlage der Kanäle, vom Recht, das sie setzen, vom Wohlstand, den sie fördern, und von den Feinden, die sie zurückweisen oder gar unterwerfen.

Im Lichte wandeln die neuen Herrscher; im Dunkeln bleibt die Unterschicht, auch die, die einst im Lande herrschten. Von den früheren Herren wird nicht mehr gesprochen. Im Palast spielen die Besiegten keine Rolle – die Dienerschaft hat stumm zu sein. Den Harem der Besiegten übernehmen häufig die neuen Herren. Die Unterworfenen werden eingeordnet und in den großen Schmelztiegel eingeschmolzen. Jetzt stammen auch sie – so lautet wenigstens die offizielle Version – vom sagenhaften gemeinsamen Urahn ab. Das »Volk« ist wieder eine geschlossene Einheit. Daß es sich um verschiedene Volksschichten mit unterschiedlicher Geschichte und unterschiedlicher Herkunft handelt, wird aus dem Bewußtsein verdrängt. Nur die Oberschicht zählt. Sie hat die Macht und das Recht und die Bildung. Sie ist »das Volk«. Die Unterschicht hat das Erbe der Herrschenden anzuerkennen und zu übernehmen; sie hat sich ihm zu beugen.

In Mesopotamien kamen die akkadischen Krieger aus dem nördlichen Gebirge. Sie verschmolzen mit den Sumerern zu den »Babyloniern«. So weit wir zurückblicken: Immer sind Menschen von anderswo her ins Land gekommen. Und fast immer war das Land bereits seit uralten Zeiten besiedelt. Die Ansässigen haben sich aber – bis auf wenige Ausnahmen – erhalten. Sie sind auch meist an Ort und Stelle geblieben, obwohl sie unter hartem Druck standen, einfach weil sie nicht in der Lage waren, anderswohin zu ziehen. Überall war die Welt bereits vergeben. Sie hätten sich kämpfend durchsetzen müssen: Das aber war immer nur einer kleinen Schar möglich. Von den Kriegern sind viele der Unterworfenen, manchmal sogar die Mehrzahl, erschlagen worden. Aber wenn die Sieger das Land verwüsteten und die Einheimischen ausrotteten, beraubten sie sich selber der Möglichkeit, dort zu bleiben. Im fremden Land, unter unbekannten Witterungsbedingungen, ohne Hilfsmittel, mit fremden Saaten, sollten die Eroberer den

Boden bestellen. Das war keine Arbeit für Sieger! Deswegen haben sie seit eh und je die Besiegten in ihren Dienst gestellt, haben ihnen Abgaben auferlegt, haben sie vielfach zu Sklaven gemacht. So blieben die Ureinwohner zwar im Lande, sanken aber herunter in die Unterschicht. Über sie herrschte die neue Oberschicht.

Bei der nächsten Eroberung wiederholte sich der Prozeß; so lagerte sich im Laufe der Jahrtausende eine Schicht über der anderen. Jede erhob den Anspruch, das »ganze« Volk darzustellen. Das Bild der »Landnahme« verschob sich in der Erinnerung. Da sind die Väter, von weit herkommend, in das Gelobte Land eingerückt, haben es nicht nur erobert, sondern auch »besiedelt«. Die Ureinwohner aber sind verschwunden. Wenn sie sich gehalten haben, dann höchstens in Wäldern und Sümpfen, wo sie ihre Eigenart beibehalten haben. So heißt es dann. Als ob die Eroberer in weitgehend leere Räume kamen!

Niemals konnten so viele Menschen wandern, um ein größeres Gebiet zu besiedeln. Und so leicht ließen sich die Ureinwohner auch nicht ausrotten. Wenn sie zunächst in Wälder und Sümpfe flüchteten, mußten die Sieger sie schließlich wieder rufen, um überhaupt im fremden Land leben zu können, ganz abgesehen davon, daß siegreiche Eroberer selber nur ungern hart arbeiten. Hätte sich dafür der Sieg gelohnt? Der hochmütige Conquistador Cortez wollte nicht friedlich auf Kuba sein Land bestellen: Er wollte herumziehen, um Ehre und Beute zu gewinnen. »Ich bin nicht hier, um zu arbeiten«, hieß sein stolzes Wort.

Wiederholt sollen die Gebiete zwischen Elbe und Oder ihre Bevölkerung gewechselt haben. Da saßen die »Illyrer« im 2. Jahrtausend mit ihrer »Lausitzer Kultur«, dann die »Germanen«, dann die »Slawen« und schließlich die »Deutschen«. Wo sind die Menschen geblieben, die seit viertausend Jahren in diesen Landstrichen gesessen haben? Nur die Oberschicht hat gewechselt; mit den neuen Herren ändert sich der Name des »Volkes«, eine neue Sprache setzt sich durch, und nun wechselt der Urahn. Die »im Schatten leben, die aber sieht man nicht«.

Die stolzen Ritter, die im 15. Jahrhundert den Hohenzollern in der Mark Brandenburg das Leben schwer machten, die Köckeritze, Lüderitze, die Quitzows und die Itzenplitze, stammten wohl aus den alten slawischen Familien, die vom 8.–12. Jahrhundert alle Angriffe der »deutschen« Ritter, Bischöfe und Landesherren abgewehrt hatten. Aber was heißt schon »slawische Herren«? Weil sie »slawisch« sprachen? Wir wissen überhaupt nicht, welche Sprache zwischen Elbe und Oder vor dem 6. Jahrhundert gesprochen wurde. Es hat gewiß auch eine deutsche Siedlung mit Bauern, mit Familien, mit Kind und Kegel gegeben. Aber wie zahlreich war sie? Stieß sie in einen menschenleeren Raum?

Allgemein überwogen zahlenmäßig stets die Alteingesessenen. Das gilt erst recht für die vorangegangenen Zeiten. Nur Kriegerscharen konnten wandern, nur sie konnten erobern. Sie waren auf die Arbeit der Altansässigen angewiesen. Und das wußten sie. Zuweilen kamen die Krieger aus der Ferne überhaupt nicht als Eroberer, sondern als Söldner, die sich freiwillig anheuern ließen, oder als Kriegsgefangene, die in die Truppe eingereiht wurden. Das gilt von den Germanen im römischen Reich wie für die Slawen im maurischen Spanien, das gilt für die Türken in der arabischen Welt wie für die Mameluken in Ägypten und die Tataren in China. Eines Tages rissen sie die Herrschaft an sich.

Im Laufe der Zeit lagert sich eine Menschenschicht über die andere. Im Unterschied zu den geologischen Schichten aber bleiben sie fast nie völlig getrennt. Sie vermischen sich wirklich; sie verschmelzen im Laufe der Geschlechter durch wechselseitige Heirat. Nach hundert Jahren sind die Schranken meist gefallen, es sei denn, sie würden durch strenge Gesetze aufrechterhalten. Diese Gesetze gelten in der Regel jedoch nur für das Königshaus und für den Adel; oft allerdings mit der bedeutsamen Einschränkung auf die männliche Linie. Verirrungen und Mißheiraten soll zwar ein Riegel vorgeschoben werden, aber was nutzt das, wenn der König selber seine Kinder aus einer solchen Verbindung anerkennt?

Beschleunigt wird dieser Prozeß der Verschmelzung dadurch, daß unaufhörlich Männer aus den niederen Ständen in die höheren aufsteigen, weil sie tüchtig oder mutig sind, weil sie sich um das Herrscherhaus – oder das Vaterland – besonders verdient gemacht haben. Bei den Arabern genügte es in den ersten Jahrhunderten, wenn die Besiegten zum Glauben des Islams übertraten. Ein Teil der »Araber« im maurischen Spanien des 8. Jahrhunderts entstammte dem alten gotischen Adel. Das altrömische »Patriziat«, die Geschlechter mit »Ahnen«, patres, hat sich mit den reich gewordenen »Plebejern« zur »Nobilität«, dem Amtsadel, verbunden. Wenn auch einzelne Geschlechter wie die Cornelier und die

Julier auf ihre hochvornehme, ja göttliche Abstammung pochten, so vermischten auch sie sich schließlich mit den Plebejern.

Überall sitzen auf Erden noch die Nachfahren jener Ureinwohner, die auch vor langer Zeit dort gesessen haben, natürlich mit unterschiedlichem Blutsanteil an der gegenwärtigen Bevölkerung. Erst dem 20. Jahrhundert mit den Eisenbahnen und den Straßen, mit dem ungeheuren amtlichen Apparat bis in das letzte Dorf hinein, der solche Bewegungen zu erzwingen vermochte, blieb es vorbehalten, ganze Landstriche von der dort ansässigen Bevölkerung nahezu völlig frei zu machen und durch Neusiedler aus anderen Gebieten zu füllen.

Die »Umsiedlungen« früherer Zeiten betrafen meist kleinere Bevölkerungsgruppen. Als Nebukadnezar Jerusalem erobert hatte, führte er die Juden in die Babylonische Gefangenschaft. Wie viele wohl? »Aber von dem geringeren Volk, das nichts hatte, ließ der Hauptmann etliche im Lande Juda und gab ihnen Weinberge und Felder« (Jeremias 39 V. 10). Es ist uns auch die Zahl der Juden erhalten, die Nebukadnezar insgesamt im Laufe von 23 Jahren weggeführt hat: »Alle Seelen sind 4600« (Jeremia 52.30).

Karl der Große hat zwar Sachsen ins Frankenland umgesiedelt, aber trotzdem blieb das Sachsenland auch weiterhin von Sachsen bewohnt. Nur die politisch Unzuverlässigen mußten die heimatlichen Landstriche räumen.

Aus den amtlichen Aufzeichnungen des Indien-Rates in Sevilla wissen wir, daß im ersten Jahrhundert nach der Entdeckung Amerikas nicht viel mehr als 100000 Spanier in die Neue Welt ausgewandert sind. Dann stockte der Zustrom aus Europa schon deswegen, weil die Feinde das Meer für den Verkehr sperrten. Amerika war damals wohl von mindestens zehn Millionen Indianern, teilweise von hoher Kultur, besiedelt. Und dennoch haben diese wenigen Spanier das Gesicht des Erdteils umgestaltet. Sie hatten die uneingeschränkte politische Macht in der Hand, sie besaßen eine überlegene Wirtschaft, und sie verfügten vor allem über eine vollendete Bildung. Die spanische Sprache hat sich in weiten Teilen durchgesetzt, es haben sich neue Völker und Nationen gebildet. Dabei haben sich die Indianer durchaus erhalten. Sie bilden den Kern der Bevölkerung, mindestens in den Andenstaaten von Mexiko bis Bolivien, sie spielen aber auch in den meisten übrigen Republiken eine wachsende Rolle.

Was den Spaniern in ihren amerikanischen Besitzungen gelang, vollbrachten die Portugiesen in Brasilien. In den ersten beiden Jahrhunderten nach der Entdeckung Amerikas wanderten noch weniger Portugiesen in die Neue Welt als Spanier. Erst als Gold in Minas Gerais gefunden wurde, also nach 1700, nahm die portugiesische Einwanderung in Brasilien etwas zu. Und dennoch haben die Portugiesen und ihre Nachkommen, an der Spitze die Mischlinge in Sao Paulo, dem riesigen heutigen Brasilien ihre Sprache und ihre Kultur aufgeprägt. Auch die Afrikaner, die zu Millionen als Sklaven eingeführt wurden, übernahmen die portugiesische Sprache. Eine Minderheit prägte die Bevölkerung. Sie besaß die politische Macht. Wer von der indianischen Urbevölkerung sozial aufsteigen wollte, mußte sich der Sprache der Oberschicht bedienen – und das galt auch für die schwarzen Sklaven aus Afrika.

Das Reich der Osmanen reichte vorübergehend von Kroatien bis zum Persischen Golf, von der marokkanischen Atlantikküste bis zur Krim. Die türkische Sprache hat sich nur in Anatolien durchgesetzt. Das verleitet zur Annahme, die heutigen Bewohner Anatoliens seien »Türken«, die als Einwanderer die Vorbewohner verdrängt hätten. Nun wissen wir einigermaßen, wie viele »Türken« im Laufe der Jahrhunderte als Seldschuken und Osmanen ungefähr aus Westasien eingewandert sind: immer nur kleine Kriegerscharen, zuerst als Söldner der Araber, dann unter dem Banner des Hauses Osman. Sie allein konnten Kleinasien nicht füllen. Im Balkan aber sprachen selbst die »Osmanen«, auch der Hof in Adrianopel und später in Stambul, verschiedene Sprachen. Die Wesire waren häufig zum Islam übergetretene Griechen, die an ihrer Muttersprache festhielten.

Die Russen haben von den Waldgebieten um Moskau herum das Land bis zum Ural, bis zum Schwarzen Meer und schließlich ganz Sibirien nicht nur erobert, sondern tatsächlich »besiedelt«. In weiten Gebieten wird russisch gesprochen. Auch da hat die Oberschicht, zusammen mit den Bauern, die ihr folgten, das Gesicht des Landes bestimmt. Im Blut haben sich die Vorbewohner, die finnisch-ugrischen und die türkischen Stämme, erhalten und auch ihre Sprache bewahrt.

Im Westen des römischen Imperiums hatte sich die lateinische Sprache durchgesetzt, hauptsächlich allerdings in den Städten und da vorwiegend bei der wohlhabenden Oberschicht. Den Ton gaben die »römischen Bürger« an, eine Schicht von Reichen, die jedoch blutsmäßig nur zu einem verschwindenden Teil von Italikern oder gar Lateinern gebildet wurde. Viele »Römer« waren Landeskinder, denen wegen ihrer »Verdienste« oder ihres Vermögens die römische Bürgerwürde verliehen wurde, bis Kaiser Caracalla allen Städtern das »römische Bürgerrecht« verlieh. Kaufleute, Beamte und Richter sprachen selbstverständlich Latein; in den Lagern mußten sich die Legionäre aus den verschiedenen Landesteilen wohl oder übel ebenfalls in Latein verständigen. Das war die amtliche Welt. Ähnlich war es im Habsburger Reich, wo Deutsch die Sprache von Oberschicht und Amt war; ähnlich ist es heute bei den indischen Völkern, wo Englisch die gemeinsame Verständigung überhaupt erst ermöglicht.

Doch sprach in der römischen Stadt die Hälfte, wenn nicht zwei Drittel der Bewohner nicht lateinisch, sondern die Landessprache. Auf dem flachen Lande hielten sich erst recht die Volkssprachen, wie sie vor der römischen Eroberung üblich gewesen waren. Noch im 4. Jahrhundert waren die Illyrer eben Illyrer, im 6. die Thraker eben noch Thraker, im 7. Jahrhundert die Gallier noch Kelten geblieben, auch in ihrer Sprache. Noch zur Zeit der Merowinger sprachen die Menschen am Wasgenwald keltisch, wie die irischen Mönche berichten. Sprachen wie das Baskische und das Albanische haben sich auch unter der römischen Herrschaft erhalten, da wir mit Sicherheit wissen, daß weder Basken noch Albaner später eingewandert sind. Nach dem Zusammenbruch des Römischen Reiches setzten sich in weiten Bereichen die Volkssprachen wieder durch.

Es hängt von den gesellschaftlichen Bedingungen ab, welche Sprache sich jeweils durchsetzt. Ähnlich war es nach dem Ende der Osmanenherrschaft auf dem Balkan. Es wiederholt sich der gleiche Vorgang, es entstehen immer neue geschichtsträchtige Gruppen. Langsam bildet die Oberschicht ein neues »Volk«, dem die Herren zwar ihren Namen geben, während in den Adern ihrer Kinder aber auch das Blut der Einheimischen fließt, was meist dazu führt, daß auch die Ansässigen wieder in führende Stellungen aufrücken.

Und nun vollzieht sich jener Vorgang, den man in der Geschichte häufig beobachten kann: Das »Volk« wechselt die Sprache. Die »Muttersprache«, also die Sprache der Unterworfenen, gewinnt an Einfluß, sie setzt sich selbst in der Herrenschicht durch. In der Normandie, wo die Normannen französische Frauen nahmen, sprach man bald nur noch französisch. Als Wilhelm der Eroberer mit seinen »Normannen« anderthalb Jahrhunderte später gegen England aufbrach, waren nordische Worte kaum noch festzustellen. Vergessen! Am englischen Königshof sprachen die »normannischen« Barone französisch; französisch waren – und sind noch heute – viele Floskeln des britischen Rechts und der Verwaltung. Die Langobarden übernahmen in Italien das Latein; sie sprachen kein Langobardisch mehr, seitdem sie sich in Italien fest niedergelassen hatten, zumal die Mütter meist aus dem Lande stammten. Sie verschmolzen mit den »Römern« langsam zur »italienischen Nation«.

Der Begriff der Nation hat verschiedene Wurzeln. Im Mittelalter umfaßte er noch die Bewohner abgeschlossener Landstriche ohne Rücksicht auf die Sprache, selbst auf die politische Zusammengehörigkeit. So gliederte sich die Pariser Universität während des 12. Jahrhunderts in vier Nationen, in denen die Studenten aus dem Südwesten, also aus Aquitanien, die des Nordens, der Normandie, des Nordostens, der Pikardie und die des Westens, Burgunds, zusammengefaßt wurden. Die Französische Revolution hat dem Begriff der Nation eine neue Bedeutung verliehen. Geformt wurde sie durch den politischen Willen. Da traten die Sprache, die blutsmäßige Verwandtschaft, die Abstammung vom angeblich gemeinsamen Urahn zurück. In der »Nation« schmolzen die verschiedenen Bevölkerungsgruppen zu einer neuen Einheit zusammen. Hier formte sich die Grundlage des modernen Staates; der »Nationalstaat« erwuchs aus dem »Volkswillen«. Die Nation bedarf keiner gemeinsamen Sprache, keiner einheitlichen blutsmäßigen Zusammensetzung, keiner »Rasse«; sie gründet sich auf den gemeinsamen Willen, auf der gemeinsamen Geschichte und auf der einen einheitlichen Kultur.

Diese Nation sollte das französische Kaiserreich tragen. Napoleon glaubte, mit diesem Begriff die Grenzen weit nach Osten in den deutschsprachigen Raum vorschieben zu können. Waren nicht auch die deutschsprechenden Elsässer vollwertige Mitglieder der französischen »Nation« geworden? Gerade diese politischen Ansprüche weckten aber die Gegenwehr gegen den napoleonischen Begriff der Nation bei den besiegten Nachbarn.

Bei ihnen erwachte jetzt erst der Stolz auf das eigene Volk und seine große Geschichte. Nun konnte sich jedermann statt mit seiner Regierung – oder seiner Dynastie – mit der Volksgemeinschaft verbunden fühlen, der er angehörte. Und die Regierungen taten alles, um diese Einstellung zu unterstreichen und zu fördern, mindestens so lange, als das in Zeiten der Not in ihr Programm paßte. Herder hat sie vertreten, Arndt den Raum des deutschen Volkes mit dem der deutschen Sprache gleichgesetzt. Die Spanier waren nicht bereit, sich einem »Fremden« zu beugen, als ob die Bourbonen auf dem spanischen Thron nicht ebenso Franzosen waren wie Napoleons Bruder Joseph. Aber nun galt Ferdinand VII. als der »angestammte« König. Um ihn scharte sich »das Volk«. Der Nationalismus war die Antwort auf den französischen Begriff der »Nation« als Willensentscheidung.

Untrennbar miteinander verwoben erschienen der Geschichtsschreibung im 19. Jahrhundert die Begriffe von Volk und Staat. Schließlich galt der Staat nur als die Zusammenfassung und Organisation eines Volkes; nur durch den Rückhalt und die Grundlage eines »Volkes« könne der Staat lebendig bleiben und wirken.

Als wesentlicher Bestandteil »des Volkes« wurde die Sprache angesehen. Zu gern werden Menschengruppen nach ihrer Sprache zusammengefaßt und bezeichnet. Im »Nationalitätenkampf« der zweiten Hälfte des 19. Jahrhunderts und tief ins 20. hinein wurde aus der Sprache eine wirkungsvolle politische Waffe, bei der »Slawisierung« innerhalb des Zarenreiches wie in der »Germanisierung« der preußischen Ostprovinzen. Die Sprache wurde zum Kennzeichen, ja zum Banner einer politischen Richtung. Doch sollte man sich vom ethnischen – und damit auch vom geschichtlichen – Standpunkt aus dessen bewußt bleiben, daß die blutsmäßige Zusammengehörigkeit, die allgemein dahinter vermutet wurde, ein geschichtlicher Irrtum ist, der seine Wurzel im Märchen vom Urahn hat.

Wenn ein Volk – oder eine Gruppe – die Sprache wechselt, haben sich zuvor geschichtliche Ereignisse vollzogen, die diesen Wandel herbeiführten. Nicht immer setzt sich die Sprache des Siegers durch. Häufig genug wechselt die Sprache auch ohne gewaltsame Unterwerfung, ohne politische Vorherrschaft, ohne ethnische Umwälzung. Da lagert sich eine Schicht nach der anderen über eine ansässige Bevölkerung und wandelt sie geistig, sozial und wirtschaftlich. Oder eine Bewegung nach der anderen unterwandert, unterspült, durchsetzt die in der Hauptmasse kaum sich ändernde Bevölkerung. Es hängt von den jeweiligen besonderen geschichtlichen Umständen ab, ob die Unterschicht – und welche – oder ob die Oberschicht, sei es die politische, die gesellschaftliche oder die wirtschaftlich führende, der Gesamtbevölkerung ihre Sprache vermittelt oder aufzwingt. Geistige Faktoren können sogar bedeutsamer werden als politische. Der Einfluß der Schrift, überhaupt des Geistes, kann nicht hoch genug eingeschätzt werden.

Entschlossen halten vor allem die Chinesen am Märchen vom gemeinsamen Urahn fest. Im Ahnenkult gipfelte lange Zeit, bis zum Auftreten des Buddhismus, ihr religiöses Leben. Den Ahnen galten die dargebrachten Opfer. Dabei berichten sie selber, daß die »Chinesen« ursprünglich nur auf einem recht begrenzten Gebiet am mittleren Hoang Ho und am Wei-Flusse saßen, daß das ganze übrige Gebiet von »Barbaren« besiedelt war, im Süden von den Man, den Miao und den Lo. Im Norden brachen die Steppenbewohner immer wieder in das Kulturland ein, überlagerten die Ansässigen, beherrschten sie, gestalteten Staat und Gesellschaft um. Es blieb jedoch die chinesische Sprache und die gemeinsame Kultur des »Han-Volkes«.

Ob die Bewohner im weiten Reich der Mitte miteinander verwandt waren, ob sie aus dem Lößgebiet stammten – von den Ackerbauern –, ob aus dem Süden, Nachfahren der Miao-Völker, die inzwischen weit in die unzugänglichen Berge verdrängt wurden, das spielte eine untergeordnete Rolle. Die Chinesen fühlen sich durch die Kultur miteinander verbunden, durch ihre gemeinsame Schrift, die ihre Sprache geformt hat. Wenn die einzelnen Schriftzeichen im Norden und im Süden auch verschieden »gelesen«, also ausgesprochen werden – der Sinn der Schrift ist eindeutig. Die Schrift und nicht die Sprache eint die »Chinesen«.

Auch in diesem Land, wo die Ahnen so hoch geehrt wurden, gab es keinen gemeinsamen »Urahn«. Selbst die Herren der Shangzeit, in der zweiten Hälfte des 2. vorchristlichen Jahrtausends, konnten mit ihren Ahnen nur schriftlich verkehren. Ahnen und Nachfahren hatten zwar keine gemeinsame Sprache, wohl aber eine gemeinsame Schrift. Die gleichen »Schriftzeichen« wurden offenbar auch damals bereits in den verschiedenen Dialekten – oder gar Sprachen –

verschieden ausgesprochen, hatten inhaltlich jedoch dieselbe Bedeutung. Oder sprachen die Ahnen vielleicht sogar eine andere Sprache? Mit den »Ahnen« konnten sich die Nachfahren nur über die »Schrift« verständigen. Vom Wohlwollen und vom Schutz der Ahnen hing alles ab, das tägliche Leben, der Krieg, die Ernte, das Dasein schlechthin! Der blutsmäßige Zusammenhang war, wohl durch den Einfluß anders sprechender Mütter, nicht mehr in der Sprache ausgedrückt.

Verzichten wir ruhig auf das Märchen vom Urahn! Sprechen wir nicht vom einheitlichen »Volk« als dem Träger der Geschichte, von der unlösbaren Verbundenheit der »Volksgenossen«. Erkennen wir, daß auch das Volk keine biologische Einheit darstellt, sondern das Ergebnis der Geschichte ist. Damit verlagern wir die Gemeinsamkeit, die uns mit den anderen Gliedern unseres Volkes verbindet, von der einheitlichen Abstammung, die doch nur wenig gegenüber den großen gesellschaftlichen Unterschieden bedeutet, auf das gemeinsame Schicksal, das wir erlitten haben und auch weiterhin gemeinsam zu ertragen haben.

Zugleich aber gewinnen wir neue Einsichten in unsere eigene Vergangenheit und in die verschiedenen Blutströme, die in uns zusammengeflossen sind. Nicht die Einheitlichkeit, die wir – angeblich – einem gemeinsamen »Urahn« verdanken, sondern die Vielfalt – die ein Volk und jeden von uns geformt hat – bringt uns erst zum Verständnis sowohl der Nachbarn wie der anderen »Volksgenossen« – und nicht zuletzt zum Verständnis unserer selbst. Aus der Geschichte läßt sich verstehen – manchmal sogar erklären –, was in uns lebendig ist, was unser Denken und Fühlen mitgeformt hat.

Das Gewicht der Ideen

Gedanken und Ideen sind zweierlei. Nicht alle Gedanken, die ein Staatsmann ausspricht, die ein Denker niederlegt oder die ein Prophet verkündet, sind Ideen. Ideen sind nur jene, die auf die Umwelt wirken, die also »Geschichte machen«. Weil Ideen Geschichte machen, heißt es zuweilen, daß sie – vorwiegend sie – das bewegende Element der Geschichte sind. Und tatsächlich: Geistige Bewegungen haben ungeheure Wirkungen in der Geschichte der Menschheit ausgeübt – teilweise ausgelöst. Sie haben diese Welt gründlich verändert.

Am deutlichsten läßt sich das vielleicht bei den religiösen Ideen erkennen. Die Lehre Buddhas strahlte von Indien aus bis weit nach Zentralasien hinein; sie erreichte China und selbst Japan. Überall hat sie nicht nur das geistige, sondern auch das öffentliche Leben umgeformt, in mancher Hinsicht sogar das wirtschaftliche. Von Indien führte sie aber auch nach Hinterindien und Indonesien. Beide Wellen treffen sich dann in Vietnam, von Norden her der Buddhismus, der von China her kommt und dort seine Umwandlung erlebt hat, von Süden der noch stärker indisch ausgerichtete Glaube Buddhas.

Die Lehre des Konfuzius hat dem chinesischen Leben seinen Stempel aufgedrückt, vom 4. vorchristlichen Jahrhundert bis in unsere Zeit, und zwar nicht nur dem Denken und der Weltbetrachtung, sondern auch dem praktischen Leben, dem Verhalten im privaten wie im öffentlichen Bereich. Der Lehre des Propheten Mohammed, und wir können wohl sagen, ausschließlich seiner Lehre, verdankten die Araber ihre großen Siege, die sie im Westen bis zum Atlantik und bis nach Spanien geführt haben, in Afrika bis zum Niger und bis Madagaskar, im Osten bis an die Grenze des chinesischen Reiches und bis zum Ganges.

Ohne Buddha, ohne Konfuzius und ohne Mohammed sähe ein Teil dieser Welt heute sicherlich ganz anders aus. Sie haben die Menschen geistig geformt. Darf man aus dieser Tatsache folgern, daß sie – diese Einzelnen – allein es waren, die die Welt umgestaltet haben? Die mit der Kraft ihres Denkens, mit der Fülle ihrer Gedanken, mit der Gabe ihrer Erkenntnisse und Einsichten dem Strom des Geschehens einen neuen Lauf gegeben haben?

Ideen entspringen nicht schlechthin dem Kopf eines Denkers. Sie stellen in vielen Fällen die geistige Durchdringung der Welt, die Einsicht und die Erklärung der erfahrenen Wirklichkeit dar. Niemand wird die Bedeutung der geistigen Gestaltung verkennen, die ein Einzelner leistet. Nur darf man diese Leistung nicht für sich sehen. Verständlich wird die Idee nicht allein aus sich heraus, aus ihrer tiefen philosophischen Überlegung, sondern aus der Kenntnis der jeweiligen Gegebenheiten. Tatsachen, häufig auch unbeachtete, übersehene Tatsachen, scheinbar nebensächliche Tatsachen, entscheiden auch darüber, ob eine Idee erfolgreich ist oder scheitern muß. Warum hat diese Idee sich gerade in diesem Gebiet durchgesetzt und in einem anderen nicht?

Zu diesen Tatsachen gehören etwa die gesellschaftlichen Verhältnisse. Ohne die Sklaverei, ohne die tiefe Niedergeschlagenheit der rechtlosen Sklaven im Römischen Reich, hätte sich das Christentum in den ersten Jahrhunderten kaum durchzusetzen vermocht. Ohne die geistigen Spannungen zwischen den noch überwiegend semitisch, richtiger aramäisch sprechenden Bewohnern der asiatischen Provinzen des Oströmischen Reiches mit seiner griechischen Kultur hätten die Araber bei allen ihren Siegen kaum den weiten Raum am östlichen Mittelmeer so tiefreichend umgestalten können, politisch wie kulturell. Die Religion, der Islam allein, hätte das kaum vollbracht. Jedenfalls gehört zur geschichtlichen Einsicht die Kenntnis auch dieser Umstände.

Nur in den großen Zusammenhängen verstehen wir die Wirkung von Ideen. Warum haben gerade diese Gedanken »Geschichte gemacht«? Waren sie so gewichtig und zukunftsträchtig, daß sie sich gleichsam von selbst durchsetzen konnten? Die Geschichte lehrt das Gegenteil. Das Alte Testament hat fast nirgends über die Grenzen des jüdischen Volkes hinausgewirkt. Wo später einmal ganze Völker zum Judentum übertraten, wie die Chasaren in der südrussischen Steppe, geschah das wahrlich nicht aufgrund der Bibelkenntnis. Die den Juden benachbarten Völker, wie die Ägypter, die Syrer und die Mesopotamier, kannten zwar die Lehre von dem einen allmächtigen Gott, aber sie haben sie ebensowenig übernommen wie die Herren, die später über Palästina geboten, die Perser, die Hellenen, die Römer. Als Gedanke blieb der Glaube an den einen Gott wirkungslos.

Von der Gegenwart her gesehen ist Ideengeschichte immer reizvoll und wertvoll. Sie enthüllt Zusammenhänge, sie erleuchtet Beweggründe und Überlegungen, sie weist auf bedeutende Einflüsse hin, die auf das geschichtliche Geschehen einwirken. Doch bleibt die entscheidende Frage offen, warum bestimmte Ideen solche Auswirkungen hatten. Es liegt vielleicht nahe, von der inneren Kraft der Ideen zu sprechen und von ihrem mitreißenden Schwung, der – einmal mitgeteilt – nicht mehr aufzuhalten ist. Mancher glaubt, daß sich jeder, der sie hört, von ihr begeistern läßt. Die Wirklichkeit sieht leider anders aus. Als der Apostel Paulus mit seiner neuen Lehre nach Athen kam, gab es dort viele Gebildete. Sie hätten doch einsehen müssen, welche ungeheure geistige und moralische Kraft die Lehre von der Liebe unter den Menschen besaß, welches Opfer Gottes Sohn – wie durch Zeugen damals noch nachgewiesen werden konnte – durch seinen Kreuzestod den Menschen gebracht hatte. Nichts davon! Paulus wurde abgelehnt. Athen blieb noch drei Jahrhunderte heidnisch. Das Christentum erfaßte erst größere Teile der Bevölkerung, als sich im römischen Weltreich eine tiefreichende soziale Umwälzung vollzogen hatte, die nun die unteren Schichten aufnahmebereit machte.

Wer Geschichte verstehen will, muß sorgfältig abwägen zwischen der Kraft, die einer Idee innewohnt, einfach aus der Überzeugung, die sie einflößt, und den äußeren Umständen, die ihr erst die große Wirkung verleihen. Das gilt selbst für Irrlehren. Da laufen Männer herum mit stolzen Worten und großen Gebärden. Sind sie für den Gang der Geschichte wichtig? Von manchem wird bereits in einem Jahrzehnt kaum noch gesprochen. In einem Vierteljahrhundert ist er zu Recht völlig vergessen. Und ein anderer, der unauffällig im Hintergrund stand, setzte eine Bewegung in Gang, die noch spätere Geschlechter spürten.

Seit dem Altertum, seit dem großen Eratosthenes wußten die Gelehrten, daß die Erde eine Kugel ist. Davon haben sie die einfachen Menschen aber nicht überzeugen können. Erst Ende des 15. Jahrhunderts zog ein kühner Seefahrer den Schluß, daß man nach Westen segeln könne, um nach dem Osten, nach Asien zu gelangen: Kolumbus.

Nicht jene Ideen, deren Tiefgründigkeit wir heute bewundern, haben stets die größte Wirkung gehabt. Den Aufstieg der preußisch-deutschen Heerführung von 1866 und 1870/71 hat man auf Clausewitz zurückzuführen versucht. Doch wer hatte vor 1870 – außer Moltke z. B. – schon Clausewitz' Buch »Vom Kriege« gelesen? Hat wirklich er die militärischen Überlegungen bestimmt?

Weitgehend wirkungslos waren zu ihrer Zeit besonders jene Bücher, die erst nach Jahren oder Jahrzehnten verstanden wurden, weil sie zukunftsträchtige Ideen vorweggenommen haben, was die Zeitgenossen verkannten. Die spätere Entwicklung ist an diesen Büchern regelrecht vorbeigegangen. Wenn die Entwicklung sich schließlich doch in den damals geäußerten Bahnen bewegte, so tat sie es ohne Zusammenhang mit diesen Schriften. Es mag reizvoll sein, den »übergangenen« Werken einmal nachzugehen – mit »Geschichte« haben sie kaum etwas zu tun. Die großartigen technischen Schriften, Zeichnungen und Entwürfe Leonardos haben die spätere Technik weder angeregt noch bestimmt.

Ideengeschichte hat den Vorteil, daß sie sich mit den Ideen beschäftigt, die schriftlich niedergelegt sind, so daß man die »Quellen« verfolgen kann. Zwar haben nicht alle Religionsstifter oder Propheten selber geschrieben, was sie dachten und was sie anstrebten, aber was man von ihnen weiß, ist eben schriftlich festgehalten worden, entweder von Jüngern und Zeitgenossen oder von späteren Geschlechtern. Diese Schriften lassen sich studieren und miteinander vergleichen. Wann wurden bestimmte Gedanken zum erstenmal erwähnt? Wann wird das erste Auftreten erwähnt? Daraus ergibt sich dann, daß das ältere Gedankengut nicht auf das jüngere zurückgehen kann. Sodann aber läßt sich nachforschen, wie weit das jüngere Gedankengebäude auf das ältere mittelbar oder unmittelbar zurückzuführen ist. Waren dem späteren Denker die Ideen seines Vorgängers bekannt? Oder schöpfen sie beide aus der gleichen Quelle? Es muß geprüft werden, ob der spätere Denker den früheren gelesen oder gar persönlich gekannt hat, ob es Bücher und Schriften gibt, die eine Brücke zu schlagen vermögen. Die philologische Forschung wird mit Stil- und Wortvergleich vielleicht Zusammenhänge aufdecken. Die philosophische Forschung legt geistige Verwandtschaft bloß.

Die Gefahr der »Ideengeschichte« besteht darin, daß sie ihre Quellen aus sich heraus deutet. Da wird nun nachgeforscht, was der

Monarch, was der Staatsmann, was der Feldherr, was der Denker, was der Revolutionär gesagt hat und wann er es gesagt hat. Irgendwann taucht ein Gedanke zum erstenmal auf. Das läßt sich feststellen. Nun erhebt sich die Frage, wann dieser Gedanke wieder aufgegriffen und schriftlich wiederholt wird. Der Bogen kann nachgewiesen werden. Oder ist der gleiche Gedanke an zwei verschiedenen Stellen und zu verschiedenen Zeiten unabhängig voneinander entstanden? Auch das gilt es herauszufinden. Vielleicht läßt sich das Reifen des Gedankens zur Idee verfolgen, in Büchern, Schriften und Reden – bis der Funke eines Tages von der Idee hinüberspringt in die rauhe Wirklichkeit, bis er zündet und zu politischen und sozialen Folgen führt. Für die »Ideengeschichte« liegt das Ergebnis offen. Nun ist »die Idee« zur Wirklichkeit geworden. Nun kann die politische Geschichte, die Wirtschafts- oder die Sozialgeschichte es übernehmen, die Auswirkungen der Idee zu schildern. Die Idee gab den Ausgangspunkt und die Erklärung; sie bleibt auch weiterhin für eine wichtige geistige Richtung im Hintergrund tätig.

Den Zeitpunkt, wann sich Ideen von der geistesgeschichtlichen Entwicklung lösen, wann sie in die politische Geschichte eintreten und diese beeinflussen, läßt sich am deutlichsten bei den politischen Ideen feststellen. Sie sind allerdings nicht alle darauf abgestellt, einen Leitfaden für den Staatsmann abzugeben. Es gab die Zukunftsbilder von Zuständen, die zwar wünschenswert, aber kaum erreichbar sind, die »Utopien«, wie die des Thomas Morus oder die Schilderung von seltsamen Gesellschaften, die verschlüsselt alle Vorteile und alle Nachteile der menschlichen Gesellschaft schilderten wie Gullivers Reisen von Swift.

In vielen Fällen aber haben die Denker den Staatsmännern unter ihren Lesern Leitlinien aufzeigen wollen. Aristoteles hat seine Gedanken über den Staat niedergelegt. Sein großer Schüler Alexander von Makedonien hat sich nicht nach ihnen gerichtet. Machiavelli wollte seinem »Fürsten« – gemeint war wohl Cesare Borgia – den Weg weisen, Italien mit den Mitteln »der« Politik zu einigen. Ohne Erfolg! Erst die Herrscher des Absolutismus, erzogen in den Grundsätzen der Aufklärung, machten sich von den mittelalterlichen Vorstellungen des öffentlichen Lebens frei mit allen ihren Bindungen, erst die Monarchen des 18. Jahrhunderts wurden überzeugte Schüler des Machiavelli, auch wenn sie – wie Friedrich

II. von Preußen – in ihrer Jugend Schriften gegen Machiavelli verfaßten.

Die Lehre Hegels vom Staat wurde von den Zeitgenossen noch als Bestätigung des Bestehenden aufgefaßt. Erst sein Schüler Karl Marx hat ihr die Wende gegeben, die heute in einem Drittel des Erdballs, in China und der Sowjetunion ihre Staatsform geprägt hat. Wirkungsvoller sind die politischen Ideen, die von einzelnen Machthabern selber festgelegt worden sind, von einem Lenin, einem Mao oder in Argentinien von Peron. Aber prägen hier die Ideen den Staat, oder geben sie nur einer politischen Entwicklung nachträglich den Schein philosophischer Begründung? Schärfer ausgedrückt: Dienen sie nur dazu, der Gewaltherrschaft einer kleinen Gruppe den Segen angeblich tiefer Gedanken zu verschaffen? Hatte der Staat Stalins noch etwas mit den Ideen gemein, die Lenin vor der Oktoberrevolution lehrte? Was von diesen Ideen ist im Reiche Mao Tsetungs lebendig geblieben? Was von der »Gerechtigkeit« des »Justizialismus« galt noch unter Peron wirklich?

Die Vereinigten Staaten führen ihre Unabhängigkeit nicht nur auf die siegreichen Kämpfe gegen die Engländer, sondern auch auf die hehren Gedanken der großen Denker in der Aufklärung zurück, auf das Menschenbild, das diese geformt haben. So steht auch in der Verfassung der Vereinigten Staaten, daß die Menschen »frei und gleich« seien. Doch hat das nicht verhindert, daß sich die Sklaverei in den Südstaaten bis in die zweite Hälfte des 19. Jahrhunderts erhalten hat.

Politische Ideen können einen Staat dadurch sprengen, daß sie seine Grundlagen erschüttern. Das »Selbstbestimmungsrecht der Nationen«, geboren aus der Lehre von der Eigenständigkeit der »Völker«, hat dem Habsburger Reich sein Ende bereitet – nicht nur die Niederlagen im Ersten Weltkrieg. Von innen her wurde der Vielvölkerstaat aufgelöst, der nicht mehr den Vorstellungen des 20. Jahrhunderts entsprach. In der Sowjetunion hingegen hat sich der Vielvölkerstaat unter der Decke der allumspannenden sozialen Lehre vom Kommunismus, von der Herrschaft einer überall gleichen »Klasse« der Werktätigen, durchaus erhalten. Wird die soziale Lehre sich auf die Dauer gegenüber den politischen durchsetzen? Hier liegt eines der großen Probleme unserer Zeit. Die Vorgänge 1968 in der Tschechoslowakei zeigen die Spannungen an, die aus einem solchen Gegensatz entstehen. In Nordamerika gewinnt die soziale Lehre des Klassenkampfes erst aus der – rassisch bedingten – Unzufriedenheit der Schwarzen ihre eigentliche Stoßkraft. Die Lehre der Minderheiten-Gleichberechtigung verbindet sich mit Forderungen der sozialen Gerechtigkeit.

Was ist dabei entscheidend: die theoretische Lehre oder die politische Forderung? Diese Frage erhebt sich immer wieder, wenn wir Geschichte betrachten. Nichts ist schwieriger, als anzugeben, wie die Zeitgenossen wirklich gedacht haben. Die Erklärung, daß sie im Banne einer Ideologie standen, ist historisch unergiebig, einmal, weil die Erklärung zu allgemein ist, zum anderen, weil man fragen kann, ja muß, warum mancher für diese Idee eintrat. War der Staatsmann »Imperialist«, »Revanchist«, Kommunist, Nationalist, Weltbürger, Liberaler, Demokrat? Um das herauszufinden, prüft man die verschiedenen Äußerungen des Betreffenden; dann läßt sich das Handeln von dieser Einstellung ableiten. Ist die Politik Bismarcks, Hitlers, Napoleons, aber auch Lenins und Mao Tsetungs tatsächlich so eindeutig nach den Worten auszulegen?

Auch die geistige Ahnenreihe klärt kaum das politische Handeln. Man hat Adolf Hitler auf Bismarck, auf Nietzsche, ja auf Martin Luther mit seinem Obrigkeitsbegriff zurückgeführt. Man hat auch Schriftsteller minderen Ranges herangezogen wie H. St. Chamberlain oder Langbehn, den »Rembrandtdeutschen«. In den großen Topf geistiger Zusammenhänge lassen sich dann recht verschiedenartige Geister hineinwerfen wie Darwin und Gobineau. Sicher haben solche Einflüsse eine Rolle gespielt, doch sollte man die geistige Entwicklung eines so ungeistigen Mannes wie Hitler auch nicht überschätzen. Es ist ja Mode geworden, daß ein Staatsmann auch als großer Denker auftreten möchte. Lenin ist Begründer einer neuen Soziallehre, Stalin wollte als Schöpfer eines verbesserten Sozialismus, Mao Tsetung als der eines neuen Kommunismus nicht zurückstehen. Sie sorgten dafür, daß ihren Lehren mit der politischen Gewalt der notwendige Nachdruck verliehen wurde.

»Männer, die Geschichte machten«, haben oft aber auch auf jede geistige Deutung verzichtet. Dschinghis Khan und Tamerlan dachten gar nicht daran; Caesar und Napoleon haben durchaus eine beachtliche geistige Rolle gespielt, der eine als Schriftsteller, der andere als Schöpfer des neuen Rechts, des Code Napoléon. Sie blieben jedoch Tatmenschen, denen die »Ideologien« ziemlich gleichgültig waren. Zwar hatten sie eine Staatsidee, die sie aber aus den Notwendigkeiten begründeten, die sie vorfanden. Sie handelten! Obwohl sich auch solche Personen aus einer längeren geistigen Entwicklungsreihe ableiten lassen, enthält dies nicht den Kern der Geschichte.

»Das Kapital« von Karl Marx hat der Arbeiterbewegung zuerst in Europa, dann in der ganzen Welt eine einheitliche geistige Ausrichtung und damit zugleich eine unbestreitbare Stoßkraft verliehen. War die Idee vom Sozialismus der zündende Gedanke? War es der Hinweis auf das »Kapital«, das den Arbeitermassen den erkennbaren Gegner gab und damit das Ziel setzte, gegen das der Angriff gerichtet werden konnte? Das Buch von Marx, das die Theoretiker des Marxismus seit Jahrzehnten beschäftigt, hat anfangs nur geringe Wirkung in der Masse gehabt. Von diesem Buch sind – allen Bemühungen Friedrich Engels' zum Trotz – in den ersten anderthalb Jahren nur 200 Exemplare verkauft worden. Bücher mit neuen Gedanken brauchen Zeit, um sich durchzusetzen. Man darf sich auch nicht darauf berufen, daß die wenigsten »Marxisten« »Das Kapital« gelesen und von diesen wenigen wiederum nur einige es verstanden haben. Mit dem »Kapital« wurde ein allen sichtbarer Gegner aufgebaut, der die Arbeiterklasse zu einer kämpferischen Einheit zusammenschmolz. Allerdings kommt das Wort »Kapitalismus«, der entscheidende Kern der neuen Lehre, bei Karl Marx nirgends vor.

Eines steht fest: Die eigentliche Wirkung des »Kapitals« beginnt erst mit dem Aufstieg der deutschen Sozialdemokratie, als eindeutig feststeht, daß die Kerngedanken von Karl Marx falsch sind. Sie müssen also umgedeutet werden. Das geschieht einmal dadurch, daß die Grundgedanken eingeschränkt, daß die politischen Forderungen der Wirklichkeit angepaßt werden. Das sind die »Revisionisten« unter Führung des Theoretikers Bernstein. Sie deuten den Klassenkampf in das Ringen bei den Wahlen um Sitze im Reichstag um. Andererseits werden von anderen Richtungen die Forderungen ausgeweitet und verschärft.

Die Bolschewiki finden in Lenin den Mann der neuen »Idee«. Marx hatte für das städtische »Proletariat« in einem hochindustrialisierten Lande die politische Macht angestrebt. Lenin hingegen lehrt den bewaffneten Aufstand. Nicht in einem hochindustrialisierten Lande übernimmt schließlich das städtische »Proletariat« die politische Macht, sondern in einem überwiegend ländlichen Gebiet übt eine kleine Minderheit die Diktatur aus, indem sie den »Kommunismus« einführt. Lenin läßt die von Sozialrevolutionären – den Vertretern der revolutionären Bauern – beherrschte Duma von seinen »Roten Garden« sprengen. Er wendet sich damit gegen einen »Feind«, der für Karl Marx keiner war. Aber Lenin wußte, warum er so handelte.

Mao Tsetung hat den »Marxismus« noch weiter umgedacht. Statt des städtischen Proletariats, das den Fortschritt erzwingt, sollen jetzt die Bauern die Macht übernehmen. Der Kampf gilt weniger den industriellen Unternehmern als den Landbesitzern, den Händlern und den Ausländern. Jetzt sind sie es, die als »Ausbeuter« angesehen werden. Wenn hier ein alter Begriff von Karl Marx wieder auftaucht, so hat er einen neuen Sinn erhalten.

Auch Ideen sind dem geschichtlichen Prozeß unterworfen – das heißt dem ständigen Wandel! Man kann sie nicht statisch sehen. Sie müssen stets neu durchdacht werden, damit sie sich den Verhältnissen anpassen. Anpassen an was? Doch an die veränderten Zeitumstände. Und damit erhebt sich die Frage, wieweit Ideen für die Entwicklung wichtig waren, wieweit die Tatsachen dazu zwangen, daß die Ideen sich wandelten. Und schließlich: Wie weit sind die Ideen überhaupt aus den Gegebenheiten zu erklären. Während des Zweiten Weltkrieges hat Stalin den vaterländischen Gedanken, die große russische Vergangenheit, in den Vordergrund gerückt und mit dem einst weltumspannenden Kommunismus verschmolzen. Er wollte auch diejenigen für seinen Abwehrkampf gewinnen, die vom Kommunismus als »Kapitalisten« verdammt worden waren.

Entscheidend bleibt das Zusammenspiel von Idee und Tatsachen. In einem Fall wird der Einfluß der Tatsachen auf die Ideen stärker sein. Es gibt aber auch Zeiten und Umstände, da die Ideen den Gang der Tatsachen grundlegend bestimmen. Das gilt vor allem dann, wenn sich – den Zeitgenossen unbewußt – die Tatsachen längst verändert haben, ohne daß die herrschende Meinung der Gesellschaft sich den neuen Umständen angepaßt hat. Die Spannung wächst, wird schließlich unerträglich. Da bieten sich neue Lehren an. Wo kommen sie her? Die Ideengeschichtler haben voll zu tun, den Nachweis über die Wurzeln zu erbringen. In einer solchen geistigen Krise, möge sie aus sozialen oder politischen Krisen erwachsen sein, bieten sich in der Regel mehrere »Weltanschauungen«. Welche sich durchsetzen wird, hängt nur selten von der inneren Logik der Idee ab. Das hängt von einzelnen Männern und den gegebenen Verhältnissen und häufig genug auch von unbedeutenden Zufällen ab – kurz, von historischen Faktoren!

Das Zarenreich hatte gewiß im Jahre 1917 einen kritischen Punkt erreicht. Aber daß sich weder eine demokratische noch eine sozialrevolutionäre, weder eine reaktionäre Militärdiktatur noch ein sozialdemokratisches System durchsetzte, sondern der Bolschewismus, das lag an Personen – im positiven wie im negativen Sinne – wie dem Zaren Nikolaus, den Führern der »Kadetten«, einem Rasputin, einem Kerenski und auf der anderen Seite einem Lenin. »Zufälle« spielen da hinein wie der plombierte Eisenbahnzug, mit dem die Deutsche Oberste Heeresleitung Lenin und Trotzki aus der Schweiz nach Petrograd reisen ließen.

Ideengeschichte kann nur einen Teil der Wurzeln aufdecken, und zwar jene, die in Schriften niedergelegt und an bestimmte Namen geknüpft sind. Welche Versuchung! Die Wurzeln der russischen Revolution von 1917 mögen vielfältig sein. Gewiß lohnt es sich, den geistigen Hintergrund der maßgebenden Männer, eines Kerenski oder eines Lenin, aufzudecken, die Lehren – und Schriften! – eines Karl Marx und eines Friedrich Engels. Dabei wird mancher Gedanke ins Spiel gebracht, der dieses Denken beeinflußte! Geht der Kommunismus auf Hegel zurück? Die Schriften des großen Philosophen kann man deuten, die Zwischenstufen zwischen Hegel und Lenin studieren, den großen Karl Marx, seinen Freund Friedrich Engels; da lassen sich die Werke der anderen Sozialisten zum Vergleich heranziehen, die Kampfschriften, die Briefe eines Liebknecht und eines Bebel, die Aussagen der Rosa Luxemburg und andererseits der Revisionisten wie Bernstein. So wächst eine geschlossene Gedankenreihe heran. Wird der Bogen weitergespannt, so erreicht er die Theorien der Französischen Revolution und darüber hinaus die der Aufklärung, nämlich die Gedanken eines Rousseau und der Enzyklopädisten. Immer weiter wird der Fächer, immer vielfältiger die »wirklichen« Wurzeln.

Die Geschichte der sozialen Veränderungen, insbesondere der großen Umbrüche, wird sich eingehend mit den geistigen Auseinandersetzungen zu beschäftigen haben, die den gesellschaftlichen Spannungen vorangegangen sind. Haben diese Anklagen gegen die herrschende Ungerechtigkeit eigentlich erst die Spannungen ausgelöst? Sie haben sie mindestens sichtbar gemacht, vielleicht auch die Unzufriedenheit geschürt oder ihr erst feste Gestalt gegeben. Der »Geist« erscheint vielfach als der Wegbereiter der Revolution. Er löst sie nicht nur aus, sondern weist ihr auch den Weg. Er zeigt das Ideal auf, an dem gesellschaftliche Zustände zu messen sind. Kurz, in der Sozialgeschichte wird man sich mit den Ideen auseinanderzusetzen haben. Niemals hätten die sozialen Verhältnisse im Frankreich des ausgehenden 18. Jahrhunderts zu der Explosion der Revolution geführt ohne die Einwirkung der Aufklärung und ohne das nordamerikanische Vorbild. Die Ideen der Revolution waren am königlichen Hofe vielleicht stärker ausgeprägt als in der Provinz, vielleicht sogar stärker als selbst bei den städtischen Massen. Ausgegangen ist der Widerstand gegen den König von seinen eigenen Brüdern, sodann von dem Beamtenadel, der sich zurückgesetzt fand, von den jungen unzufriedenen Söhnen des Adels, den Offizieren wie Lafayette, die aus Nordamerika zurückgekehrt waren, einem Marquis Mirabeau, der lange genug gegen seinen eigenwilligen Vater gestritten hatte. Wenn diese Kreise sich für die revolutionären Ideen begeisterten, so lag das an diesen Ideen und nicht an den gesellschaftlichen Verhältnissen, unter denen sie selber kaum zu leiden hatten. Zweifellos hat der versäumte Staatsbankrott bei den riesigen Kriegsschulden eine große Rolle gespielt; wie aber diese Zustände aufgenommen und beurteilt wurden, hing von der geistigen Einstellung ab.

Die geistige Situation läßt sich nicht allein auf einzelne Denker zurückführen. In anderen Ländern versagte die revolutionäre Aufklärung. Der Geschichtsforscher ist kaum klüger als die Zeitgenossen. Wie sollte er wissen, was damals bedeutsam, welche Tatsachen schicksalsträchtig waren, wenn er nicht einen Wegweiser darin hätte, daß er weiß, was sich inzwischen herausgebildet hat. Gedanken, die damals die öffentliche Meinung beherrschten, sind seitdem längst als nebensächlich vergessen worden. Andere haben sich durchgesetzt. Und warum? Weil sie den wirklich maßgebenden Umständen entsprachen. Doch das zeigte sich erst, als die Ideen praktisch verwirklicht werden sollten. Das konnten die Zeitgenossen noch nicht erkennen.

Auf das Zusammenspiel von Ideen und Tatsachen kommt es an. Gerade daraus ergeben sich aber die eigentlichen Schwierigkeiten der Geschichtsforschung und erst recht die der Geschichtsschreibung. Beide Richtungen – Ideen und Tatsachen – sind in ihrer Fragestellung, in ihren Methoden, ihrem Gegenstand und ihren Grundlagen nach so verschieden, daß es nahezu unmöglich erscheint, sie zu verbinden. Bei den Ideen hat es der Forscher meist mit schriftlich niedergelegten Quellen zu tun; bei den Tatsachen und Zuständen mit einer Fülle oft verworrenen Materials. Tatsachen in ihrer Bedeutung zu bewerten ist schwierig genug. Ob sie richtig gesehen und eingeordnet worden sind, zeigen die festzustellenden Folgen. In der Gegenwart bereits die entscheidenden Tatsachen zu erkennen und zu würdigen erscheint kaum möglich. Aber auch für die Vergangenheit jene Tatsachen herauszustellen, die für jene Zeit wichtig waren, ergibt sich manchmal erst aus dem späteren Verlauf der Geschichte.

Die soziale, die wirtschaftliche und die moralische Lage eines Volkes zu erkennen scheitert häufig an der Fülle der zu berücksichtigenden Faktoren. Immer neue Tatsachen tauchen auf; ihre Beurteilung entzieht sich oft den herkömmlichen Maßstäben. Man spricht von »Not« und von »Hunger«. Lassen sich selbst solche Begriffe eindeutig fassen? Seit Urbeginn hat der größte Teil der Menschheit Hunger gelitten. In den Entwicklungsländern leidet ein erschreckender Teil der Bevölkerung an Unterernährung. Wie die Menschen diesen Zustand hinnehmen, hängt von den sozialen Bedingungen ab. Wird diesen Menschen aber eines Tages nicht doch bewußt, wie ungerecht das Schicksal mit ihnen umspringt? Werden sie sich eines Tages nicht auflehnen?

Bei den Studien über die soziale Lage gibt es für die Vergangenheit nur selten »Quellen«. Man kann aus Erlebnissen Rückschlüsse ziehen. Man kann versuchen, die Zustände irgendwie in Zahlen zu fassen. Die Medizin geht von einer bestimmten Zahl an Kalorien aus. Noch schwieriger erscheint es, den Begriff der Arbeitsleistung eindeutig festzulegen. Ist es die Zahl der Arbeitsstunden, auf die man achten muß? Die Körperanstrengung? Das Ergebnis? Sind es die äußeren Bedingungen? Eine Arbeit an der Polargrenze, etwa in Workuta, eine in den Bergwerken des Ural oder in den Steinbrüchen von Syrakus sind für die unglücklichen Kriegsgefangenen anders zu bewerten als unter »normalen« Bedingungen. Damit wird auch das Problem der Sklaverei angerührt, angefangen von der des Altertums über die in der islamischen Welt bis zu der des

18. und 19. Jahrhunderts in Nord- und Südamerika. Was leisteten diese Sklaven? Was war ihre Arbeit »wert«?

In Schwarzafrika hat die Sklaverei eine besonders unheilvolle Rolle gespiel, als von dort Sklaven in kaum übersehbarer Zahl, die in die Millionen ging, an ausländische Händler verkauft und über das Meer nach Amerika verfrachtet wurden. Zunächst mochte es so scheinen, als sei die Bevölkerung im weiten schwarzen Erdteil unbegrenzt. Den Spaniern und den Portugiesen erschien die Neue Welt fast menschenleer, Afrika hingegen dicht besiedelt. Dieser Eindruck war nicht einmal so falsch. Damals zählte Afrika zwischen 100 und 150 Millionen Einwohner, Amerika zwischen 8 und 12 Millionen. Afrika war reich; der Ackerbau blühte, man exportierte Gold. Dann kamen die Sklavenjagden. Afrika verarmte vollständig. Seine Bevölkerung vermehrte sich nicht, im Gegenteil, weite Landstriche verödeten. Hand in Hand mit dem wirtschaftlichen Rückgang vollzog sich ein geistiger. Wo vorher noch ein künstlerisches Handwerk geblüht hatte, versank nun alles in dumpfe Rückständigkeit und Hoffnungslosigkeit. Häuptlinge und Stämme kämpften verzweifelt gegen überlegene Feinde, um den Erwerb der besten Waffen, um die rücksichtslose Ausbeutung der Nachbarn und der eigenen Bevölkerung.

Verzweiflung erfaßte die einen. Sie verließen die Dörfer und flüchteten in unwegsame Gegenden; sie bemühten sich nicht mehr um besseren Ertrag ihrer Felder, sondern begnügten sich damit, nur das Notdürftigste anzubauen. Eigensucht, Grausamkeit und Kriegslust packte die anderen. Sie dachten nicht mehr daran, hart zu arbeiten, da sie durch Raubzüge und Sklavenjagd rasch reich zu werden hofften. Die Händler zahlten gut, und so ließen sich die Krieger mit ihnen ein, traten in ihren Dienst, fügten sich ihren Wünschen und Befehlen oder drehten bei Gelegenheit den Spieß um. Im Menschenhandel pflegt die Moral rasch zu schwinden. Nur der Härteste setzt sich durch – und er gibt ein verheerendes Beispiel dafür, wie man reich werden kann. Schließlich entscheidet immer nur die Gewalt, nie das Recht. Das Gift rücksichtslosen Gewinnstrebens, des Lebens jenseits jeder Moral, jenseits jeder menschlichen Gefühlsregung, frißt um sich und zersetzt die Gesellschaft.

Wie tief die Sklaverei Afrika getroffen hat, wie weit sie dessen Geschichte bestimmte, läßt sich nicht in festen Zahlen wiedergeben. Die Wirkung ist kaum zu messen, insgesamt aber doch zu erkennen. Zu Beginn des 16. Jahrhunderts bildeten die Länder am Niger ein reiches und – wie es scheint – insgesamt wohlhabendes Reich. Drei Jahrhunderte später fanden die Reisenden im vielgerühmten und wegen seines »Reichtums« bewunderten Timbuktu nur noch klägliche Hütten, bewohnt von armseligen, heruntergekommenen Menschen. Das war die Wirkung der Sklaverei auf die unglücklichen »Lieferländer«.

Aber wie waren die Folgen bei den Nutznießern? Zuerst mochte es so aussehen, als hätten die Sklavenhalter billige Arbeitskräfte für einen recht niedrigen Entgelt gewonnen. Sie konnten nun auf ihren Pflanzungen Zucker, Baumwolle, Tabak und Feldfrüchte anbauen, die sie mit gutem Nutzen nach Europa ausführten. Dann sahen die Klügsten ein, daß die Rechnung nicht stimmte. Entweder müßten sie für die Sklaven ebenso sorgen wie für die freien Arbeitskräfte, oder die Arbeitsleistung ließ nach. Die Unglücklichen stellten einen Kaufwert dar, der verkam, wenn er nicht gepflegt wurde. Immer neue Ausgaben wurden notwendig. Wer eine genaue Berechnung anstellte, sah, daß er nur wenig gewonnen hatte. Das zeigte sich allerdings erst im Vergleich zu anderen Gebieten, die ohne Sklaverei mit freien Arbeitskräften wirtschafteten. Als die Sklaverei endlich aufgehoben wurde, verelendeten die Pflanzungen nicht; im Gegenteil! Sie warfen einen größeren Ertrag ab.

Sklaverei macht sich – wirtschaftlich – nicht bezahlt! Aber sie frißt wie ein Gift an der Moral der Sklavenhalter, verdirbt sie, wie jede Herrschaft von Menschen über Menschen, die nicht im sittlichen Recht, sondern auf der Gewalt beruht. Um die Mitte des 2. vorchristlichen Jahrhunderts schleppten die siegreichen Römer Hunderttausende von unglücklichen Sklaven aus Griechenland, aus Kleinasien und aus Syrien nach Italien. Mit Hilfe der Kriegsgefangenen und Verschleppten bearbeiteten sie ihre Latifundien. Zwei Jahrhunderte später befand sich der weitaus größte Teil des Privateigentums im Römischen Reich in Händen von Freigelassenen und deren Nachkommen. Die meisten der alten römischen Geschlechter waren in den Bürgerkriegen und den politischen Verfolgungen der Kaiserzeit ausgerottet oder enteignet worden. Vergeblich klagte Kaiser Augustus über den Sittenverfall des römischen Adels. Selbst seine eigene Familie wurde von der Sittenlosigkeit erfaßt. Hat er sich je Gedanken darüber gemacht, wie weit die Sklaverei diesen Zusammenbruch von Ethik und Moral mit verschuldet haben könnte?

Zusammenhänge zwischen gesellschaftlichen Zuständen und den beherrschenden Ideen lassen sich am besten rückblickend erkennen. Wie weit hat der »Unterbau«, um mit Marx zu sprechen, den »Überbau« des geistigen Verstehens und der herrschenden Ideen bestimmt? Wie weit hat wiederum der Oberbau erst den Unterbau gestaltet und weitergebildet? Wie greifen Ideen und gegebene Verhältnisse ineinander? Das wird sichtbar, wenn wir die großen Umbrüche in der Weltgeschichte betrachten.

Zweifellos bedeutet der Übergang der Menschen von der Stufe der Jäger und Sammler, einer Stufe, an der sie wohl 500 000 Jahre festgehalten haben, zu der nächsthöheren der Ackerbauer und Viehzüchter einen ungeheuren Wandel. Wie vollzog sich wohl dieser Vorgang? Ist einmal, vor acht- oder neuntausend Jahren, ein kluger Kopf, vielleicht eine Frau, auf den Gedanken gekommen, ein paar Handvoll Körner der Wildgräser aufzubewahren und im Frühjahr auf dem Boden hinter der Hütte oder hinter dem Zelt auszustreuen, so daß man im kommenden Sommer nicht mehr zu »sammeln« brauchte? War damit der Ackerbau eingeführt? Bestimmt nicht!

Das Entscheidende dieses Vorgangs lag nämlich gar nicht darin, Grassamen oder Körner »auszusäen«. Das wilde Gras, aus dem sich das Einkorn, der Wildemmer, aus dem sich der Emmerweizen und schließlich der Saatweizen herausgebildet haben, bringen einen so geringen Ertrag, daß es sich kaum lohnt, sie anzubauen. Erst als es gelungen war, sie hochzuzüchten, lohnte sich die Mühe, den Boden zu bearbeiten und zu pflegen, um reiche Frucht zu ernten. Die Wildform des Maises, der schon im zweiten vorchristlichen Jahrtausend durch Zucht »verbessert« und von Menschen gegessen wurde, weist einen Kolben auf, der kaum daumengroß war. Welchen Nährwert hatte ein solcher Zwergkolben schon? Wahrscheinlich hat es vieler Mühen vieler Geschlechter bedurft, um die Wildformen so hochzuzüchten, daß sich ein Anbau überhaupt lohnte. Es bedurfte noch einer langen geistigen Entwicklung, bis Jäger und Sammler zur seßhaften Lebensweise übergingen.

Jägervölker haben teilweise bis ins 20. Jahrhundert hinein an ihrer Lebensweise festgehalten, obwohl sie von Ackerbauern und

Viehzüchtern umgeben lebten, deren wirtschaftliche Überlegenheit sie anerkennen mußten. Stolz weisen sie die Zumutung zurück, sie sollten mit ihrer Hände Arbeit ihr Leben fristen! Sie denken nicht daran, diese Vorteile zu gewinnen, wenn sie andere Annehmlichkeiten dafür preisgeben sollen. Was gehört nicht alles dazu, um seßhaft zu werden! Nicht zuletzt die Unterordnung unter einen fremden Willen, die Abhängigkeit von einem Machthaber, die Einordnung in eine soziale Gemeinschaft. Die Jäger zogen es vielfach vor, mit der Waffe in der Hand den Ackerbauer zu bekriegen und auszuplündern, als selber zu arbeiten. Es war die Tragik der nordamerikanischen Indianer, daß sie an dieser Einstellung auch gegenüber den überlegenen Waffen des Weißen festhielten. Nicht die Wirtschaft, sondern die Waffe entschied zwischen Jäger und Ackerbauer.

Und der Beginn der Viehzucht? Lag es nicht nahe, anzunehmen, daß der Jäger ein verlassenes Jungtier seines Wildes aufnahm und großzog? Wahrscheinlich hat sich dieser Vorgang tatsächlich einmal so abgespielt, und zwar beim Hund, der vom wilden Wolf abstammt. Afrikanische Felszeichnungen zeigen, wie Jäger gegen wilde Hunde kämpfen. Doch bereits in der ausgehenden Altsteinzeit hat sich der Hund als »Haustier« durchgesetzt. Die anderen Tiere jedoch müssen mühsam gezähmt werden. Ihre Lebensweise mußte sich den Menschen anpassen. Um die Rentiere, die jahrtausendelang gejagt wurden, zu melken oder vor einen Schlitten zu spannen, mußte sich ihr Charakter wandeln. Das gilt erst recht für die richtigen »Haustiere«, für Ziege und Schaf. Was aber kostete es für Mühe und Plage, bis sie sich an den Menschen gewöhnt hatten? Zähmen ist kein Gewaltakt, sondern eine Geduldaufgabe, die nur in langsamer, schrittweiser Züchtung gelingen kann, wenn man das Tier sorgfältig beobachtet und sorgsam behandelt. Es erscheint fast unmöglich, daß Jäger und Sammler diese Langmut aufgebracht haben.

Viehzucht geht daher auch nirgends dem Ackerbau voraus, sondern sie folgt ihm. Nur der Seßhafte besitzt die Fähigkeit, schweifende Tiere zu züchten. Die Indianer haben nur das Lama gezähmt wenn wir vom Hund absehen, den sie wohl bereits aus Asien mitbrachten – das Lama in Peru. In Nordamerika brachten sie es nicht fertig – und sie haben es anscheinend auch nie versucht –, den Bison zu zähmen, während die Asiaten den Wasserbüffel durchaus gezähmt haben. In Afrika haben die Buschleute bis ins 20. Jahrhundert hinein wohl häufig Vieh bei den Nachbarn, den Ackerbau und Viehzucht treibenden Bantu, gestohlen, aber nur um die Tiere wie das Wild sofort zu schlachten, nicht um sie als »Haustiere« zu halten.

Wer die wirtschaftliche und technische Entwicklung der Menschheit nur aus »Gegebenheiten«, aus Tatsachen, aus Not und Zwang erklären will, macht sich seine Aufgabe zu leicht. Weil die Steppen austrockneten, weil die wilden Tiere wegzogen oder ausstarben, weil die Nahrung nicht mehr ausreichte, sollen die Menschen jeweils einen Schritt weiter gemacht haben. Aus den Jägern wurden Sammler, aus Sammlern Viehzüchter, aus Viehzüchtern Ackerbauer. Die Ackerbauern vermehrten sich; also mußten sie ihre Saaten verbessern, um aus ihren Feldern einen höheren Ertrag zu ziehen. Fanden sie auf die »Herausforderung«, die immer in Tatsachen begründet lag, keine »Antwort«, so gingen sie eben unter. Die Natur brachte die Auslese.

In Wirklichkeit kam die »Antwort« häufig genug aus einer Richtung, die mit den Tatsachen nur wenig gemein hatte. Da hatte ein grübelnder Geist eine Erfindung gemacht, er hatte eine Lösung auf die ihn geistig bedrängenden Fragen gefunden, vielleicht erst spielerisch, dann immer tiefer forschend nach den großen, unfaßlichen Zusammenhängen der Natur. Von der späteren »Zwangslage« hatte er noch nichts gewußt. Als diese Not dann eintrat – als »Herausforderung« –, erinnerten sich die Menschen vielleicht jenes großartigen Einfalls; sie benutzten ihn. Nun erst wurde er zur »Antwort«, eben weil sich inzwischen die Herausforderung ergeben hatte.

Als die amerikanischen Siedler das Waldgebiet im Osten verließen und in die unendlichen Prärien eindrangen, wußten sie, bisher – im Wald – an Staketenzäune gewohnt, nicht, wie sie ihr Vieh zusammenhalten sollten. Der Stacheldraht, diese scheinbar so unbedeutende Erfindung im industriellen Osten, hat es erst erlaubt, die Prärien zu besiedeln und der Viehzucht wie dem Ackerbau durch den Schutz gegen umherziehende wilde Tiere zu erschließen. Auch in Argentinien hat erst der Stacheldraht die Pampa besiedeln lassen. Die Eisenbahn war in Amerika die einzige »Antwort« auf die Herausforderung des Raumes. War sie dessen notwendige Folge? Sicher nicht.

Der Erfinder ging von anderen Überlegungen aus. Watt, der die Dampfmaschine, Stephenson, der die Lokomotive erfand, gingen von den ungelösten technischen Problemen ihrer Zeit aus. Sie suchten eine Lösung, um die unzulänglichen Vorschläge ihrer Vorgänger zu verbessern und technisch nutzbar zu machen. Sie waren geplagt von dem Eifer, etwas zu leisten, etwas zu erfinden, was nach ihrer Auffassung bereits im Bereich des menschlichen Geistes möglich sein mußte – ganz im Widerspruch zu den Zeitgenossen, die sie vielfach verlachten. Ging es nicht vielen Erfindern so? Nur wenn sie einige Gleichgesinnte, Menschen mit Verständnis und einer anderen, allerdings ebenso unentbehrlichen Begabung, der unternehmerischen, fanden, hatten sie Erfolg.

Nachträglich wissen wir, welcher Denker Schüler, welcher Erfinder Nachfolger hatte. Wir wissen auch, welches Ereignis zu neuen Verhältnissen, zu neuen Lebensbedingungen, zu neuen Machtverhältnissen, zu neuen Wirtschaftsmöglichkeiten geführt hat. In unserer Zeit erleben wir einen der größten Umbrüche in der Menschheitsgeschichte überhaupt: die Atomphysik, gesteigert bis zur Atombombe, die Raketentechnik, die bis zur Raumfahrt führt, die Raumfahrt selber, die den Menschen den Weg zum Mond, vielleicht zu vielen Gestirnen eröffnet hat. Ist das wirklich die entscheidende Wende in unserer Zeit? Wir wissen es nicht. Es kann auch sein, daß Züchtungen vom Wundermais, vom Wunderweizen, dem Wunderreis größere und tiefere Wirkungen ausüben werden. Vielleicht beseitigen sie die Not auf Erden. Das wird die Atomphysik – vielleicht? – nicht vermögen. Mehrere Faktoren müssen zusammentreffen: Ideen und Einfälle und die geistige Bereitschaft der Menschen, Zähigkeit und unternehmerische Gaben. Erst aus dem Zusammenklang ergeben sich geschichtliche Wirkungen.

Thesen sind unentbehrlich

Bei Kadesch am Orontes stieß der Pharao Ramses II. (1290–1224) auf das mächtige Hethiterheer. Anfangs schwankte die Schlacht; dann aber griff Gott Amon selber ein; die Feinde seines Lieblingssohnes wurden geschlagen. Der Pharao auf seinem Streitwagen brachte die Wende, er errang den Sieg. So steht es geschrieben an den Tempelmauern von Abu Simbel, in Luxor und Karnak und im Ramasseum zu Theben. Auf allen Inschriften verkündet der dankbare Pharao seinen Sieg und feiert seinen Gott.

Nun kennen wir auch die Darstellung der Schlacht bei Kadesch, wie sie uns die Hethiter hinterlassen haben. Sie klingt ganz anders. Danach haben die Hethiter die Ägypter besiegt und den fliehenden Feind bis Damaskus verfolgt. Wer hat nun recht? Blieb die Schlacht unentschieden? Keine der Quellen sagt das, beide Seiten schreiben sich eindeutig einen großen Sieg zu. Der Geschichtsforscher muß zu einer eigenen Auffassung gelangen, auch wenn sie von den in diesem Falle so klaren und eindeutigen Quellen abweicht. Er wird sich wohl davon leiten lassen, was auf die Schlacht folgte: Ägypten überließ Syrien dem Hethiterkönig. Und als dieser starb, schloß Ramses II. mit dem Sohn und Nachfolger einen Vertrag, der wiederum als Silberplatte in die Außenmauer von Karnak eingemeißelt wurde. Glücklicherweise kennen wir auch den Wortlaut dieses wohl ältesten erhaltenen völkerrechtlichen Vertrages aus einer Tontafel aus Boghazköy in Kleinasien. Die Könige begruben ihren Zwist und schlossen einen Freundschaftspakt. Daraus dürfen wir wohl folgern, daß die Ägypter sich mit der Niederlage bei Kadesch abgefunden haben.

Die Schlacht von Kadesch ist deswegen so reizvoll, weil uns Berichte von beiden Seiten erhalten blieben. Die Eroberung Galliens durch die Römer ist uns einseitig nur von Caesar erzählt worden. Es gibt keine keltischen Quellen. Sollen wir deshalb die Berichte Caesars unwidersprochen hinnehmen? Müssen wir uns den Quellen solange beugen, bis ein Gegenbeweis aus anderen

Quellen möglich wird? Oder gibt es dennoch einen Weg, auch gegen überlieferte Quellen ein eigenes Bild der Vergangenheit zu gewinnen? Ausführlich haben die Konquistadoren die Eroberung der Reiche von Mexiko und Peru beschrieben. Dürfen wir uns auf diese Berichte verlassen? Von den Indianern hören wir nichts. Gibt es überhaupt eine Möglichkeit, die Worte der Sieger anzuzweifeln? Sie nachzuprüfen? Sie mit den Tatsachen zu vergleichen?

Das Wissen um die Vergangenheit muß aus sicheren Quellen fließen, heißt es immer. Es geht jedoch um die Frage, welche Quellen wirklich zuverlässig sind. Die Geschichtswissenschaft steht in unseren Tagen in einem Wandel der Quellenkunde. Wir sind dabei, uns neue Quellen zu erschließen, die – wie wir hoffen – zuverlässiger als die schriftlichen der Zeitgenossen oder gar die späteren Aufzeichnungen sind. Der Spaten der Ausgräber erschließt uns manches, was lange Zeit im Boden geschlummert hat. Wir haben inzwischen gelernt, allen Kundgebungen der Zeitgenossen, allen Erklärungen der Betroffenen, der Handelnden wie der Geschlagenen, zu mißtrauen. Damit wird jedoch das Vertrauen in jede schriftliche Überlieferung überhaupt in Frage gestellt.

Die Überschätzung der schriftlichen Quellen entspricht der juristischen Zeugenaussage vor Gericht. Sie galt lange Zeit als das zuverlässigste Beweismittel. Durch zweier Zeugen Mund wird allemal die Wahrheit kund, hieß es. Ein großes Wort: die Wahrheit! Was die Zeugen im Prozeß, sollen die schriftlichen Quellen für den Geschichtsforscher sein.

Die römischen Juristen haben den Rechtsgrundsatz entwickelt, daß nur das gilt, was schriftlich festgehalten ist. Nur was im Gesetz steht – was geschrieben ist –, ist »Recht«. Nur was in den Akten steht, ist »in der Welt«. Was vor Gericht vorgebracht werden soll, muß erst in die Akten aufgenommen werden, um »wirklich« zu werden. Diese Auffassung hat sich in einem gefährlichen Ausmaß auch bei den Historikern breitgemacht. Quellen – heißt das Stichwort! Schriftliche Quellen lassen sich studieren, auslegen, deuten und mit anderen vergleichen. Das Bestechende der juristischen Methode liegt für den Historiker darin, daß er es mit Menschen und ihrer klaren Aussage zu tun hat – wie im Prozeß! Der Historiker besteigt gewissermaßen den Richterstuhl. Doch ist es ein Irrtum, anzunehmen, daß allein das schriftlich niedergelegte Material uns der »Wahrheit« nahebringt.

Die Quellen pflegen einander zu widersprechen. Die eine Partei sieht die Ereignisse von einem ganz anderen Standpunkt als die andere. Sie stellt Behauptungen als unbestreitbare Tatsachen hin, die sich von einem anderen Blickpunkt aus als falsch erweisen. Es braucht nicht einmal bewußt und böswillig zu sein, wenn sich zwei Zeugen widersprechen. Jeder Verkehrsunfall zeigt das. Einmal wird das Ereignis unter dem jeweiligen Standpunkt gesehen. Sodann trübt die gefühlsmäßige Einstellung zuweilen den Blick. Und schließlich zeigt sich gar zu oft, daß zwischen dem Erleben und der Wiedergabe in Wort und Schrift gewissermaßen eine Wandlung eintritt. Nachträglich will man das Ereignis gern in einen Rahmen pressen, der alles »erklärt«, so daß die Lücken gefüllt und Unerklärbares einfach ausgeschaltet werden. Die Überlegung, wie es sich wohl abgespielt »haben muß«, ist stark genug, um selbst unbefangene Zeugen zu einer Darstellung zu verführen, die manchmal mit dem tatsächlichen Ablauf der Ereignisse kaum übereinstimmt.

In dem großen Ringen zwischen Frankreich und Burgund war die Zusammenkunft von König Ludwig XI. von Frankreich mit dem Herzog Karl dem Kühnen von Burgund in Peronne 1468 von entscheidender Bedeutung. Als die Nachricht eintraf, die Stadt Lüttich hätte sich – wie Karl annahm, auf Anstiften seines treulosen Gastes – erhoben, kam es zu einem schweren Zerwürfnis. Gerade über die Vorgänge in Peronne sind wir gut unterrichtet. Vermittler zwischen Herzog und König war Comines, der bedeutendste Geschichtsschreiber jener Zeit. In seinen Memoiren hat er die Vorgänge in Peronne geschildert. Gibt es wohl eine bessere »Quelle«? Und dennoch wissen wir dank anderer Nachrichten aus jener Zeit, daß Comines die Dinge falsch darstellt. Irrte Comines, oder hatte sich das Bild jener Vorgänge bei ihm verschoben?

Erst recht gilt dieser Zweifel jenen Berichten, die durch Aussagen von anderen nicht überprüft werden können. Was Cortez oder Pizarro über die Indianer in Amerika berichteten, ist zweifellos einseitig. Durchdrungen von ihrer Aufgabe, die Heiden niederzuwerfen und zu bekehren, ließen sie die Gesichtspunkte ihrer Feinde nicht gelten. Bei ihnen – den Spaniern –, und nur bei ihnen, stand das göttliche Recht.

Bei einer Gerichtsverhandlung wird der Richter die Behauptungen und Erwiderungen von Angeklagten und Anklägern und natürlich die Zeugenaussagen sorgfältig gegeneinander abwägen. Er muß den »Tatbestand« aus den Akten herauslesen, wobei ihm zugute kommt, daß er zwar nicht bei den Vernehmungen, aber bei den Aussagen vor Gericht selber zugegen sein muß, um Zweifel am Protokoll zu beseitigen und um gegebenenfalls Sinnentstellungen durch spätere Umdeutungen richtigzustellen. Nur dann kann er »Akten« bewerten. Er kann sie hinnehmen oder wegen ihrer »Unglaubwürdigkeit« verwerfen. Möglicherweise wird der Kläger oder der Beklagte, der Ankläger (Staatsanwalt) oder Verteidiger (Rechtsanwalt) sich gegen diese Bewertung auflehnen. Dann beginnt nicht selten eine eingehende Untersuchung, wie die niedergeschriebene Erklärung »gemeint« sei.

Liegt die Zeugenaussage fest, beginnt der Kampf um ihren Wert. Verteidiger – oder Ankläger – werden die Glaubwürdigkeit eines Zeugen, der ihnen nicht paßt, zu erschüttern, im entgegengesetzten Fall zu untermauern suchen. Da werden körperliche Behinderungen, räumliche wie zeitliche Entfernung von Tatort und Tat angeführt. Da werden die geistigen Fähigkeiten des Zeugen unter die Lupe genommen, da werden seine moralischen Qualitäten angezweifelt. War der Zeuge voreingenommen, war er gar in die Tat verstrickt, vielleicht persönlich daran interessiert aus Rücksicht auf die Handelnden (Verwandtschaft), durch finanzielle Vorteile, durch frühere Verpflichtungen, durch Rachegefühle oder langen Zwist? Wird ein Zeuge ins Kreuzverhör genommen, bleibt von seiner Aussage meist nur wenig übrig.

Der Geschichtsforscher ist in seinen »Quellen« weitgehend auf »Zeugenaussagen« angewiesen. Das können Augenzeugen sein, Berichte von Zeitgenossen oder Überlieferungen, die erst später aufgezeichnet wurden. Dabei brauchen spätere Berichte nicht einmal unzuverlässiger zu sein als die der Augenzeugen, die irrten, wie jede Gerichtsverhandlung zeigt. Im allgemeinen gilt aber wohl doch der Satz, daß je größer der Abstand, desto unzuverlässiger die Zeugenaussage. Dem Geschichtsschreiber fehlt jedoch die Möglichkeit, den Zeugen ins »Kreuzverhör« zu nehmen.

Wenn heute der Prozeß gegen den gallischen Volksführer Vercingetorix, den Caesar in Rom zugrunde gehen ließ, noch einmal aufgerollt würde, hätte es der Verteidiger leicht, die »Zeugenaussage« des Caesar nach allen Regeln der forensischen Kunst zu zerpflücken. Caesar, der ja selber in den Tatablauf verwickelt war, hatte ein gewichtiges Interesse daran, seinen Standpunkt in einem besonderen Lichte zu zeigen und die Niedertracht des Feindes deutlich herauszustreichen. Inzwischen haben wir den Wert politischer Schauprozesse kennengelernt: Der Wahrheitsfindung haben sie nur selten gedient.

Jede Zeugenaussage – und eine Quelle ist vorwiegend eine Zeugenaussage – kann man »zerpflücken« oder »aufbauen«. Der Geschichtsschreiber sieht sich in der Stellung eines Richters, der von sich aus Zeugenaussagen bewertet. Er überschätzt in der Regel die schriftlichen Aussagen der Zeitgenossen und erst recht die der späteren Zeit, und er unterschätzt das Ergebnis der »Feldarbeit« wie die geographischen Bedingungen ebenso wie die anderen Faktoren, die sich nicht auf »Personen« beziehen. Er hat gelernt, Urkunden zu lesen und zu deuten und immer wieder zu lesen. Indem sich der Forscher in seinen Helden »hineindenkt«, wird dieser ihm verständlich. Gerade in den Quellen, in ihrer Auswahl, in ihrer Deutung und ihrer Bewertung liegt die Wurzel manches Mißverständnisses und vieler Meinungsgegensätze. So unentbehrlich Quellen sind, so sehr sie Maßstab für Urteile bleiben: Es ist notwendig, sie kritisch zu prüfen. Das weiß jeder Historiker.

Zweifel ist gegenüber allen Akten und Archiven angebracht. Wer an Konferenzen und Tagungen teilgenommen hat, weiß, wie häufig sich der Redner zu großtönenden Worten hinreißen läßt, die er hinterher zurücknimmt. Da will er »mißverstanden«, wenn nicht gar schmählich verfälscht worden sein. Richtig ist, daß ein aus dem Zusammenhang gerissener Satz wenig bedeutet. Er kann so, kann aber auch anders ausgelegt werden. Selbst heutzutage, wo alles aufgezeichnet oder gar auf Tonband festgehalten wird, gibt es so viele »Dementis«.

Was hat der französische Außenminister Gramont 1870 gesagt? Was hat er gemeint? Warum hat er es gesagt? Welchen Einfluß hatte Ministerpräsident Olliver? Gingen die in der Kammer gesagten Worte vielleicht auf dessen Einwirkung zurück? Aber Olliver war gegen einen Krieg, so schreibt er wenigstens später. Er schiebt Napoleon III. alle Schuld zu.

Was haben Reden überhaupt für eine Bedeutung? Für manchen Historiker sind solche Worte einwandfreie Quellen, auf die er sein Geschichtsbild gründet. Was an Akten vorgebracht wird, an Protokollen von Sitzungen und Beratungen, an Denkschriften von Ministerien und Verbänden, wiegt insgesamt nicht so schwer wie die harten Tatsachen. Wieweit waren diese Tatsachen den Zeitgenossen bekannt? Wieweit haben sie sie richtig beurteilt? Das ist entscheidend. Geht das aber aus dem hervor, was sie sagten? Dieser Zweifel tritt insbesondere auf, wenn die Auffassung der Quellen dem widerspricht, was von »oben« gewünscht wird, oder wenn der Sprecher ein Unglück heraufdämmern sieht, gegen das er sich gefühlsmäßig wehrt. Aber wer gibt das zu?

Alle Akten und Protokolle können nun einmal nicht enthüllen, was die Beteiligten tatsächlich dachten. Häufig sprechen sie zum Fenster hinaus; sie klammern sich an große Worte, je unsicherer sie werden. Nur gelegentlich klingt in Privatgesprächen die Sorge an, die sie im Herzen bewegt. Erscheint diese Sorge jemals in einem Protokoll, in einer amtlichen Erklärung? Nur nicht zeigen, wie man wirklich denkt, sagt sich jeder. Das ist verständlich. Aber in welche tiefe Verlegenheit gerät damit der Geschichtsforscher, der sich auf diese hohlen, verlogenen, aus der Feigheit geborenen Erklärungen stützt!

Die Wahrheit, nichts als die Wahrheit! Liegt in ihr tatsächlich die Aufgabe des Historikers? Sicher ein hohes Ideal – und was steckt dahinter? Die ganze Fülle geschichtlichen Lebens soll in einen einspurigen Prozeß gepreßt werden? Liegt in dieser Einseitigkeit tatsächlich »die Wahrheit«?

Zwischen der Urteilsfindung im Prozeß und der Geschichtsforschung mag es manche Ähnlichkeit geben. Der Richter soll feststellen, was sich begeben hat und welches Recht dadurch berührt oder verletzt wurde. Das ist der Ausgangspunkt seines Urteils. Die Betrachtungsweise des Richters ist jedoch von der des Historikers grundsätzlich verschieden. Der Richter stützt sich auf die Aussagen und die Zeugen, die die beiden Parteien vorbringen. Dabei kann er sich auf eindeutige rechtliche Vorschriften stützen. Er stellt fest, wem die Beweislast obliegt, denn er soll über rechtliche Ansprüche entscheiden. Kann die eine Partei ihre Forderung nicht genügend stützen, dann muß ihr der verlangte Schutz versagt werden. Die Jurisprudenz entscheidet über »Rechte«, nicht über »die Wahrheit«. Sie enthält sich eines Spruches über die Person von Kläger oder Beklagten; sie hat es mit Forderungen zu tun, mögen diese auch moralisch begründet sein oder nicht, mögen sie später gute oder böse Folgen zeitigen.

Der Geschichtsforscher hingegen will zu einem besseren Verständnis der Entwicklung kommen, ganz gleich, ob sie durch angeblich wohlerworbene Rechte, ob sie auf harte Gewalt, ob sie auf zunächst kaum übersehbare Zufälle zurückzuführen ist. Was hat eine bestimmte Entwicklung ausgelöst? Was sie begünstigt? Was sie gehemmt? Für solche Fragen erscheinen »rechtliche« Urteile, die Aussagen von Zeugen, die kaum etwas erkennen oder gar verstehen konnten, nebensächlich. Wie kam es, daß das noch zu Beginn des 16. Jahrhunderts kleine und unbedeutende England die Herrschaft über große Teile des Erdkreises errang und nicht die zunächst sehr viel bedeutsameren Reiche in Europa oder die damals scheinbar unbesiegbaren Osmanen?

Wie vermochten die Japaner in einem halben Jahrhundert – nachdem sie die völlige Sperre gegenüber dem Ausland unter Waffendrohung hatten aufgeben müssen – sich aus der Erstarrung zu lösen und eine Kriegsmacht aufzubauen, die dem mächtigen Zarenreich gewachsen war? Wie konnten sie in den folgenden Jahrzehnten ihren militärischen Einfluß über halb China und den westlichen Pazifik ausweiten, bis sie an den technisch überlegenen Vereinigten Staaten scheiterten? Wie haben sie dann nach der völligen Niederlage und dem tiefen Zusammenbruch sich wieder so aufraffen können, daß sie heute die dritte Industriemacht der Erde darstellen?

Noch bis ins 16. Jahrhundert hinein lebte Moskau unter der dauernden mongolischen Gefahr. Nur die endlosen Wälder schienen wirklichen Schutz zu gewähren. Dann setzte der erstaunliche Aufstieg des Großfürstentums ein. Ende des Jahrhunderts hatten die Kosaken den größten Teil Sibiriens erobert. Dann errang Rußland die Vorherrschaft an der Ostsee, gewann die südrussische Steppe, drängte die Osmanen aus der Balkanhalbinsel zurück und dehnte seine Macht bis in die Mandschurei hin aus. Aus dem tiefen Sturz durch den Ersten Weltkrieg hat sich die Sowjetunion bald erholt, und nach dem Zweiten Weltkrieg war sie die stärkste Macht auf dem riesigen eurasischen Festland, allen schweren Verlusten an Menschen und Sachwerten zum Trotz! Was war Rußland im 16. Jahrhundert gegenüber dem Deutschen Reich, gegenüber Polen, selbst gegenüber Schweden? Ließ es sich damals überhaupt mit dem mächtigen Osmanischen Reich oder mit China vergleichen? Alle diese Mächte sind inzwischen weit zurückgefallen. Woran hat dieser erstaunliche Wandel nun gelegen? Welche »Zeugen« soll man da befragen? Was soll man da überhaupt »beweisen«?

Der Geschichtsforscher sucht selbstverständlich nach Beweisen, um seine Thesen zu stützen. Aber Beweise in diesem Sinne haben kaum etwas mit den Beweisen der Juristen vor Gericht gemeinsam. Es geht nicht darum, Zeugen einander gegenüberzustellen, sie gegeneinander abzuwägen, ihre Glaubwürdigkeit zu stützen oder zu erschüttern. Am Anfang einer solchen geschichtlichen Untersuchung steht eine These. Sie muß erhärtet werden. Will man einen Vergleich heranziehen, dann nicht zum juristischen Beweis vor Gericht, sondern zum naturwissenschaftlichen Experiment. Nach sorgfältigen Überlegungen wird da eine Versuchsreihe aufgebaut, die eindeutig aussagen soll, ob eine These, eine Behauptung, der Wirklichkeit entspricht oder nicht.

Die Naturwissenschaftler gewinnen ihre Erkenntnisse aus der Beobachtung der Natur. Doch haben sie den großen Vorteil, daß sie jeden Zweifel im Experiment beheben können, das sie beliebig zu wiederholen vermögen. Aber der Naturwissenschaftler täuscht sich, wenn er meint, daß er ausschließlich aus Beobachtungen seine Erkenntnisse gewinnt. Er ist gezwungen, seine Versuchsreihe sorgfältig aufzubauen, um klare und eindeutige Antworten auf seine Fragen zu erhalten. Dabei geht er von Thesen aus, die bestätigt oder widerlegt werden. Neue Entdeckungen kommen zustande, wenn man bei Experimenten neue Erfahrungen bei neuen Beobachtungen macht, die mit den alten Thesen nicht übereinstimmen. Neue Überlegungen, etwa über den Aufbau der Atome oder über die Lichtgeschwindigkeit oder über das »Wesen« der Materie, sind nun ihrerseits durch neue Versuchsreihen nachzuprüfen. Ohne Thesen kann der Naturwissenschaftler gar nicht arbeiten. Mit einer These grenzt er seine Forschung auf eine bestimmte Fragestellung ein.

Aber auch der Historiker kommt nicht ohne Thesen aus, wenn er sich neue Einsichten erarbeiten will, die die Vergangenheit durchsichtig machen sollen. Thesen sind keine Tatsachen, sondern Behauptungen, die anhand der erkennbaren Tatsachen überprüft werden müssen. Sie bieten ein festes Gerippe für die Richtung der Nachforschungen. Sie werfen Licht auf die erkannten oder vermuteten Ereignisse und Entwicklungen, die die Lücken in den Quellen zu füllen haben. Ob die These auf einem grundlegenden Irrtum beruht oder ob sie durch Beweise erhärtet werden kann, muß sich erweisen. Erst die These führt dazu, das Material zu sichten und nach klaren Gesichtspunkten zu überprüfen.

Jeder geschichtliche Vorgang wurzelt in einer besonderen Ausgangslage. Sie muß man erkennen, um zu einer Gesamtbetrachtung zu gelangen. Sonst erscheint jedes Handeln nur als eine Folge von unüberschaubaren Zufällen. Der Geschichtsforscher wird versuchen, den Zusammenhang zwischen der ursprünglichen Lage und den folgenden Handlungen und Veränderungen aufzudecken. Ein derartiger Zusammenhang erscheint zunächst als eine Behauptung, als eine These. Sie stellt die persönliche Auffassung des Betrachters dar; sie erscheint als eine subjektive Spekulation. Um so härter ist der Zwang, die These zu prüfen, sie zu begründen und sie vor allem zu beweisen. Je offener eine These ausgesprochen wird, desto leichter ist es, sie zu überprüfen.

Das Geschichtsbild jedes Historikers ist auf Thesen aufgebaut, mag man von einem »Weltbild«, einem »Zeitbild« oder einer herrschenden Lehre sprechen. Die Geschichtsschreibung wird jeweils ein anderes Bild entwerfen. Geschichte muß daher immer wieder neu durchdacht und folglich auch neu geschrieben werden. Gefährlich wird es nur, wenn sich der Historiker seiner Thesen nicht bewußt ist und glaubt, sich hinter seine Quellen zurückziehen zu können, die ein angeblich objektives Bild »der Wahrheit« bieten. Das aber ist ganz gewiß eine Illusion. Denn auch diese »Quellen« sind aus einer Einstellung heraus ausgesucht worden, hinter der wieder eine – vielleicht unbewußte – These steht.

Innerhalb der Geschichtswissenschaftler gibt es heute zwei einander widerstrebende Gruppen. Die eine geht von der These aus, daß viele, vielleicht sogar die meisten großen Erfindungen und Fortschritte mehrere Male von verschiedenen Völkern, zu verschiedenen Zeiten, an verschiedenen Orten, jeweils voneinander unabhängig von sich aus geschaffen und erzielt wurden. Das sind die »Isolationisten«. Die andere Gruppe nimmt jedoch an, daß alle wichtigen Fortschritte stets nur an einem Punkt der Erde und zu einer Zeit gemacht worden sind. Solche grundlegenden Entdekkungen oder Errungenschaften zu machen und durchzusetzen bedarf einer so großen geistigen Anstrengung und eines einzigartigen Zusammentreffens günstiger Umstände, daß sie in der Regel nicht zweimal, unabhängig voneinander geleistet werden. Diese Gruppe nennt man die »Diffusionisten«. Beide, Isolationisten wie Diffusionisten, vertreten »Thesen«, die zu beweisen sind.

Jede dieser beiden Gruppen hat ein bestimmtes Geschichtsbild und auch ein bestimmtes Menschenbild. Beweisen läßt sich zunächst im Grundsatz weder die These von der Einmaligkeit noch die von der unabhängigen Wiederholung. Doch ergibt sich daraus für die einen die Aufgabe, jene Zusammenhänge aufzudecken, die nachweisen, wie sich Verbindungen erklären lassen, ebenso wie für die anderen, nun die Wiederholung aus Wurzeln darzulegen, die eben in jedem einzelnen Falle verschieden waren und dennoch zu einem so erstaunlich ähnlichen Ergebnis geführt haben. Lassen sich die beiden einander widersprechenden Thesen allgemein auch nicht endgültig beweisen, so doch vielleicht im Einzelfall. Hier müssen Ähnlichkeiten durch die gemeinsame Wurzel oder aber durch selbständige Neuschöpfung nachgewiesen werden. Ich scheue mich nicht, mich ganz entschieden zu den »Diffusionisten« zu rechnen.

Wo immer man verwandte Motive in der Kunst oder technische Fortschritte in der Geschichte beobachtet, gehen sie meist auf eine gemeinsame Wurzel zurück. Vier- oder fünfhunderttausend Jahre sind Menschen über die Erde geschritten. Nur wenig haben sie in dieser Zeit ihre Geräte verbessert. Vor etwa zehntausend Jahren aber beginnt der große Umbruch. Von Vorderasien breiten sich Ackerbau und Viehzucht, dann die Kenntnisse der Metalle und deren Bearbeitung aus. Die Wellenlinien, die von diesem einen Mittelpunkt ausgehen, lassen sich nachziehen – sie verlaufen ungleich. In manchen Gebieten dauert es Jahrtausende, bis die neue Lebensweise sich durchsetzt – in der Regel zusammen mit Errungenschaften, die im Mittelpunkt dieses Kreises, im uralten Kulturzentrum gewonnen worden sind.

Zu einer der frühesten großen Errungenschaften des menschlichen Geistes gehört die Töpferei. Sie scheint fast älter zu sein als die Webekunst, die wohl die Zucht von Haustieren voraussetzt. Die frühe Menschheit hüllte sich in Felle, da es ihr an Wolle mangelte, solange es keine Schafherden gab. Die Töpferei stammt wohl – wie jüngste Ausgrabungen annehmen lassen – aus dem oberen Niltal in der Nähe von Khartum. Dort fand man jedenfalls auch die bisher ältesten Scherben. Die Menschen flochten Körbe, die sie mit Lehm umkleideten. Irgendwann einmal scheinen sie versucht zu haben, diesen Lehm zu brennen, zuerst wohl ohne Erfolg, dann, als sie das Flechtwerk wegließen, mit erstaunlichem Ergebnis. Erst sehr viel später scheint sich die Töpferei im Ackerbaugebiet Palästinas durchgesetzt zu haben. Jericho im 8. und 7. vorchristlichen Jahrtausend kennt eine lange Phase ohne jede Tonware. Wo sie erscheint, läßt sich der Zusammenhang ahnen, wenn auch nicht immer nachweisen. Gibt es Zusammenhänge? Aus den Formen und der Bemalung lassen sie sich erschließen.

Die alten Töpfer haben ihre Gebilde verziert. Sie haben dabei Motive und Farben verwandt, die die Verbreitung der Töpferei über Kleinasien nach Nordeuropa, nach Indien, nach Asien bis weit nach China hin ziemlich deutlich erkennen lassen. Soweit ganz gut. Dann aber erscheint die Töpferei auch in Gebieten, wo es recht schwer fällt, den Zusammenhang nachzuweisen, etwa in Amerika. Versagt die These, daß Erfindungen in der Regel nur einmal auf Erden gemacht worden sind? Oder stellt sich nicht gerade hier die große, zugleich aber auch reizvolle Aufgabe, Zusammenhänge aufzuzeigen, die zunächst nicht klar erkennbar sind?

In einem solchen Falle wird erst sichtbar, was eine These wissenschaftlich »wert« ist. Sie löst keine Probleme, aber sie stellt Aufgaben. Solange der Nachweis nicht erbracht wird, hängt die These zwar in der Luft, aber sie erweist sich als fruchtbar, weil sie die Forschung anregt. Die Töpferei begegnet uns in Amerika wesentlich später als in Asien. Das bedeutet sicher noch nicht, daß wegen der zeitlichen Verzögerung ein Zusammenhang bestehen muß. Deuten die Motive und die Kunstformen das an? Gibt es einen Weg, der den Zusammenhang erklärt und wahrscheinlich macht? Hier öffnet sich der Forschung ein weites Feld, zunächst nur aufgrund einer zu beweisenden »These«.

Wann und wo zum erstenmal die Schrift erfunden wurde, ist bekannt: im 4. Jahrtausend in Mesopotamien von den Sumerern. Alle anderen bisher bekannten Schriften wurden erst sehr viel später eingeführt. Es wäre nun zu untersuchen, ob alle Schriften auf diese ersten Anfänge zurückzuführen sind. Die Aufgabe beginnt bei den ägyptischen Hieroglyphen, die erst im 3. Jahrtausend geschaffen worden sind. Ihre Besonderheit liegt darin, daß ihr nicht – noch unentwickelte – Schriftversuche wie in Mesopotamien vorangegangen sind, sondern daß sie von Anfang an in der uns bekannten Vollendung dastehen. Und was noch erstaunlicher ist: Sie haben sich nahezu drei Jahrtausende erhalten, ohne wesentlich geändert zu werden. Ist die ägyptische Schrift in Anlehnung an eine andere, durch längere Zeiten hindurch entwickelte Schrift geschaffen worden und dann erstarrt? Gab es nun Zusammenhänge mit Mesopotamien? Die Ägyptologen, stolz auf ihr Forschungsgebiet, haben das lange Zeit geleugnet. Heute hat sich die Auffassung asiatischer Einflüsse in Ägypten allgemein durchgesetzt. Die These, zunächst umstritten, hat hier zweifellos an Boden gewonnen.

Wie aber steht es mit der so ganz anderen chinesischen Schrift? Sie ist wesentlich jünger; sie stammt aus der zweiten Hälfte des 2. vorchristlichen Jahrtausends. Gab es Zusammenhänge? Da sie sich aus der Schrift selber kaum erkennen lassen, gilt es, Beweise heranzuziehen. Das kann einmal die Töpferei sein, ihre Formen, ihre Farbgebung. Manches spricht für Verbindungen, manches hingegen zeigt eine ausgeprägte Eigenart. Wichtig aber scheint der Hinweis, daß die neuen Herren, die die Schrift brachten, mit Streitwagen kamen und auch die Bronze mitbrachten, zwei Errungenschaften, deren geschichtliche Herkunft man feststellen kann. Wenn die These auch an Überzeugungskraft gewinnt – »bewiesen« ist sie damit allerdings noch nicht.

Die Schrift der Maya – und später der Azteken – steht für sich da. Sie ist noch immer nicht eindeutig entziffert, wenn auch viele ihrer Symbole, etwa für Zahlen, Monate und Zeitepochen, heute lesbar sind. Doch ist diese Schrift so spät entstanden, daß der Gedanke der Ableitung naheliegt. Sodann fällt auf, daß die Nachbarn im Norden, die Jäger, aber auch die Ackerbauer, diese Schrift ebensowenig kannten wie die kultivierten Indianer im Süden, etwa die Chimu. Selbst die Inka besaßen nur eine Schrift in Form von Knüpfschnüren, die wohl als Gedächtnisstütze dienten, aber keine eigentliche Schrift in unserem Sinne darstellen. Wie kam es, daß gerade Mittelamerika eine Schrift kennt, das in der Metallbearbeitung gegenüber Südamerika weit zurückstand? Handelt es sich vielleicht doch um Einflüsse, möglicherweise aus Asien?

Die »These« der Diffusionisten von weltweiten Zusammenhängen wird das Geheimnis zwar nicht lösen, doch wird sie besondere Forschungen vorantreiben. Dabei werden Kunststile, religiöse Glaubensformen und Gebräuche zu studieren sein, um die großen Zusammenhänge zu erschließen. Und die Naturwissenschaft stellt die Verbreitung von gezüchteten Kulturpflanzen über ungeheuer weite Entfernungen fest. Wie soll man das erklären?

Die Geschichte soll berichten, wie es war und was geschah. Sie soll die Vergangenheit darstellen und dabei zeigen, warum und weshalb die Entwicklung so verlaufen ist, wie sie sich tatsächlich abgespielt hat. Die Geschichtsschreiber halten sich gern an die großen Ereignisse in Politik und Krieg. Sie zeichnen die geistige Entwicklung in Kulturen und Religionen auf. Sie verfolgen die Wanderungen von Gruppen, die Züge bewaffneter Heerscharen. Ein solches Vorgehen ist verständlich. Da kann man sich auf Quellen stützen – auf Schriften und Funde –, da treten Personen hervor, da läßt sich von Taten berichten. Ist das wirklich die ganze Geschichte?

Im Hintergrund – richtiger vielleicht im Untergrund – spielen sich seit urvordenklichen Zeiten noch andere Bewegungen ab. Es gilt zwar der Satz, daß in einer primitiven Gesellschaft derjenige verloren ist, der von seinem Stamm ausgestoßen wird. Bedroht von Hunger und Kälte, von wilden Tieren und feindseligen Nachbarstämmen, hat der Flüchtling nur geringe Chancen, am Leben zu bleiben. Und dennoch haben seit ältester Zeit einzelne Menschen die schlimmsten Strapazen überstanden – allein auf sich gestellt. Vielleicht hatten sie sich verirrt, vielleicht hat ein Unwetter sie verschlagen. Aufrührerische Personen haben sich gegen den Vater, gegen den Sippenältesten, vielleicht auch gegen die Schwiegermutter und ihren Clan aufgelehnt. Noch vor Morgengrauen löste der Trotzige das Boot vom Ufer und zog dahin, um im Vertrauen auf die eigene Stärke mit der bescheidenen Waffe in seiner Hand sein Glück in der Fremde zu versuchen. Nach Tagen – nach Wochen – nach Monaten trieb vielleicht irgendwo ein Boot mit einem völlig erschöpften Mann ans Ufer. Wie empfing man ihn? Hat man ihn gleich erschlagen? Hat man ihn aufgenommen und gepflegt? Hat man ihn vielleicht seiner Kenntnisse und Fähigkeiten wegen bewundert und zu einem Anführer gemacht?

Von den Flüchtigen hat niemand wieder etwas gehört. Sie waren für den heimatlichen Stamm »verschollen«, wie so viele, die sich in der Wildnis verirrten; sie wurden vergessen. Wann hören wir schon einmal etwas von jenen, die alle Schrecken überlebten? Herodot erzählt, der Pharao Necho hätte einst Phönizier die afrikanische Ostküste entlang nach Süden entsandt; sie hätten den

Erdteil glücklich umschifft und seien nach langen Jahren wieder im Mittelmeer eingetroffen. Sonst weiß er nur noch zu berichten, die Sonne hätte auf dieser Fahrt zur rechten Hand gestanden, was ihm unglaubwürdig vorkam.

Ein Grieche des 2. vorchristlichen Jahrhunderts berichtet, er sei bei seiner Rückkehr aus Indien an der afrikanischen Ostküste auf ein Schiffswrack gestoßen, dessen Bug dem der Boote von Gadir in Südspanien entsprochen hätte. Ob Leute aus Spanien, vielleicht aus Tartessos, um Afrika herum gesegelt sind? Diese Umschiffung wollte er selber wiederholen. Er blieb verschollen.

Dann und wann taucht einer dieser Abenteurer oder Vertriebenen, einer der Geächteten oder der unglücklichen Kriegsgefangenen wieder auf. Noch seltener schreibt er dann ein Buch wie der bayrische Trommlerbub Schiltberger, der mit Sigismund, dem späteren Kaiser, gegen die Osmanen zog, gefangengenommen wurde, ins türkische Heer eingegliedert wurde, in der Schlacht von Ankara nochmals gefangengenommen wurde, diesmal aber von den Mongolen des Tamerlan, und nun nach Samarkand und weiter ins innere Asien verschleppt wurde, bis es ihm schließlich gelang, in die deutsche Heimat zurückzufinden.

Oder aber wie der Landsknecht Schmiedel, der glücklich allen Gefahren am Rio de la Plata entkam und quer durch Südamerika den Weg zur brasilianischen Küste fand. Dort traf er entflohene portugiesische Seeleute, die sich im Hinterland des heutigen Santos bei den Indianern eine eigenartige Herrscherrolle verschafft hatten. Da stand der entlaufene Matrose Joan Ramalho mit einer Unzahl von Kindern, die er von seinen vielen indianischen Frauen hatte, an der Spitze eines bewaffneten Heeres von 5 000 Kriegern. Im Hinterland von Bahia saß ein anderer »Flüchtling« mit dem Beinamen Caramuru. Das waren die »Mächtigen« des brasilianischen Hochlandes. Als Cortez an den Küsten Mexikos landete, trat ihm ein Spanier entgegen, der einen Schiffbruch überlebt hatte. Er konnte ihm wertvolle Dienste leisten, da er inzwischen die Sprache der Indianer erlernt hatte.

Auch der Missionare muß man gedenken, die hinauszogen, um ihren Glauben zu verkünden. Indische Buddhisten kamen über Tibet und Hochasien bis nach China, sie kamen nach Indonesien und Japan. Haben sie tatsächlich nie den Versuch gemacht, Europa und Afrika zu besuchen? Es gibt eine Steininschrift des indischen

Kaisers Aschoka, in der er berichtet, mit welchen Ländern im Westen er Beziehungen aufgenommen habe: mit Mesopotamien, mit Griechenland, mit Rom. Nur der Handelszwecke wegen? Im Westen hören wir nicht von buddhistischen Missionaren. Anderthalb Jahrhunderte später predigt ein Mann aus Galiläa die herzbewegende Lehre von der Liebe unter den Menschen. Hat er auf Umwegen etwas von der Lehre des ehrwürdigen Buddha gehört? Sind ihm – vielleicht entstellt – östliche Gedanken zu Ohren gekommen?

Mit welchen Entfernungen man bei Unternehmungen in früher Zeit rechnen muß, haben die Eiszeitmenschen dargetan. Allein die Entfernung vom Winterweideplatz der Rentiere zu deren Sommerweiden betrug etwa 350 km, die jährlich hin und wieder zurück durchschritten werden mußte, ganz abgesehen von zusätzlichen Wegen hinter den flüchtenden Tieren her. Eine Leistung zu Fuß von tausend Kilometern im Jahr! Im Kanu, im Rindenboot oder im Einbaum konnte diese Leistung noch wesentlich verbessert werden. Allerdings hing eine Fahrt über das Meer vom Fahrzeug, von Wind und Wellen, von den Segelkenntnissen und von der Nahrung ab. Entscheidend aber waren der Mut und die Zähigkeit der Männer selber. Man unterschätze sie nicht! Primitive Menschen sind imstande, ganz andere Anstrengungen zu leisten und viel härtere Entbehrungen auf sich zu nehmen als Menschen, die die Annehmlichkeiten der Kultur kennengelernt haben.

Welche Schwierigkeiten hatte Prinz Heinrich der Seefahrer, seine portugiesischen Kapitäne zu veranlassen, die afrikanische Westküste nach Süden zu segeln. Sie scheuten sich, Kap Bojador zu umsegeln, weil sie die eingebildeten Schrecken der unbekannten Meere fürchteten. Und dabei haben Phönizier und Karthager ebenso wie einzelne Griechen dieses Unterfangen schon lange vorher gewagt. Sie hatten die Azoren, die Kanarischen Inseln und Madeira längst entdeckt. Die Kenntnis von den »Inseln der Glückseligen« ist dem Mittelalter völlig verlorengegangen.

Die Polynesier sind um 1000 n. Chr. im Stillen Ozean bis zu den Osterinseln vorgestoßen – über 50 Längengrade hinweg. Hatten sie vielleicht schon Vorläufer? Weisen die Spuren, die inzwischen aufgedeckt wurden, nicht fast überall eine vorangegangene Besiedlung auf? Wurden die großartigen Auslegerboote erst zu einer späten Zeit erfunden, oder gehen sie auf uralte Überlieferung zurück, die sich heute noch in den Auslegerbooten auf Ceylon widerspiegelt? Und war der Mut der Verzweiflung, der wilde Trotz eines Rebellen, die kühne Abenteuerlust eines Waghalsigen, die Entbehrungsfähigkeit eines Primitiven nicht groß genug, um Fahrten über die hohe See zu überstehen? Vielleicht gegen den eigenen Willen, verschlagen durch den Sturm oder die Drift des Meeres?

Haben Menschen zu ganz früher Zeit vielleicht überraschende Verbindungen hergestellt? Zum Ausgang des 3. vorchristlichen Jahrtausends gelangten Seefahrer – wohl auf Einbäumen – vom Mittelmeer zur französischen Atlantikküste, bis nach Schottland und den Hebriden, in die Nordsee und in die Ostsee, wie die mächtigen Denkmäler der »Megalithkultur« erweisen. Warum sollen Menschen des Mittelmeeres westwärts nicht auch bis Amerika gelangt sein? Eine These!

Wenn man jene Geschehnisse in den Gang der Geschichte einbeziehen will, die sich im Untergrund – abseits der erschlossenen Quellen, unbeachtet auch von den Zeitgenossen – abspielen, dann muß man ihnen bewußt nachgehen. Am Anfang wird auch hier eine These stehen. Nur so wird man auch die unteren Schichten in das Licht der Geschichte rücken. Schließlich sind sie es, die die Last der Geschichte tragen, den Krieg, die Verwüstungen, den Hunger und das Leid. Auf ihren Schultern liegt aber auch die mühevolle Arbeit der Jahrtausende. Tolstoi schildert in »Krieg und Frieden«, wie die hohen Herren, die Kaiser und Feldherren, Pläne auf Pläne machten. Der einfache russische Muschik aber hat nur an den nächsten Tag gedacht – und das entschied schließlich das große Ringen.

Jede Geschichtsschreibung zeigt die natürliche Neigung, sich mehr den oberen Schichten zuzuwenden, dem Adel, den Kriegern, den Politikern und den Priestern. Welche Rolle aber haben die namenlosen Menschen der Unterschichten im Verlauf der Zeit gespielt? Mit der These von den Unterschichten gewinnen die Bewegungen und Entwicklungen im Untergrund an Bedeutung gegenüber den Vorgängen im Kreise der Mächtigen, der Herren und Krieger, der Priester und Gelehrten. In dem Wandel der Sozialordnung werden andere Einflüsse wirksam, die sorgfältig nachgeprüft werden müssen. Wo neue Bewegungen aufspringen – soziale, geistige, religiöse –, darf man deren Ursachen nicht nur in den Vorgängen suchen, die sich im Rahmen der Oberschicht abgespielt haben. Auch die verkannte und mißachtete Unterschicht »macht Geschichte«.

Die Mitwelt sah in König Philipp II. von Spanien den mächtigsten Monarchen der Zeit. In Wahrheit konnte sich der König nie von dem furchtbaren Eindruck lösen, den der Staatsbankrott gleich zu Beginn seiner Regierung auf ihn gemacht hatte. Alle hielten ihn für reich. Er selber wußte es besser. Noch zwei Jahre vor seinem Tode äußerte er die Furcht, in seinem Alter Hunger leiden zu müssen. Diese Sorge erklärt manches von seiner Politik, seiner Halsstarrigkeit und seiner düsteren Unduldsamkeit. Auch das ist eine »These«, die »bewiesen« werden muß. Die venezianischen Gesandten sahen nur die schweren Silberkisten, die aus Amerika kommend im Hafen von Sevilla ausgeladen wurden; daran konnte man doch eindeutig den »Reichtum« des spanischen Königs ablesen. Niemand rechnete damals aus, was das Pfund Silber wohl den spanischen Staat gekostet hatte! Erst die wiederholten Staatsbankrotte, die steigenden Preise, die Inflation und der Rückgang der Wirtschaft haben die Menschen – viel später – hellhörig gemacht. Die eigentliche Erklärung haben sie selten gefunden. Erst die Erfahrungen des 20. Jahrhunderts mit Geldentwertung und Inflation haben uns den Blick geschärft. Thesen wurden aufgestellt! Beweise für eine zunächst wenig wahrscheinliche Behauptung auch gefunden.

Eigene Erfahrungen schärfen den Blick auch für geschichtliche Vorgänge. Sie vertiefen das Verständnis für die Vergangenheit. Da erscheint manches Ereignis unter einem neuen Gesichtspunkt. Man muß ihn neu durchdenken, eine vom bisher Üblichen abweichende Erklärung suchen. Eine These bietet sich an. Es erwächst allerdings auch die Gefahr, nun aus der eigenen Sicht heraus die Vergangenheit falsch auszulegen, sie in ein Schema zu pressen, das den eigenen Erfahrungen entspricht. Verständnis kann nur wachsen, wenn man sich eingehend in die besonderen Umstände und Bedingungen vertieft, die damals gegeben waren.

Wer aus der Gegenwart nach seinem Erleben, in einheitlicher Deutung, mit höchst persönlicher Färbung die Geschichte deutet, gerät in die Gefahr, seine Einstellung bedenklichen Thesen und Werturteilen zugrunde zu legen. Er merkt nicht, daß er »Thesen« aufstellt, weil er ihren Grundgehalt als unfehlbare Wahrheit nimmt. Er geht von Urteilen aus, die er nicht mehr nachprüft, weil sie ihm selbstverständlich erscheinen. Einmal wird jeder Revolutionär zum Volkshelden, das andere Mal jeder Feldherr zum großen Strategen – wenn er siegt – oder jeder Monarch zum Tyrannen. Das wird nicht immer so klar ausgesprochen, wird jedoch bei den einzelnen Urteilen spürbar.

Wer in der Weltgeschichte in erster Linie den Klassenkampf sucht, für den schrumpfen die griechischen Städte oder das römische Imperium zu »Sklavenhaltern« zusammen. Wer davon ausgeht, daß immer nur materielle Interessen in der Geschichte entscheidend waren – Klassenvorteile, Handelsziele, die Ausbeutung der anderen –, für den liegen die wahren Beweggründe für Kriege und Kreuzzüge niemals eindeutig offen. Dem verdunkelt sich der Blick für Gefühle, Neigungen, Hoffnungen oder auch nur Wahngebilde, die das Menschenherz erfüllen und den Menschengeist bewegen. Was spielen in einem solchen Geschichtsbild die Geächteten und die Abenteurer, die Fanatiker und die Hysteriker für eine Rolle? Nur als Außenseiter tauchen sie auf, als Querschläger, die vom »eigentlichen« Gang der Entwicklung, die von den materiellen Überlegungen getragen wird, beiseite gedrängt oder überrollt werden.

Nichts ist gefährlicher für eine These, als wenn sie so selbstverständlich klingt, daß sie leicht eingeht. In der Regel entspricht sie dann dem zeitgemäßen Denken. Gerade solche Thesen berücksichtigen Tatsachen am wenigsten. Sie schöpfen ihre Überzeugungskraft nicht aus dem Beweis, sondern aus einer politischen Ideologie. Diese wird als selbstverständlich und unwiderlegbar angenommen. Kann es überhaupt einen Widerspruch geben? Nur eigenartig, daß diese These von der anderen Richtung so wenig hingenommen wird.

Das Bild eines Mannes wandelt sich manchmal recht schnell, wie wir aus den Pressemeldungen 1815 nach der Landung Napoleons I. ersehen können. Aus dem »Ungeheuer« wurde binnen weniger Tage wieder der strahlende Held, der in Paris einzog. Damals handelte es sich um einen politischen Umbruch. Nichts hat so viel Erfolg als eben der Erfolg selber! In der Geschichtsschreibung ist es jedoch ähnlich. Wie schnell hat sich das Bild Stalins in der sowjetischen Geschichtsschreibung nach seinem Tode gewandelt. Muß also jede Geschichtsdarstellung dem Zeitgeist unterworfen sein? Gerade wenn man die Thesen klar und scharf formuliert, sie immer wieder überprüft und sich vor allem ihrer Ungewißheit bewußt bleibt, mindert sich diese Gefahr.

Ist es heute schon möglich, eine Geschichte des Partisanenkrieges oder eine Geschichte des Kolonialwesens zu schreiben? Was für die einen Verbrechen, ist für die anderen Zwangslage; was für die einen Meuchelmord, ist für die anderen eine Heldentat; was für die einen Ausbeutung und Unterdrückung, ist für die anderen eine Segnung, die »Bürde des weißen Mannes«. Zwischen diesen Ansichten gibt es keine Verständigung. These steht wider These!

In Wahrheit jedoch steht Weltbild gegen Weltbild und damit Geschichtsbild gegen Geschichtsbild. Lassen sich Thesen überhaupt »beweisen«? Solange sie von Werturteilen beherrscht werden, gewiß nicht! Geht man allein vom handelnden Menschen aus, stehen sich zwei Parteien gegenüber. Erst wenn es gelingt, tiefer in die Vergangenheit hinabzusteigen, erst dann klärt sich einigermaßen das Bild der Geschichte.

Hinter allen subjektiven, persönlichen Entscheidungen stehen objektive, tatsächliche Verhältnisse. Sie lassen sich an Tatsachen ablesen, an Produktionsziffern, an Menschenzahlen, an Wirtschaftsbedingungen. Es bleibt dann immer noch ein weiter Weg freizulegen, der von den Tatsachen zum Wissen und schließlich zum Willen der Handelnden führt.

Schwieriger ist die andere, wie der Geschichtsforscher selber diese Verhältnisse kennenlernen soll. Die vielgerühmten Quellen sind nur helle Teile in dem großen dunklen Bild, das man Vergangenheit nennt. Was haben sich schon die Kleriker, die im Mittelalter Geschichte schrieben, was die großen Herren, die Soldaten und die Diplomaten um Gebiete wie Wirtschaft und Volk gekümmert. Woher wachsen dem heutigen Geschichtsschreiber die notwendigen Kenntnisse zu? Sie von den hergebrachten Quellen allein zu erwarten wäre gefährlich.

Immer tiefer dringt der Geschichtsforscher in die Vergangenheit hinunter. Je mehr er jene Vorgänge und Entwicklungen kennenlernt, die sich im Dunkeln abspielen, desto klarer wird auch das Geschehen im hellen Licht. Die Einsicht in diese Entwicklungen erwächst jedoch nicht aus dem geduldigen Studium der Quellen allein. Der Geschichtsforscher muß selber den Weg finden. Dazu bedarf er der Thesen. Sie bringen zunächst nur eine Fragestellung; aber gerade in dieser Fragestellung liegt ihre Bedeutung.

Aufbauende und zerstörende Kräfte

Damit ein Wald heranwächst, bedarf es vieler Jahrzehnte; um ihn zu zerstören, genügt manchmal ein achtlos weggeworfenes Zündholz. Häufig ist es ein einziger Mann, der alles zunichte macht, während der Aufbau meist die mühevolle Arbeit und den Fleiß von Unzähligen voraussetzt. Immer aber ist die Zerstörung dramatischer als der langsame Aufbau, für die Zeitgenossen wie für die Nachfahren. Der Flammenschein einer in Brand gesteckten Stadt beleuchtet nachhaltiger ihre Zeit als die beharrliche Arbeit all jener, die diese Stadt in Jahrhunderten aufgebaut haben. Das Zerstören selber erscheint – mindestens für den Handelnden – als eine »Tat«, viel gefeiert, viel bewundert.

Die »Tat« – nach Faust überhaupt der Anfang der Welt – ist eine Handlung der Zerstörung, auch wenn man das nur ungern zugeben möchte. Sie zieht zunächst einen Schlußstrich unter eine vorangegangene Entwicklung. In der Regel setzt sie damit aber auch den Anfang einer neuen. Die Tat hebt sich als Einschnitt aus dem gleichförmigen Ablauf der Zeit heraus; sie trennt das Alte von dem Neuen, und damit leitet sie einen neuen Zeitabschnitt ein. Sie bildet den Markstein für eine geschichtliche Wende. Deswegen sagt man gern, daß die Tat »Geschichte macht«. Ist jedoch der Einschnitt tatsächlich so entscheidend? Er trennt zwar zwei Epochen. Bestimmt er sie aber auch?

Alle Menschen sind sterblich. Ob sie nun in ihrer Jugend dahingerafft werden wie der große Hohenstaufe Heinrich VI., ob sie auf dem Höhepunkt ihres Erfolges ermordet werden wie Lincoln oder Heinrich IV. von Frankreich, ob sie wie Mao Tsetung und Tschiang Kaischek ein hohes Alter erreichen – eines ist gewiß: ihr Leben muß einmal enden. Aber mit ihrem Tod hört ihr Wirken in der Geschichte nicht auf. Sie bestimmen weiterhin, im Guten wie im Bösen, die Ereignisse. Geschichte steht also einerseits unter dem Gesetz des unentrinnbaren Todes, weil sie von Menschen getragen wird, andererseits enthält sie auf Dauer angelegte Elemente.

Aufbauende und zerstörende Kräfte müssen daher in der Geschichte anders bewertet werden als im Einzelschicksal. Halten sie sich in der Natur einigermaßen die Waage, die sich nur langsam verschiebt, so erweisen sie sich in der Geschichte zuweilen von verheerender Kraft. Ein Aufbau kann über viele Geschlechter fortgesetzt werden, er kann jedoch auch nach kurzer Zeit zum Stillstand kommen, so daß die Entwicklung an einem Punkt gleichsam erstarrt; er kann aber auch fast über Nacht zunichte werden. Und das pflegt in der Geschichte häufig einzutreten. Was noch nicht voll ausgewachsen war, zerbricht aus innerer Schwäche oder unter dem Ansturm der Feinde. Zerfall und Zerstörung gehen schnell vonstatten.

Bewaffnete Kriegerhaufen oder wohlgeschulte Heere ziehen durch das Land. Ihnen fällt Stadt auf Stadt zum Opfer. Sie treffen auf das Heer des Gegners, das sie zerschlagen. Und weiter geht es in einem einzigen Siegeszug. Vielleicht fällt der Held in der Blüte seiner Jahre, wie der Westgote Alarich. Oder er stirbt, bevor das Werk vollendet ist, wie Alexander, der »Liebling der Götter«. Dann singen die Barden von seinen Taten, dann künden die Historiker von seinem Ruhm.

Die Helden Homers bleiben über Jahrtausende ein Vorbild der Jugend. Aber was wissen wir eigentlich von den Bewohnern der Festung Mykene? Für Homer war das unglückselige, fluchbeladene Geschlecht der Atriden Mykene schlechthin, dessen Geschichte in Schuld und Verbrechen, in Tod und Untergang bestand. Erschütterung wie beim griechischen Drama gibt der Erinnerung ihre großartige Wirkung. Wer aber hat die stolze Festung Mykene aufgebaut? Wer hat die Waffen geschmiedet, die Schiffe und Streitwagen gebaut, mit denen die Kämpfer der Schlacht und dem Tode entgegenfuhren? An die aufbauenden Kräfte kommen wir in der grauen Vergangenheit nur selten heran. Lassen sie sich später besser erkennen? Werden sie gehörig berücksichtigt?

Um so einprägsamer sind die Bilder der Zerstörung. Die Städte am Indus erreichten um das Jahr 2500 v.Chr. wohl ihre größte Blüte, wie wir aus den Ruinen von Harappa und Mohendscho Daro wissen. Tausend Jahre später wurden sie zerstört – für immer! Wo einst viele Tausende von Einwohnern lebten, dehnt sich seither die Wüste. Von den Ariern, die Indien um 1500 v.Chr. eroberten, berichten die großen indischen Heldengesänge der Veden.

Mesopotamien war vom 4. Jahrtausend ab einer der großen Kulturmittelpunkte der Erde. Im 13. Jahrhundert n.Chr. brachen die Mongolen ein; sie zerstörten das kunstvolle Kanalsystem so gründlich, daß es bis ins 20. Jahrhundert nicht wiederhergerichtet werden konnte. Trostlos dehnt sich die Wüste aus, wo einst der Kalif Harun al Raschid über reiche Oasengebiete geherrscht hatte. In den Vordergrund der geschichtlichen Bühne traten die Sieger. Die Mongolenkhane haben ihre Macht vom Gelben Meer bis zum Schwarzen Meer ausgeweitet.

Wiederholt hat es auch Sieger gegeben, die sich dessen nicht einmal bewußt waren, daß sie das eroberte Land unaufhaltsam zugrunde richteten. Bei der Eroberung haben sie vielleicht noch Stadt und Land und Volk geschont. Aber ihre Unfähigkeit, das gewonnene Gebiet wirtschaftlich zu entwickeln, die Bewohner sich frei betätigen zu lassen, ihre Habgier, durch hohe Steuern übermäßige Gewinne aus dem Lande zu ziehen, haben genauso unheilvoll gewirkt. Ende des 16. Jahrhunderts eroberten die Marokkaner die damals noch berühmten Reiche am Niger, das Land Mali. Der junge Sultan von Fez, Manzur, ließ sich durch alle Warnungen seiner eigenen Kaufleute, die Afrika kannten, nicht davon abhalten, seine Macht über die Sahara hinweg auszudehnen. Statt weiter vom Handel mit den Schwarzen Vorteil zu ziehen, schnitt er die Wurzeln ab, auf denen bis dahin der Wohlstand Marokkos beruht hatte. Binnen eines Jahrhunderts hatte das Goldland Mali allen Glanz verloren, der es noch im Mittelalter umgab.

Der »einzige Schlag, der das Schicksal wendet«, ist meistens ein Streich der Vernichtung, jedenfalls wenn der Feind ihn führt. Jede Schlacht, ob siegreich beendet, ob schmählich verloren, ist ein Akt der Zerstörung. Da wird das gegnerische Heer getroffen; da liegen aber auch die eigenen Mannen blutüberströmt auf der Walstatt. Und nicht nur das. Der gesamte Aufbau wird unterbrochen. Von der fleißigen Arbeit wird der Sinn der Menschen auf die heldenmütige Selbstbestätigung im Kampf hingelenkt. Männer machen Geschichte – mit dem Schwert in der Hand. Da sind Feldherren von Sieg zu Sieg geschritten – wie der Schwede Karl XII. Da haben die Assyrerkönige ein Reich gebaut. Da haben die Karolinger einen Staat errichtet. Rom hat den Erdkreis erobert. Weltreiche haben auch Feldherren wie Clive und Hastings in Indien, Champlain in Nordamerika gewonnen. Vom Sieg hingen Größe, Ruhm und

Wohlergehen des eigenen Volkes ab – für die Überlebenden – und nur für sie! Und was wurde alles zerstört? Das läßt sich häufig genug erst viel später im ganzen Umfang erkennen.

Gegen die unbotmäßigen Berber in Nordafrika riefen im 11. Jahrhundert die in Kairo regierenden Fatimiden die Beduinen aus Südarabien zu Hilfe. Die Beni Hillal und andere Stämme der Nomaden zogen vom Niltal gen Westen, eroberten Stadt auf Stadt und waren – dank ihrer schnellen Kamele – kaum zu besiegen. Sie blieben schließlich in Nordafrika. So gering auch ihre Menschenzahl gewesen sein mag, diese Beduinen haben das Gesicht Nordafrikas von Grund auf gewandelt. Ihre riesigen Ziegen- und Schafherden haben die Wälder vernichtet. Sie fraßen die Blätter wie die Sprößlinge der Bäume, so daß keine Bäume mehr nachwuchsen, die alten aber verkümmerten. Da der Waldschutz verschwand, änderte sich das Klima. Der Regen schwemmte die Ackerkrume von den Felsen zu Tal. Tiefe Erosionstäler durchzogen die Lehmschichten. Selbst die fruchtbaren Ebenen vertrockneten oder versumpften.

Erst mit diesem Einfall der Beduinen um die Mitte des 11. Jahrhunderts werden die Berberstämme Nordwestafrikas arabisiert. Jetzt erst nehmen sie in größerem Umfang Sprache und Glauben der Araber und sogar die Lebensweise der Beduinen an. Aus Ackerbauern und Städtern werden sie – mindestens jenseits des Küstenstreifens – zu Nomaden, die vorwiegend von ihren Ziegen- und Schafherden leben. Mühsam haben die Menschen im 19. Jahrhundert begonnen, die verödeten Landstriche Nordafrikas wieder fruchtbar zu machen und zu besiedeln, die Spuren der Zerstörung zu tilgen, die auf die Vorgänge des 11. Jahrhunderts zurückgehen. Aber wie schwer fällt es, aufzubauen!

Oft sind die Kräfte des Aufbaus so stark, daß sich die Wunden wieder schließen. Man kann die menschliche Natur nur bewundern, wenn der Bauer nach der Schlacht den Pflug durch die Furchen zieht und das Saatkorn ausstreut. Er weiß nicht, ob er jemals ernten wird, aber er weiß, daß alle, auch seine Kinder, hungern werden, wenn er nicht sät. Aus der niedergebrannten Stadt sind die Bewohner geflohen. Doch dauert es manchmal nicht lange, bis sich die Vertriebenen wieder einfinden und mit dem Wiederaufbau beginnen. Offenbar ist die seelische Widerstandskraft des Menschen stark genug, um selbst die tiefe Niedergeschlagenheit und das

Grauen ob solcher Zerstörung zu überwinden. Allem Ungemach zum Trotz wagt er sich im Vertrauen auf die eigene Kraft wieder ans Werk.

Der Mensch vermag sich mehr anzueignen, er kann auch mehr erzeugen, als er braucht, um das nackte Leben zu fristen. Das unterscheidet ihn – neben vielem anderen – vom Tier. Wir wissen nicht, wann er diese Fähigkeit gewonnen hat. Waren die Menschen in der Altsteinzeit – die rund fünf Jahrhunderttausende gedauert hat! – bereits dazu in der Lage? Selbst in unserem Jahrhundert gibt es Naturvölker, die ihr Leben nur mühsam fristen. Über die bitteren Notwendigkeiten hinaus finden aber auch sie Gelegenheit und Muße, sich dem Schönen zu widmen, der Verzierung ihrer Geräte und dem Schmuck ihres Körpers.

Was über den Bedarf des Augenblicks hinausgeht, dient dem Aufbau. Das beginnt mit den Vorräten, die gesammelt und aufbewahrt werden, mit den Geräten, die für längere Zeit in Gebrauch bleiben, mit den Wohnungen, den Mauern und Tempeln, den Straßen und den Brücken. Die Sorge um die eigene Zukunft wie die der Kinder veranlaßt den Menschen immer wieder, Kraft, Mühe und Anstrengung in den Aufbau hineinzustecken.

Mag es ihm noch übel ergehen, so wird er möglichst doch etwas für die Zukunft zurücklegen. Er versucht seine Produktionsmittel und seine Lebensbedingungen zu verbessern. Er hat den Willen, sich gegen Wetter und Wind, Kälte und Regen abzusichern, und er hat den Wunsch, sich zu schmücken. Und schließlich hat er seit je das Bedürfnis, den Göttern zu danken oder ihnen zu opfern, um sie gnädig zu stimmen. Aus diesen vielen Maßnahmen wächst langsam der Aufbau heran. Alle diese kleinen und kleinsten Bemühungen vereinigen sich wie die kleinen Bäche zum mächtigen Strom. Unzählige müssen »schaffen«; sie müssen die Furchen ziehen, die Saat ausstreuen, die Ernte einbringen, die Kleidung fertigen, die Geräte herstellen, die Steine heranakarren, die Mauern ausführen, die Brücken bauen.

Doch müssen sich auch Menschen finden, die die Leitung übernehmen, um den Schaffenden die rechten Anweisungen zu geben. »Daß sich das größte Werk vollende, genügt ein Geist und tausend Hände.« Zum Aufbau gehören die schöpferischen Kräfte jener Menschen, die die Veranlagung und den Willen haben, das Vorhandene zu verändern, sei es dadurch, daß sie Geräte und Methoden verbessern, oder dadurch, daß sie Neues erfinden. Dank seiner schöpferischen Kräfte hat der Mensch immer wieder neue Wege gefunden, um seinen Nahrungsspielraum zu erweitern, er hat neue Mittel gefunden, ertragreiche Kulturpflanzen gezüchtet, neue Möglichkeiten erkannt und genutzt.

Inmitten einer feindlichen und grausamen Natur hat jeder dieser Schritte – mögen sie uns nachträglich noch so klein erscheinen – Willenskraft, Fleiß und auch Mut gekostet. Ohne einen neuen Anstoß, ohne neue Gedanken, ohne neue Erfindungen hätte sich der mühsame Aufstieg aus primitivsten Lebensformen zu den Errungenschaften der technischen Welt nicht vollziehen können. An diesem Prozeß sind alle Rassen und alle Völker beteiligt gewesen.

Es bedarf großer Anstrengungen und bewundernswerter Leistungen, um einen einzigen Schritt weiter zu gehen. Es bedarf des schöpferischen Geistes. Der pflegt nur bei wenigen vorhanden zu sein. Und diese wenigen schöpferischen Menschen stehen im unverkennbaren Gegensatz sowohl zu den zerstörenden Elementen wie zu den schaffenden Zeitgenossen. Das Neue, das sie bringen, gefährdet die altüberlieferte Ordnung, stört fest verwurzelte Interessen, bedroht vielleicht auch die Rangfolge innerhalb der Gruppe. Das ist heute nicht anders als früher.

Der Landwirt, der wie seine Urväter mit dem überlieferten Pflug seine Furchen zieht und das alte Saatgut verwendet, sieht mit Staunen und wachsender Empörung, wie der Nachbar – oder das Nachbarland – mit neuen Maschinen und neuen Methoden auf gleicher Fläche mit weniger Arbeitskraft zu sehr viel geringeren Kosten eine größere Ernte einbringt, denn er drückt ja den gerechten Preis. Mit welchem Recht? Der biedere Handwerker, der seit Geschlechtern seine Arbeit tut, verliert seine Kundschaft, weil die Fabriken billigen »Schund« anbieten. Die verzweifelten Arbeiter gehen gegen die Maschinen vor, die ihnen ihren Arbeitsplatz wegnehmen.

Gehören die »schöpferischen Geister« nicht am Ende eher zu den Kräften der Zerstörung als zu denen des Aufbaus? Die schaffenden Menschen wirken in großer Zahl und nur durch die große Zahl. Die schöpferischen Personen hingegen stellen immer nur eine Minderheit; was sie tun, hebt sich aus dem allgemeinen Geschehen heraus. Daher finden sich die schöpferischen Elemente oft mit den zerstörerischen zusammen, obwohl die Leistung der einen und die Taten der anderen nichts miteinander zu tun haben. Alle Versuche, einen gegebenen Zustand zu verändern, berühren sich in der Frage, ob die schöpferischen Kräfte dazu beitragen oder ob sie eine bestimmte Veränderung eher verhindern. Die zerstörerischen Kräfte wollen sich der schöpferischen insoweit bedienen, als auch sie die alten Zustände umstürzen. Aber die Veränderung, die die schöpferischen Kräfte durch ihre Leistung herbeiführen, ist eine Weiterentwicklung; was die zerstörerischen anstreben, ist die Vernichtung. Es gibt Fälle, wo sich beides zu decken scheint. Doch dahinter steht ein tiefes Mißverständnis.

Den Tatmenschen geht es nicht um Ideen, sondern um Macht. Selbst wenn die Revolutionäre zunächst Vorteil aus den umstürzlerischen Gedanken schöpferischer Geister ziehen, so fordern sie ihrerseits eindeutig Unterwerfung. Alle sollen sich ihrem Befehl beugen. Daher gleicht sich recht bald die Einstellung der Revolutionäre zum Geist den Grundsätzen der einstigen Machthaber an. Der Geist erscheint als zersetzendes Element.

Dahinter steht – losgelöst von Gedanken und Interessen – der gefühlsmäßige Gegensatz zwischen den Menschen, die denken, und denjenigen, die handeln – ohne viel nachzudenken. Als der große Chemiker Lavoisier vor dem Tribunal der Französischen Revolution angeklagt war und seine Freunde auf die überragende Bedeutung dieses Gelehrten – auch für die Französische Revolution – hinwiesen, erklärte der Ankläger: Die Revolution braucht keine Gelehrten!

Mit dem Haß und der Verachtung gegenüber dem Geist begegnen auch die Krieger meist den Dichtern, den Künstlern und den Erfindern, doch lassen sie sich manchmal – umgekehrt – zur grenzenlosen Bewunderung hinreißen. Vielleicht spielt da die persönliche Eitelkeit eine gewisse Rolle, vielleicht ist es der Wunsch des Kämpfers, nun auch die Früchte des Sieges zu genießen. Vielleicht sind es die Frauen, die – der sinnlosen Zerstörung leid – in Schönheit und Glück leben wollen. Der stolze Eroberer umgibt sich gern mit schöpferischen Personen aus dem Kreise seiner Unterworfenen – soweit er sie noch am Leben gelassen hat.

Da werden die kunstverständigen Handwerker aus der zerstörten Stadt in die eigene entführt. Sie arbeiten fortan für den Hof, wie die syrischen Kriegsgefangenen der Sassaniden. Da umgeben

Denker und Gelehrte den Eroberer, richten ihm seinen Staat neu ein, verbessern die Waffen, bauen die Paläste, wie der Römer Boëtius am Hofe des Ostgoten Theoderich. Ihre Aufgabe ist es, die neuen Herren mit den Errungenschaften der Kultur vertraut zu machen. Dahinter steht in den meisten Fällen der Wunsch, vom Barbaren die Schonung des eigenen Volkes zu erkaufen.

Eine Anekdote berichtet: Als Dschinghis Khan Nordchina erobert hatte, erwog er, das Land in eine Steppe zu verwandeln, wo die siegreichen Mongolen ihre Herden weiden lassen konnten. Ein chinesischer Gefangener vermochte den großen Khan davon zu überzeugen, daß er von seinem Siege wesentlich mehr Nutzen ziehen könnte, wenn er China wiederaufbaute, so daß die Chinesen ihm Abgaben zahlen konnten. China war gerettet. Aber spielte sich dieser Vorgang – wenn auch in anderer Form – nicht auch in Europa nach dem Ersten wie nach dem Zweiten Weltkrieg ab?

Das dauernde Wechselspiel zwischen aufbauenden und zerstörenden Kräften in der Geschichte wird in hohem Maße von den schöpferischen Personen bestimmt.

Wie das Leben überhaupt, wie die ganze Natur, steht auch die Geschichte unter dem Gesetz einander widerstrebender Kräfte, den aufbauenden und den abbauenden beziehungsweise den zerstörenden. In jedem Lebewesen überwiegen zuerst die aufbauenden, dann immer mehr die abbauenden Kräfte. Das Gesetz des Alterns und damit des Umschlags vom Aufbau zum Abbau ist auch für den sozialen Körper unvermeidlich. Geschichte schildert die Entwicklung sozialer Gruppen, zu denen die vielen Einzelnen gehören: Familie, Dorfgemeinschaft, Stadt, Stamm, Volk oder Nation. Derartige Bindungen können zerbrechen, gewachsene Einheiten können durch willkürlichen Befehl gesprengt werden. Doch formieren sie sich irgendwie immer neu. Als soziales Wesen, das der Mensch nun einmal ist, braucht er die Gemeinschaft, und er flüchtet vor allem in Zeiten der Not in sie zurück. Weltgeschichte besteht in nicht geringem Umfang im Ringen der formenden Kräfte gegen eine feindselige Umwelt, die niederreißt, zerstört, lähmt und tötet.

Eine geheimnisvolle Kraft treibt den Menschen immer wieder an, allen Enttäuschungen zum Trotz und ungeachtet aller Rückschläge etwas zu schaffen, was über den Tag hinaus Bestand haben soll, was erst künftigen Geschlechtern nützen kann. Wenn der Einzelne ungeachtet der Gewißheit, daß er selbst die Früchte seines Tuns, seiner Anstrengungen und Opfer nicht wird ernten können, seine natürliche Trägheit überwindet oder auf den Genuß im Augenblick verzichtet, muß doch sein Drang »zu schaffen« sehr groß sein. Vielleicht ist es seine innere Bindung an das spätere Geschlecht.

Es kann auch der Ruhm in kommenden Zeiten eine gewichtige Rolle spielen. Wenn die Pharaonen ihre riesigen Pyramiden in Stein bauten, damit sie Jahrtausende überstehen könnten, wenn der Perserkönig Darius den Ruhm seiner Taten in Felswände einmeißeln ließ, so haben sie selber darin auch »weiterleben« wollen. In der Regel aber denkt der Mensch an seine eigene Familie, wenn er für die Zukunft schafft. Staatsrechtler und Rechtsphilosophen gehen sogar so weit, die Familie als die Kernzelle des sozialen Lebens wie der Geschichte überhaupt anzusehen. Wenn den Menschen nicht die Sorge um die Zukunft seiner Kinder und Nachfahren beherrschte, dächte er überhaupt nicht daran, mehr zu leisten, als was er in den nächsten Monaten und Jahren braucht. Die Familie gilt daher als die Keimzelle allen sozialen Geschehens.

Diese Erklärung klingt überzeugend. Sie birgt in sich zweifellos ein gutes Stück Wahrheit. Doch eben nicht die ganze. Die Familie wirkt einerseits in die Geschichte hinein, andererseits ist sie auch ein Gebilde der Geschichte. Das heißt, sie hat sich unter bestimmten Umständen nach besonderen Bedingungen geformt. Man darf daher nicht einseitig die Geschichte aus der Familie erklären; man muß die Geschichte heranziehen, um die besonderen Formen »der Familie« im Laufe der Zeiten zu verstehen.

Jede Eheschließung – auch in ältester Vergangenheit – ist ein Willensakt und kein Naturgeschehen, ganz gleich, ob die Brautleute selber entscheiden, ob die Eltern – wie in Indien – für die Minderjährigen oder ob die Sippe für die Erwachsenen die Wahl treffen. Die weitere Verwandtschaft, und damit der Bereich der Familien, wird teils durch die patriarchalische – auf den Vater abgestellte – Rechtsordnung bestimmt oder durch die matriarchalische – die der Mutter die maßgebende Rolle zuweist und deren Geschwister als Vormund und Erben einsetzt. Im germanischen Recht standen sich Schwertmagen – von der männlichen Seite – und Spindelmagen – von der weiblichen – oft streitend gegenüber, besonders wenn es um die Erbschaft ging.

Kinder und Eltern stehen sich häufig genug feindlich gegenüber. Der Streit unter den Geschwistern, vor allem zwischen dem Ältesten – als Erben – und den jüngeren Geschwistern, die leer ausgehen, zieht sich durch die ganze Geschichte. Im alten Griechenland zogen die enterbten Söhne in die Welt hinaus, um Kolonien zu gründen. In der Heimat war ihnen ihr Erbe verwehrt. Die jüngeren Söhne der herrschenden Schicht, des Adels und des Bürgertums, haben häufig genug den eigentlichen Sprengstoff abgegeben, der zu Revolutionen führte.

Die Familie wird einmal durch die Überzeugung vom großen Urahn zusammengehalten, der alle Glieder der Familie einigt und eint. Das gilt zwar nicht ausschließlich, aber vorwiegend vom Adel. Der gesellschaftliche wie moralische Vorteil, der von diesem Vorfahr ausgeht, ist stark genug, um alle inneren Widerstände zu überwinden. Aber auch der Vorzug vornehmer Abstammung bleibt zweifelhaft. Bei den Osmanen ließ der neue Sultan zunächst alle männlichen Verwandten, insbesondere die Brüder, so schnell wie möglich ermorden. Sie bildeten eine Gefahr für seinen Thron.

Außerdem wird der Besitz die stärkste Bindung der Familie ausmachen, insbesondere im Bauerntum. Der Hof erbt sich von Geschlecht zu Geschlecht innerhalb der Familie weiter. Er bildet den sicheren Hort, zu dem die Familienmitglieder in Zeiten der Not und der Gefahr zurückkehren. Aber gerade im Besitz liegt auch eine gefährliche Sprengkraft, die sich besonders im Erbfalle zeigt. Der Hof ist oft stärker als die Familie, jedenfalls im bäuerlichen Leben. Um den Besitz zusammenzuhalten, kommt der Familie als Träger des Hofes gerade in den Schichten des Adels und des besitzenden Bauerntums die beherrschende Rolle zu. Wo Familie wirklich entscheidend Geschichte bestimmt hat, handelt es sich vorwiegend um diese Schichten.

Auch die römische Familie zieht ihre Bedeutung von alters her aus denselben Quellen, aus dem Landbesitz. Die adligen Geschlechter haben dem römischen Recht diese Vorstellung von der Familie schlechthin aufgeprägt; über die römischen Rechtsvorstellungen hat diese Auffassung von der Familie bis in die heutige Zeit hinein in Gesetz und Rechtsprechung weitergewirkt. Der Jurist weist der Familie eine überragende Stellung schon deswegen zu, weil sie allein die Erbfolge, den Herrschaftsanspruch, den Namen und die Besitzverteilung regeln kann. Wie soll das Recht ohne gesetzliche Bindung der Familie begründet werden? Im alten Rom beharrten die vornehmen Geschlechter auf der überragenden Stellung des »pater familias«.

Wenn auch nicht immer so weitgehend, wird ähnlich innerhalb der Familien, die über politische Macht oder über Besitz verfügen, den Familienältesten, dem Sippenvorstand, dem Inhaber der politischen Stellung – etwa der Königswürde – oder der wirtschaftlichen Macht, dem Hofbesitzer oder dem Firmeninhaber die beherrschende Stellung eingeräumt. Die Plebejer in Rom bekannten sich zur Familie wohl erst, als auch sie Besitz gewannen, den sie vererben sollten.

Das Geschichtsbild, das sich an solche Vorbilder hält, verkennt, daß die unteren Schichten – ohne Ahnen und ohne Besitz – der Familie längst nicht diese Bedeutung zumessen, weder im alten Rom noch später. Für die Sklaven der Antike wurde sie sogar einfach geleugnet. In den unteren Schichten tritt die Eheschließung mit dem prunkvollen Aufgebot von Priester und Öffentlichkeit, mit der feierlichen Formel »bis daß der Tod euch scheide«, zurück gegenüber der mehr oder minder flüchtigen Bindung zweier Menschen. Es ist bezeichnend, daß in einem angeblich so grundkatholischen Gebiet wie Südamerika etwa ein Drittel aller Geburten »unehelich« sind. Das Zusammenleben der Eltern war weder durch die Kirche eingesegnet noch durch den Staat besiegelt. Dementsprechend sind solche »wilden Ehen« häufig – durchaus nicht immer – unbeständig und gefährdet. Aber selbst wenn die Ehen – wie in Italien – »unauflösbar« sind, sie können durch mannigfache Umstände gesprengt und aufgelöst werden.

Dennoch hat die Familie zweifellos Menschen zusammengeführt und zusammengehalten und damit eine formende Kraft ausgeübt. Aber das war weder die einzige noch die wirklich ausschlaggebende. Andere Gemeinschaften haben gleichermaßen formend gewirkt, die nichts mit der Familie zu tun haben, die Männerbünde in der Südsee, die Geheimbünde in Asien, die Religionsgemeinschaften im Orient, die allgemeine Stammeszugehörigkeit in Afrika.

Es mag bei flüchtiger Betrachtung so scheinen, als gäbe es keinen innigeren Zusammenhang von Menschen als innerhalb der Familie. Da stehen zunächst Mann und Frau als Eheleute zusammen in Leid und Freud, vereinigt durch Liebe und Treue. Da wachsen die Kinder im sicheren Schutz des Vaters, in der nimmermüden Obhut der Mutter heran. Da halten die Geschwister von Jugend an fest zueinander, dessen bewußt, daß sie eines Blutes sind und demzufolge ein gemeinsames Schicksal zu tragen haben. Das ist das Idealbild, das allen denen vorschwebt, die in der Familie die Keimzelle jeder menschlichen Gemeinschaft bis hinauf zur politischen Gemeinde, zum Staat und zur Nation sehen. Dieses Bild enthält jedoch manche gefühlsmäßige Betonung, die die rauhe Wirklichkeit vermissen läßt.

Es ist ein Irrtum, anzunehmen, der Einzelne füge sich der Familie leichter und inniger als einer anderen Gemeinschaft. Bei Geheimbünden stehen Gleichaltrige und Gleichgesinnte zusammen. Die Religionen vereinigen die Gläubigen, die von einem gemeinsamen Glauben durchdrungen sind. Sie verlangen, daß »der Mensch Vater und Mutter verlasse, um Gott nachzufolgen«. Wer zu einem Stamm gehört, wird sich vielleicht eher dem Spruch des Ältesten, des Zauberers, des Häuptlings, der Meinung der Standesgenossen, der Krieger, der Jäger oder des Rates der Angesehenen unterwerfen als einem Familienrat. Erfahrungen widerlegen häufig genug die Meinung, der Vater empfinde von Natur aus eine besondere Verantwortung und Verpflichtung gegenüber seinen Kindern und Nachkommen.

Umgekehrt ist das Gefühl von Dankbarkeit der Kinder gegenüber den Eltern in der Regel viel weniger ausgeprägt, als das Idealbild der Familie annimmt. Die Auflösung der Familie ist keine Erscheinung der Großstädte, weder der Zivilisation noch der sinkenden Moral. Früher hat die Familie vielleicht eine noch geringere Bedeutung gehabt. Andere Gemeinschaften mit ihren Bindungen spielten stets eine beachtliche Rolle.

In der Gegenwart sollen sich »die Proletarier aller Länder« im Zeichen des Kommunismus vereinigen. Ihnen stehen die »Kapitalisten«, das Bürgertum, oder wie man diese »Klasse« der Unternehmer auch nennen mag, gegenüber. Lassen sich neue geschichtstragende Gebilde allein aus dem Klassenbewußtsein, allein aus der sozialen Zusammengehörigkeit formen? Hierin liegt eine wichtige Frage der Geschichtsschreibung, ja der Politik überhaupt. Eine neue Gesellschaftsordnung – geboren aus dem Zusammenwirken der Menschen nach neuen, allgemein gültigen Grundsätzen – soll den neuen Menschen – jetzt losgelöst von überlieferten Vorstellungen wie »Volk« und »Stand« – und soll damit die Grundlage einer neuen Geschichte schaffen.

Die Französische Revolution hat das angestrebt. Ihre Überzeugungskraft versagte, als die »Nationen« erwachten. Die Kommunisten haben das auch gewollt. Sie glaubten, daß alle Proletarier in der Sowjetunion die große Heimat ihrer Weltanschauung sehen würden. Im Großen Vaterländischen Krieg gegen Hitler stellte Stalin aber die Weichen um; im Zusammenstoß mit dem kommunistischen China des Mao Tsetung zerbrach vollends die Hoffnung eines weltumspannenden Sozialismus. Die »Nation«, wie immer man die geschichtlich gewachsene Einheit deuten mag, erwies sich bisher als stärker. Als »formende Kraft« spielt das soziale Bewußtsein eine bedeutende, aber nicht die einzige Rolle.

Bei sozialen Erscheinungen aller Art, bei der Sprache, bei den wirtschaftlichen Geräten, den Produktionsmitteln und -methoden, auch bei politischen Einrichtungen vom Königtum über die Aristokratie zur Demokratie und weiter zur Tyrannei lassen sich immerhin noch geschichtliche Vorbedingungen aufzeigen. Bei den geistigen Einwirkungen ist häufig genug ein geschlossener Kreis oder eine hervorragende Persönlichkeit maßgebend, die ihrerseits eine Gruppe oder eine Bewegung formt. Wie will man an die tiefen Wurzeln eines solchen Vorgangs herankommen? Die Wirkung läßt sich nachträglich durchaus erkennen. Aber wo lagen die Wurzeln dieser geistigen Bewegung, die – wie es manchmal den Anschein hat – aus dem Nichts aufstieg? Wer kann einen Propheten oder einen Religionsstifter in seiner Einmaligkeit durchschauen oder gar »erklären«?

Den staunenden Zeitgenossen erscheint der große Reformer häufig genug vorwiegend als der »Alleszertrümmerer«, wie die Bewunderer Kant genannt haben. Wie weit ist das, was er lehrt, noch formend, wie weit ist es »zersetzend«? So dachten die jüdischen Schriftgelehrten in Jerusalem über die Lehre Jesu. Das war die Einstellung der Kirchen gegenüber den »Ketzern«, etwa gegenüber einem Hus oder einem Luther. Erst mit der Zeit erweist sich, ob die neue Lehre aufbauend oder nur zerstörend war. In vielen Fällen hängt das von anderen Persönlichkeiten ab, die die Lehre verstehen – oder mißverstehen, sie weiterbilden oder verfälschen. Ohne den Apostel Paulus gäbe es nicht die heutigen christlichen Kirchen.

Dem Glauben kommt eine starke formende Kraft zu. Für Karl den Großen war das Christentum, für die Araber der Islam, für die Polen der Katholizismus und für Moskau der orthodoxe Glauben zugleich eine der mächtigsten Waffen in ihrem Ringen um Einfluß und Macht. Der Missionar folgte dem Heer oder ging ihm in das Feindesland voraus. Damit verschieben sich jedoch in der Betrachtung zwei voneinander unabhängige Ebenen. Der Glaube ist eine geistige Einstellung, die weder an Ort noch Zeit, noch politische Umgebung gebunden ist. Man kann jede Religion auf ihr »Wesen«, ihren »Wahrheitsgehalt« und ihre sittlichen Werte hin untersuchen. Das ist Angelegenheit der Theologen und der Philosophen. Die Geschichtsforscher haben sie als formende Kraft zu prüfen und in das große Geschichtsbild einzuordnen.

Dem abendländischen Betrachter fällt schwer, im Osmanischen Reich die Fortsetzung des Oströmischen Reiches zu sehen. Der neue Glauben, der Islam, bindet den Balkan für Jahrhunderte an die arabische Welt und damit an Vorderasien. Die Scheidelinie wird durch die Religion stärker bestimmt als durch die Geographie. Sie trennt die Menschen, ohne Rücksicht auf ihre Geschichte, auf ihre Gesellschaftsordnung und ihre Sprache. Aber wie kommt es zur religiösen Scheidelinie?

Dabei ist etwa zu fragen, warum die Einführung des Christentums im heidnischen Rom, damals sicher auch eine orientalische, aus Vorderasien stammende, mit vielen Zügen der ägyptischen und der jüdischen Überlieferung durchsetzte Religion, reibungslos vonstatten ging und keinen grundsätzlichen Bruch bedeutet haben soll, während der Sieg des Islam im eroberten Konstantinopel jedoch auf Widerspruch stieß.

In der französischen Geschichte lassen sich formende Kräfte im 12. Jahrhundert feststellen. Sie wurzeln in der Universität, sie erfassen das Königtum der Capets: Bis dahin hatten sie eine ganz untergeordnete Rolle unter den Großen des Landes gespielt. Erst die Universität Paris setzte die Stellung des Königs wieder durch, die seit den Karolingern verlorengegangen war. Aber auch die Rechtsgelehrten hätten diesen Einfluß kaum auszuüben vermocht, wenn auf der Sorbonne nicht das neue philosophische Weltbild erwachsen wäre, das die Kirche und damit den Klerus seiner Vormachtstellung im abendländischen Geistesleben, seines Bildungsmonopols enthoben hätte.

Der Bildung und noch mehr der Erziehung kommt in der Geschichte ein bedeutender Anteil unter den formenden Kräften zu. Hier werden Menschen, Völker und Nationen geprägt, hier werden politische und militärische Gruppen mit innerer Stoßkraft geladen. Es heißt, daß der Sieg der Briten über die »Unbesiegbare Armada« 1588 auf den Criquet-Plätzen entschieden worden sei. Der Krieg 1866 sei von dem preußischen Schulmeister gewonnen worden.

Es ist in der Tat erstaunlich, wie kulturelle Umweltsbedingungen auch die politische Entwicklung bestimmt haben. Perikles und sein hochgeistiger Kreis haben Athen geschaffen; Florenz wurde unter den Medici durch seine Dichter und Künstler in Italien führend. Preußen erholte sich aufgrund einer geistigen Erneuerung von der schweren Niederlage, die ihm Napoleon I. 1806/07 beigebracht hatte. Die Berliner Universität mit Humboldt, Fichte und Schleiermacher hat dabei eine entscheidende Rolle gespielt. Von diesem neuen geistigen Mittelpunkt ging die vaterländische Bewegung aus, die 1813 zuerst Preußen, sodann ganz Deutschland erfaßte. Bis dahin galt der Musenhof zu Weimar als der Hort des geistigen Lebens in Deutschland. Dort war jedoch von dem Geist, der sich nun in Berlin entfaltete, wenig zu spüren. Gerade weil Preußen und damit Berlin von der französischen Besatzung am schwersten getroffen war, wurde es zum Ausgangspunkt der geistigen Gegenbewegung gegen Napoleon. Goethe allerdings urteilte: Der Mann ist für euch zu groß.

Wer vermag auch an die tieferen geschichtlichen Zusammenhänge, an die schaffenden Kräfte des Aufbaus heranzukommen, an die zahllosen unbekannten Bewegungen im Untergrund? Nur wenn diese Kräfte unerwartet aus dem Untergrund aufbrechen, sieht der Geschichtsforscher sie greifbar vor sich. Mitten in der Blütezeit der Renaissance kommt es in Florenz zum Ausbruch eines wilden Fanatismus. Savonarola wendet sich gegen alles, was bis dahin den Florentinern lieb und wert gewesen war, um es zu zerstören; es gelingt ihm, selbst einen Botticelli zu »bekehren«. Was ist da vorgegangen? Ein Umsturz, der tief in das künstlerische Schaffen der Stadt und jener Zeit eingriff, der das geistige Leben der Stadt und jener Zeit gründlich verwandelte.

Nicht immer sind die aufbauenden von den zerstörenden Kräften leicht zu trennen. Das Alte fällt – das Neue wächst aus den

Ruinen. Die Revolutionen, die den großen Ausbruch unzufriedener Schichten zeigen, bieten zugleich die Möglichkeit, Entwicklungen zu verfolgen, die sich zuvor im Untergrund vollzogen haben müssen – sonst hätte die Revolution ja nicht stattgefunden. Die herrschenden Schichten sehen in den Revolutionen gemeinhin nur die Kräfte der Zerstörung, die sich gegen die geheiligte Ordnung erheben, so jedenfalls deuten sie ihre Führungsrolle. Sie wollen jene aufbauenden Kräfte nicht erkennen, die sich ja auch dabei zeigen. Die Revolution – das ist der Umsturz, der zu verdammen ist, meinen die Machthaber. Geht dann die Revolution über sie hinweg, bleibt es ihnen unfaßbar, wie sich die neuen Schichten durchzusetzen vermögen.

In vielen, wenn auch nicht in allen Fällen haben sich Unterschichten, die lange Zeit gewaltsam unterdrückt waren, durchgesetzt. Um diesen Prozeß zu verstehen und richtig einzuordnen, muß man die gesellschaftlichen Zustände vor der Revolution kennen. Sie sind wichtiger als die Lehren der Propheten, der Prediger und der Theoretiker, auch wenn diese erst den Funken in das Pulverfaß werfen.

Für die britische Regierung kam der Umsturz in den nordamerikanischen Besitzungen unerwartet. Erst anderthalb Jahrzehnte vorher hatten die Siedler mitgeholfen, das französische Kolonialreich in Kanada zu erobern. Sie sprachen englisch; sie eiferten weitgehend der englischen Lebensweise nach – so schien es. Der Gouverneur lebte inmitten der führenden Schicht der Großgrundbesitzer, der Kaufleute, der Bankherren und der Beamten. Er fühlte sich bei ihnen wie in einer großen Familie. Der Streit entzündete sich scheinbar an einer Nebensächlichkeit, an den Steuern. Dabei waren diese niedriger als in England selbst; sie dienten dazu, die Kriegskosten zu decken, die einst im Krieg gegen die französische Kolonialmacht, also auch im Interesse der Siedler, in Nordamerika selber aufgebracht worden waren.

England machte jedes Zugeständnis, um dem Selbstbewußtsein der Hinterwäldler entgegenzukommen. Alle direkten Steuern wurden aufgehoben; nur auf den Tee wurde, und zwar bereits beim Verladen in England selber, eine Ausfuhrsteuer erhoben. Selbst das wollten die Nordamerikaner nicht dulden. Sie warfen den in den Ausfuhrhäfen bereits versteuerten Tee in Boston beim Eintreffen einfach ins Meer. Der Aufruhr richtete sich nicht nur gegen den König in England, sondern gegen die reiche Führungsschicht in Amerika selber, gegen die »Loyalisten«, wie sie nun hießen. Als die Unabhängigkeit anerkannt wurde, mußten Hunderttausende ihre angestammte Heimat verlassen; viele zogen nach Kanada.

Die Revolution im England des 17. Jahrhunderts, die mit der Hinrichtung Karls I. endete, entzündete sich im Vordergrund an Glaubensfragen: calvinistischer Protestantismus wider Englische Hochkirche. Dahinter aber stand der Gegensatz der Landbevölkerung gegen den Hof, der städtischen Handwerker gegen den Hochadel normannischer Abstammung. Seit den Tagen Wilhelms des Eroberers hatten die Angelsachsen langsam Schritt für Schritt wieder Boden gewonnen, vor allem in den Städten, also im Handwerk und im Handel. Die kühnen Seefahrer, die das katholische Spanien niederrangen, die den Holländern wieder den Handel nach Ostindien entreißen wollten, waren durchweg Angehörige dieser Schicht, die die Vorherrschaft des Hofadels, der Lords und der Großgrundbesitzer nicht länger ertragen wollten, zumal sie nun – nicht zuletzt über die Kriegsbeute im Prisenrecht – zu großem Reichtum aufgestiegen waren. Das Unterhaus gewann immer mehr Rechte. Es verlangte, vor neuen Steuern gehört zu werden. Inzwischen hatte sich eben die Zusammensetzung des Unterhauses gründlich gewandelt. Anstelle der Lords, die dem König Johann die Magna Charta und damit das Parlament abgetrotzt hatten, saßen nun im Unterhaus die »Commoners«, wie sie sich nannten, die »einfachen Leute«, obwohl auch sie – durch ihren Besitz – durchaus eine Oberschicht gegenüber den breiten Volksmassen auf dem Lande darstellten.

Der soziologische Aufbau einer Gesellschaft wandelt sich stetig. Ein gewaltsamer Umsturz bringt zwar einen sichtbaren Einschnitt, doch häufig wird damit nur eine Entwicklung abgeschlossen, die sich unbemerkt im Untergrund bereits vollzogen hatte. Es kann aber auch sein, daß der revolutionäre Umsturz sich innerhalb der führenden Familien abspielt und dann erst langsam auf die unteren Volksmassen übergreift. Eine derartige Umwälzung hat meist den Vorteil, daß sie sich in weniger heftigen Formen vollzieht; doch kann auch sie blutige Kriege auslösen.

Lateinamerika hatte bis 1850 eine einheitliche Oberschicht, die spanisch bzw. portugiesisch war. Die Unterschicht bestand aus den eingesessenen Indianern und den aus Afrika eingeführten Negersklaven. Zwischen diese beiden Schichten schob sich eine ständig breiter werdende neue Schicht der europäischen Einwanderer: Italiener, Deutsche, arme Spanier und Portugiesen und schließlich auch die Einwanderer aus dem Vorderen Orient, Turcos genannt, vorwiegend Syrer. Politisch und wirtschaftlich blieben diese Schichten zunächst unten, doch mit der Zeit stiegen sie aufgrund ihrer Intelligenz und der eigenen Tüchtigkeit in die wirtschaftliche und schließlich auch in die gesellschaftliche und politische Oberschicht auf.

Zur gleichen Zeit vollzog sich aber der Abstieg der feudalen Oberschicht. Bis in die Mitte des 19. Jahrhunderts beruhte in Lateinamerika der Reichtum und damit die politische Macht auf dem Großgrundbesitz. Dann gewann der Handel, in vielen Republiken auch der Bergbau, an Bedeutung. So entstand eine neue Oberschicht, die sich auf das Geld stützte. Es bildeten sich politische Parteien, die in den Städten ihren Rückhalt hatten und nun die breiten Volksmassen zu erfassen suchten; sie wuchsen im Laufe der Zeit zu ausgesprochenen Massenparteien an. Dementsprechend verloren die alten »historischen« Parteien, die Konservativen und die Liberalen, die nur zwei verschiedene Richtungen derselben Aristokratie vertraten, an Einfluß. Heute haben sie überall ihre Machtstellung verloren. Ihre einstigen Anhänger scharen sich häufig um militärische Machthaber, um die Diktatoren, die nicht den Wählern, sondern ihren Truppen die Präsidentschaft verdanken. Auch sie sind gezwungen, den veränderten Verhältnissen ihres Volkes Rechnung zu tragen. Auch sie gebärden sich »fortschrittlich«. Konservativ wollen auch die Soldaten fast nirgends mehr sein.

Wie die Menschen der Unterschichten eingeschmolzen werden, läßt sich in Lateinamerika recht deutlich verfolgen. Sie verlieren ihre Sprache, sei sie italienisch, indianisch oder afrikanisch, um fortan spanisch bzw. portugiesisch zu sprechen. Sie tauschen ihre Götter – und werden Christen. Doch halten sich weiterhin alte Göttervorstellungen und Riten, von der herrschenden Lehre als Aberglaube abgelehnt. Dazu gehört bei den Schwarzen in Brasilien der Kult des Macumba. Sie wechseln in der Regel auch ihre wirtschaftliche Tätigkeit. Ein buntes Völkerbild mit ähnlichen Problemen wie in den südamerikanischen Republiken sehen wir heute in Paris, in New York, auf Jamaica, in London. Und früher?

Alexandria war über Jahrhunderte der geistige Mittelpunkt der orientalischen Welt mit einer überaus bunten Bevölkerung. Und wie war es in Persepolis, Susa, in Ekbatana?

Eine erstaunliche Vielfalt von Völkern und Stämmen ist natürlich auch den großen Reichen der Vergangenheit wie der Gegenwart eigen. In dem weiten von Arabern beherrschten Raum lebten Berber in Nordafrika, Perser im Iran, Inder in Indien. In dem großen chinesischen Reich lagerte sich das Hanvolk über die Bewohner des Yangtsebeckens und des Südens. Die Sowjetunion wird von ugro-finnischen Völkern, von Steppenvölkern und von sehr verschiedenen Stämmen Sibiriens und Zentralasiens bewohnt. Mag die Oberschicht in diesen weiten Reichen noch einigermaßen einheitlich erscheinen – regional begrenzt leben sehr verschiedenartige Unterschichten.

Daraus ergeben sich Spannungen, die – mindestens geistig – fruchtbar sein können, zuweilen aber zu heftigen Auseinandersetzungen führen, einmal zwischen der Unterschicht und der Oberschicht, sodann aber auch zwischen den verschiedenen Unterschichten. Dafür bietet Afrika zur Zeit ein trauriges Beispiel. Seit dem Ende der Kolonialherrschaft wird der Gegensatz zwischen den verschiedenen Negerstämmen blutig ausgetragen. Biafra, Sudan, Kenia und Kongo sind Schauplätze von Stammesfehden, die durch die weiße Oberschicht der Kolonialmächte bisher vermieden, mindestens aber eingeschränkt worden waren. Seit diese Oberschicht ausgeschieden ist, prallen die Gegensätze schroff aufeinander. Das ist um so gefährlicher, als diese Völker doch die Aufgabe zu leisten haben, nun ihrerseits eine Oberschicht zu bilden, um in Verwaltung, Wirtschaft und Bildung eine neue »Nation«, eine allumfassende Gemeinschaft aufzubauen.

Der Aufstand der Massen erscheint – von oben gesehen – zunächst als zerstörende Kraft. Die überlieferte Ordnung und damit alles das, was diese geschaffen, gehütet, verteidigt hat, wird zerschlagen. Da gehen die Ungebildeten hin und vernichten, was sie nicht verstehen, was ihnen allein schon deswegen verhaßt ist, weil es ein Werk der herrschenden und damit der die anderen unterdrückenden Schicht darstellt. So meinen viele. Wenn aber die Revolutionäre eine neue Ordnung und eine neue Kultur schaffen sollen, müssen auch sie sich auf die aufbauenden Kräfte stützen. Gibt es solche in ihrer Schicht?

Fast überall hat sich eine Kultur der breiten Volksmassen erhalten oder gebildet, nur findet sie selten Beachtung oder gar Verständnis. Das hat mehrere Gründe. Die Unterschicht ist ja rechtlos und ohnmächtig: In Ungarn herrschten die Magnaten über das breite dienende Volk der Unterworfenen, in Rußland die Bojaren über die Leibeigenen, die unterworfenen ugro-finnischen Vorbewohner. Noch ausgeprägter ist die soziale Schichtung dort, wo die Verschiedenheit in Hautfarbe und Rasse sichtbar wird wie bei den Afrikanern in Nordamerika, bei den Indern in Afrika, bei den Juden in den Gettos des Mittelalters.

Religionen ziehen zuweilen einen scharfen Trennungsstrich: in Indien zwischen den Moslems und den Hindus, in Nordirland zwischen Katholiken und Protestanten, im mittelalterlichen Spanien zwischen Christen und Mauren. Im Osmanischen Reich war der Übertritt zum Islam Vorbedingung, um in hohe Staatsstellungen oder führende Posten im Heer aufzusteigen. In China bildete die Kenntnis der chinesischen Sprache, noch mehr der chinesischen Schrift, die eigentliche Scheidelinie zwischen den Han einerseits und den Miaovölkern des Südens oder den Steppenreitern des Nordens andererseits.

Die Unterschicht ist häufig bestrebt, diese Unterschiede abzubauen, um sich in die Oberschicht einzugliedern, indem sie die trennenden Merkmale verwischt oder ihre Bedeutung herabsetzt oder gar leugnet. Man übernimmt die äußeren Lebensformen der Oberschicht und deren geistige Anschauungen. Man paßt sich an. Die Schichten werden im Laufe der Zeit eingeschmolzen.

Abseits von diesen großen Schmelztiegeln haben sich uralte Gruppen unverändert über Jahrtausende erhalten: die Eskimos in Nordamerika, die Lappen in Nordeuropa, die Buschmänner in Südafrika, die Indianer in Nord- und Südamerika und die Menschen des Steinzeitalters in Australien und in Hinterindien. Gerade in den Unterschichten, selbst denen, die in ihrem engen Rahmen lebend zu dauernder Rückständigkeit verdammt erscheinen, vollziehen sich geschichtliche Entwicklungen. Sie werden früher oder später auf die Geschichte einwirken. Wäre es nicht richtiger, sie anderen Wissenschaften, der Soziologie und der Ethnologie, der Lehre von der Gesellschaft und vom Menschen überhaupt zu überlassen? Ein solcher Verzicht engt jedoch die geschichtliche Betrachtung ein.

Der Soziologe kann und soll die Gesellschaft betrachten. Hier aber geht es um geschichtliche Prozesse. Es soll also kein Querschnitt durch einen Zustand, auch nicht einmal einen vergangenen, gezogen werden, sondern es sollen jene Kräfte freigelegt werden, die diesen Prozeß überhaupt auslösen. Immer wieder wird auch der Geschichtsforscher gezwungen sein, Querschnitte zu ziehen, er muß sich immer wieder Rechenschaft darüber geben, was einmal war. Aber er wird sofort weitergehen und fragen, warum es so gekommen ist. Er darf sich also nicht damit begnügen, die verschiedenen Volksschichten gegeneinander abzugrenzen und ihre besondere Kultur, die »Subkultur«, darzustellen. Wie sind sie entstanden, und welche Kräfte waren tätig, um einen einmal errungenen Stand wieder aufzuheben? Der Soziologe hat Gegebenes festzustellen. Wirkungen aus der Vergangenheit in die Gegenwart hinein aber verfolgt der Historiker.

An der »Subkultur« beschäftigt den Historiker nicht so sehr die gegebene Form, sondern die fruchtbaren Spannungen, die in ihr schlummern. Ob sie allerdings fruchtbar waren, zeigt der spätere Ablauf der Entwicklung. Überschaubar werden ja nicht die sozialen Umstände selber, sondern erst die späteren Folgen, die sich aus ihnen ergeben haben. Wie haben die Menschen diese Spannungen erlebt, wie sie gesehen, wie haben sie sich verhalten?

Die geistigen Spannungen sind vielleicht noch wichtiger als die sozialen, denn erst über den Geist wird der Mensch tätig. Deswegen wehren sich die Oberschichten gegen jede Deutung, die ihre Machtstellung in Frage stellt. Die einen streben über eine geistige Leistung irgendwelcher Art dahin, auch die sozialen Verhältnisse zu ändern, womöglich umzustürzen. Die anderen glauben, jede geistige Auseinandersetzung ausschalten zu können, indem sie den Geist selber in Ketten zu schlagen suchen.

Es ist die Gegenwehr derjenigen, die von geistiger Auseinandersetzung überhaupt nichts verstehen, die deswegen grundsätzlich gegen den aufrührerischen Geist sind. Für sie ist eben »Geist der Teufel«. Das gilt von allen jenen, die in den Intellektuellen seit jeher nur ein Element der Zersetzung sehen. Die unbedingte Unterwerfung unter den Befehl, ganz gleich, was er besagt, ganz gleich, auf welches Recht er sich stützt, wird durch den zweifelnden, immer fragenden Geist untergraben. Vielen Tatmenschen gilt jedes grüblerische Nachdenken im höchsten Grade als bedenklich.

Mag einem biederen Haudegen der Geist auch gefährlich erscheinen, so sollte er doch niemals übersehen, daß auch er seine Stellung einer geschichtlichen Entwicklung verdankt, an der der Geist als formende Kraft seit Jahrtausenden mitgearbeitet hat. Und vor allem: Ohne den Geist, der stets Neues hervorbringt, ist jede Macht, auch die der Bajonette, dem Verfall geweiht. Was hier als zersetzend erscheint, kann drüben beim Gegner – oder Wettbewerber – die Umwälzung auslösen, die die Wendung bringt. Ausbauende und zerstörende, formende und zersetzende Kräfte – wer vermag sie säuberlich zu trennen?

Weltweite Zusammenhänge

Zu Beginn des 19. Jahrhunderts erschien von Norden kommend der Bantustamm der Zulus an den Grenzen des britischen Südafrika. Bis zum letzten Viertel des Jahrhunderts drangen die schwarzen Krieger – glänzend geführt, glänzend ausgebildet, wenn auch ungenügend ausgerüstet – immer weiter gen Süden vor. Erst 1879 gelang es den Engländern – nach schweren Niederlagen –, mit Hilfe ihrer überlegenen Feuerwaffen die Zulus zu schlagen und zu unterwerfen.

Im Vordringen der Zulus gipfelt die große Bewegung der afrikanischen Geschichte, der Zug der Bantus. Bis zum ersten Jahrhundert v. Chr. saßen die Bantus an den Nordabhängen der Kamerunberge, ein kleiner, unbedeutender Negerstamm Westafrikas. Nach Süden hin dehnte sich vom Atlantik bis zu den großen Seen Ostafrikas – das ganze Kongobecken erfüllend – der undurchdringliche Urwald. Dort hausten bis Christi Geburt unter kümmerlichen Bedingungen die Pygmäen. Im weiten Steppengebiet vom Horn Afrikas – Somaliland – bis hinunter zum Kap der Guten Hoffnung schweiften als Jäger die kleinen Buschmänner.

Im ersten Jahrhundert vor unserer Zeitrechnung setzten sich die Bantus in Bewegung. Wir wissen auch, was ihnen die Möglichkeit gab, in den Urwald einzudringen, die Pygmäen zu verdrängen und durch den Sperriegel hindurch die weite afrikanische Steppe zu erreichen. Es waren drei Kulturpflanzen, die auch den Ackerbauern ein Leben im Urwald erlaubten: die Banane, die Yamswurzel und die Süßkartoffel. Yamswurzel und Banane, die aus Südostasien stammen, gelangten erst im zweiten vorchristlichen Jahrhundert nach Afrika. Und die Süßkartoffel, die zur gleichen Zeit die afrikanische Küste – wohl bei Mombassa – erreichte, stammt – wie die Naturwissenschaft nachgewiesen hat – aus Amerika. Wie kamen diese Kulturpflanzen nach Afrika? Wir können nur vermuten, daß sehr früh eine Verbindung von Südostasien, ja von Mittelamerika bis an die Westküste des Indischen Ozeans reichte.

Eines aber wissen wir: wie der Zug der Bantus verlaufen ist. Es gelang ihnen, von den Kamerunbergen in das Kongobecken einzudringen, den Urwald in Richtung auf den Indischen Ozean zu durchbrechen und selbst die gefährliche Zone in Uganda zu überschreiten, wo die Tsetsefliege jeden Durchzug von Vieh verwehrte. Die Bantus vermochten sich als Viehzüchter nur dort zu halten, wo sie ihre Rinder mitnehmen konnten. Nachdem es ihnen jedoch gelungen war, die offenen Flächen der ostafrikanischen Savannen zu erreichen, drängten sie die dort lebenden Buschmänner immer weiter nach Süden. Heute sind die Buschmänner auf die Kalahariwüste zurückgeworfen. Und selbst die Hottentotten, eine Mischung von Buschmännern und Negern, die inzwischen zwar nicht den Ackerbau, aber die Viehzucht aufgenommen hatten, mußten sich immer weiter zurückziehen.

So entstand ein neuer großer »Raum der Bantus«. Er dehnt sich von den Kamerunbergen bis zum Kap der Guten Hoffnung. Sein Kennzeichen ist die Sprache der dort vorherrschenden Bantu. Blutsmäßig haben sie zweifellos einen beträchtlichen Anteil der einstigen Bewohner in sich aufgenommen, aber einheitlichen Blutes sind sie keineswegs. Einen umfassenden Bantustaat hat es nie gegeben. Es gab wohl ein ansehnliches Bantureich im Kongobecken, von dem die Portugiesen hörten, als sie im 15. Jahrhundert an der Küste erschienen. Es gab im folgenden Jahrhundert das Reich Monomotape im heutigen Mozambique. Es ist anzunehmen, daß im 14. Jahrhundert die stolzen Mauern von Simbabwe Mittelpunkt eines größeren politischen Gemeinwesens gewesen sind; sonst wären diese großartigen Befestigungen kaum zu erklären.

Erst im 19. Jahrhundert wurde dieser riesige Raum der Bantusprache von den eindringenden Europäern, den Buren, den Briten, den Franzosen, den Belgiern und den Deutschen, in Kolonialgebiete aufgeteilt, die heute Grundlage für die unabhängigen Republiken abgeben. Was hatten die Bantus, die in das Kongogebiet einrückten, häufig gefolgt von anderen Stämmen westafrikanischer Herkunft, mit den Bantus der ostafrikanischen Steppe, gar mit den wilden Kriegerscharen der hervorragenden Heerführer Shaka zu Beginn des Jahrhunderts oder seines Sohnes Dingaan gemeinsam? Dürfen wir überhaupt von einem »Banturaum« sprechen? Oder war dieser Raum nur Teil eines anderen, umfassenderen Raumes?

Der Vormarsch der Bantus ist einmal durch die Sprache gekennzeichnet, sodann aber auch durch das Eisen.

Die Bantus haben das Eisen bis Südafrika verbreitet. Aber der Raum des Eisens ist wesentlich größer als der »Raum der Bantus«; sie haben die Eisentechnik aus einem anderen Raum übernommen und den Eisenraum damit bis nach Südafrika ausgeweitet. Dazu brauchten sie ihrerseits allerdings fast zwei Jahrtausende.

Es lohnt sich, das Eisen in seinem Zug durch Afrika zu verfolgen. Aus ägyptischen und vorderasiatischen Berichten kennen wir die wilden Krieger, die im 13. Jahrhundert v. Chr. sowohl Troja wie Mykene verwüsteten, die das ganze östliche Mittelmeer verheerten. Die Ägypter nennen sie die »Seevölker«, weil sie von der See her an der Nilmündung erschienen. Diese Seevölker sind aber auch mit ihren schweren Ochsenwagen durch Syrien vorgedrungen, alles vor sich hertreibend, wie die Pharaonen berichten. Sie nennen auch Völkernamen: die Achiver (Griechen), die Sarden (Sardinier), die Sikuler (Sizilier), die Tusker (Etrusker), die Libyer (Berber) und die Philister, die sich in der Küstenebene Palästinas niederließen und diesem Landstrich ihren Namen gaben.

Werden mit diesen Namen nicht Zusammenhänge um das Mittelmeer herum angedeutet? Gibt es daneben noch weitere Merkmale? Die »Seevölker« brachten das Eisen in dieses Gebiet. Seit dem 4. Jahrtausend kannten die Ägypter zwar das Eisen, aber nur in Form der Meteorsteine. Im Grab des Tutanchamon fand sich ein Dolch aus Stahl, doch nimmt man an, daß es sich um ein besonders kostbares Geschenk des Hethiterkönigs handelt. Eisen gab es nämlich im nördlichen Kleinasien, bei den Hethitern. Die Griechen erzählten später, die Chalyber am Schwarzen Meer hätten das Eisen »erfunden«; richtiger müßte es wohl heißen, sie haben es als erste geschmiedet. Durch die wilden Kriegszüge der Seevölker kam das Eisen nach Syrien und ans Mittelmeer. Wenn die alten Juden ihre eisernen Geräte richten lassen wollten, mußten sie sie zu ihren Feinden in der Ebene, zu den Philistern bringen.

Es muß in alter Zeit eine tiefe Kluft gegeben haben zwischen den »Schwarzschmieden«, die das Eisen, und den Buntschmieden, die die Bronze bearbeiteten. Eisen wird geschmiedet, Bronze gegossen und geglättet. Wer sich ohne besondere Kenntnisse am Eisen versucht, muß scheitern. Es hat lange gedauert, bis man Eisen zu einem festen Stahl schmiedete, der wirklich der Bronze überlegen war. Verachtung strafte anfangs das neue Metall. Heilig blieb weiterhin die Bronze. Noch die Etrusker um die Mitte des letzten vorchristlichen Jahrtausends erlaubten ihren römischen Untertanen den Gebrauch von Eisen nur für landwirtschaftliche Zwecke. Kultgeräte hatten aus Bronze zu sein. Wenn der Stier den Pflug um die neu zu gründende Stadt zog, um deren Raum abzugrenzen, mußte die Pflugschar aus Bronze sein.

Den Weg des Eisens nach Griechenland, zu den Assyrern, nach Italien kann man geschichtlich nachzeichnen. Doch fand man überraschenderweise in Meroë am mittleren Nil, südlich von Khartum, riesige Halden von abgebauten Eisenerzen. Ein englischer Forscher sprach vom afrikanischen »Birmingham«. Diese Abraumhalden scheinen bis ins 7. Jahrhundert v.Chr. zurückzureichen. Das ist jene Zeit, da das Eisen sich mit der Hallstattkultur erst langsam in Nordeuropa auszubreiten beginnt, also Jahrhunderte vor La Tène, der eigentlichen nordeuropäischen »Eisenzeit«. Wie war das Eisen nach Meroë gekommen?

Der Weg vom Norden scheint wenig wahrscheinlich, einmal, weil die Ägypter damals noch an der Bronze festhielten, sodann, weil sie weder genügend Eisenerze noch Brennstoffe besaßen. Die Kenntnisse, um das Eisen sachgemäß zu schmieden, sollen assyrische Kriegsgefangene oder griechische Söldner den Ägyptern vermittelt haben. Diese Annahme erscheint jedoch allzu willkürlich. Eine solche Industrie wie die in Meroë ist kaum das Werk von wenigen Gefangenen. Der Weg muß anders verlaufen sein.

Zu den »Seevölkern«, die das Eisen kannten, gehörten auch die Libyer Nordafrikas. Ist von ihnen vielleicht die Kenntnis des Eisens über die Sahara hinweg nach Schwarzafrika gedrungen? Folgten die »Eisenleute« vielleicht dem uralten Weg der »Streitwagenleute«? Jedenfalls tauchte das Eisen recht früh im westlichen Sudan auf. Von dort verbreitete sich die Kenntnis der Eisenbearbeitung bis zum Atlantik, allerdings vorwiegend bei bestimmten Völkern.

Die Schmiede waren eine Gruppe für sich. Sie kannten das Eisen und seine Verarbeitung; sie wahrten das Geheimnis, so gut es ging. Schmiede galten oft als Zauberer, bei den Germanen ebenso wie bei den Völkern der eurasischen Steppe und des afrikanischen Buschs. Sie waren Könige bei den Reitern und Häuptlinge bei manchen Negerstämmen. Bei anderen jedoch waren sie trotz ihrer

Unentbehrlichkeit verachtet. Noch bis ins 20. Jahrhundert hinein galt in vielen albanischen Dörfern jeder Beruf, der mit Eisen zu tun hatte, als minderwertig. So tief saß immer noch die uralte Mißachtung des schwarzen Metalls bei den Bronzevölkern.

Schwarzafrika hingegen kannte keine Bronzezeit. Auf die Steinzeit folgte unmittelbar die Eisenzeit. Die Stämme an der westafrikanischen Atlantikküste sind seit alters her Meister der Eisenverarbeitung und der Eisenverwendung. Mit ihren Hackmessern und Beilen (Adzes) schnitzen sie ihre hölzernen Kunstwerke. Uralte Eisenreste und Öfen finden sich in der Sahara, im Ennedigebiet westlich des Nils. Man darf annehmen, daß das Eisen einmal den alten Handelsweg von Norden nach Süden, dann den ebenso alten Weg durch Steppe und Savanne am Südrand der Sahara vom westlichen zum östlichen Sudan, von Niger und Tschad zum Nil gewandert ist. Gewandert! Das heißt wohl mitgebracht von den Zünften oder richtiger von den Stämmen der Schmiede. Vielleicht waren sie auch die Schöpfer der Eisenkultur in Meroë.

Vom oberen Nil dringen die »Eisenleute« zur Küste des Indischen Ozeans und längs der ostafrikanischen Steppe nach Süden. Hier berühren sie sich mit der Ausbreitung der Bantu, wobei nicht zu erkennen ist, ob die Schmiede eine eigene Zunft, einen eigenen Stamm, darstellten oder überhaupt mit den Bantu übereinstimmen. In den ersten Jahrhunderten n. Chr. sind die Eisenleute über den Sambesi bis nach Südafrika vorgedrungen. Sie gründen die ersten Ansiedlungen dort, wo sich im 14. Jahrhundert die stolzen Mauern von Simbabwe erheben werden.

Im östlichen Südafrika, im Sambesibecken, konnten Tausende von einfachen Eisenschmelzen – primitive Hochöfen – ausgegraben werden. Sie gehen auf die Zeit zwischen 1000 und 1500 n. Chr. zurück. Diesen Funden entsprechen die Berichte der arabischen Reisenden, daß die Ostküste Afrikas vor dem Erscheinen der Portugiesen einen ansehnlichen Eisenhandel nach Indien hin kannte. Südafrika führte sein Roheisen dorthin aus, wo es verhüttet und zu Stahl verarbeitet wurde. Von dort gelangte das hochwertige Eisen in die eisenarme, wenn nicht sogar eisenlose arabische Welt. Aus diesem afrikanischen, jetzt »indischen« Eisen werden die weltberühmten Damaszener Klingen geschmiedet.

Hochwertig war das afrikanische Eisen wegen der Beimischung von Chrom und Wolfram, die es im ganzen südasiatischen Raum nicht gab. Das nördliche Indien hatte das Eisen von Persern und Griechen übernommen; der Süden erhielt es erst im 4. Jahrhundert v. Chr., merkwürdigerweise zusammen mit der Kultur der Megalithbauten, jenen riesigen Steinzeichen, die in der Atlantischen Welt zwei Jahrtausende früher erscheinen. Waren es auch damals bereits Afrikaner, die – vielleicht im Zusammenwirken mit südarabischen Händlern – die Verbindung zu Südindien herstellten?

Ein alter Seefahrerbericht, der »Periplus des Eriträischen Meeres«, schildert den Handel im Indischen Ozean bis Hinterindien in einer Zeit, da der Grieche Hippalus den Monsun »entdeckt« und der Schiffahrt dienstbar gemacht habe. Dies mag für den Verkehr vom Roten Meer nach Nordwestindien zutreffen, kaum aber für den von Ceylon nach Südostafrika oder nach Madagaskar. Dort scheint sich ein Handelsverkehr in sehr viel früheren Zeiten und in einem erstaunlichen Umfang abgespielt zu haben. Der Handelsraum des Indischen Ozeans ist weit größer als die von den Griechen befahrene Route zwischen dem Roten Meer und den Küsten Vorderindiens. Aber wie will man ohne gesicherte schriftliche Quellen die besonderen Fragen der großen Zusammenhänge zwischen Afrika im Westen, Indien, Hinterindien, Südostasien oder gar Westamerika erkennen und beantworten?

Um einen geschichtlichen Raum zu erfassen und zu verstehen, liegt es nahe, nach den Grenzen zu fragen, um ihn gegen andere Räume abzuheben. Das heißt, man sucht zunächst politische Kennzeichen zu erkennen. Die Geschichtsschreibung wird daher gern nach staatlichen Gebilden forschen, die in der Regel durch Waffengewalt, durch Kriege und Schlachten geschaffen werden. Aber ist der politische Gesichtspunkt das einzige oder gar das wesentliche Kennzeichen für einen geschichtlich trächtigen Raum?

Große »Räume« sind durch den Handel gebildet worden. Das »Reich« der Deutschen Hanse reichte von Setubal an der portugiesischen Atlantikküste bis tief in den russischen Wald hinein – über Novgorod hinaus –, ohne je ein politisches Gebilde gewesen zu sein. Das Handelsreich der mittelalterlichen Städte Italiens umfaßte christliche und islamische Staaten – was häufig genug zu Gewissenskonflikten führte. Im 16. Jahrhundert versuchten die Kolonialstaaten allerdings, jeweils ihr Handelsreich mit bewaffneter Hand gegen alle unliebsamen Wettbewerber abzuriegeln. Sie bestanden auf ihrem »Monopol«, was dauernd zu Kriegen führte, weil ein Handelsraum – besonders in Übersee – kein geschlossener politischer Raum ist. Der Imperialismus des 19. Jahrhunderts hat eifrig versucht, seinem Handel durch Kolonien einen festen politischen Rückhalt zu geben. »Der Handel folgt der Flagge!« Dabei hatte sich damals bereits als neuer entscheidender Raum der »atlantische« herausgebildet, in dem die europäische Industrie mit den unabhängigen Staaten in Amerika frei und ohne politische Einschränkungen einen einträglichen Handel trieb.

Doch gibt es auch »Räume«, die durch andere Gemeinsamkeiten als durch politische oder wirtschaftliche umrissen werden. Im 16. Jahrhundert begann der unselige Sklavenhandel von Afrika nach Amerika. Zwei Räume – durch ein Weltmeer getrennt – wurden durch die gewaltsame Verpflanzung von Menschen zu einer neuen Einheit verschmolzen. Afrikaner wurden zu einem zahlenmäßig recht hohen Anteil Bewohner der Neuen Welt. Dieser »afroamerikanische Raum«, der kaum ganz Afrika und vor allem nur einen begrenzten Teil Amerikas erfüllte, hat die Geschicke Europas, sodann Amerikas und – wenn auch in leidender Form – Afrikas bestimmt.

Es hat seit jeher Sklaverei gegeben. Sie erreicht im Römischen Reich schreckliche Ausmaße. Aber sie bildete gewissermaßen die Folgeerscheinung der politischen Kriege. Die verheerenden Menschenjagden südlich der Sahara jedoch, die die »Nachfrage« der amerikanischen Besitzungen befriedigen sollten, führten zur Verwüstung weiter Landstriche Afrikas. Allein im 18. Jahrhundert sind nach vorsichtigen, sicher zu niedrigen Schätzungen 7 Millionen Menschen von Afrika nach Amerika verschleppt worden.

Im 18. Jahrhundert lieferten die Kaufleute von Liverpool zunächst Waffen, Schwerter wie auch Feuerwaffen, an westafrikanische Häuptlinge, die damit Sklavenjagden bis tief ins Innere ausführten. Bald danach folgte die Lieferung von Tuchen und Verbrauchsgütern aller Art. Bezahlt wurde alles in Sklaven. So blühte das Hinterland von Liverpool, Lancaster, als Textilindustrie, so blühten Birmingham und Sheffield für Eisenwaren mächtig auf. Hier liegt die Wurzel der industriellen Revolution, die zuerst England, dann den »atlantischen Raum«, Europa und Nordamerika und schließlich die ganze Welt umspannte.

Die Lieferung von Sklaven aus Afrika ließ wiederum die Plantagen in Westindien, in Brasilien und schließlich die Baumwollpflanzungen in den Südstaaten Nordamerikas aufblühen. Der »afrikanische Raum« dehnte sich in die Neue Welt aus. Das war bedeutsam für die Entwicklung drüben, hatte aber auch Rückwirkungen auf die Alte Welt. Wie hätte England im 19. Jahrhundert seinen großen wirtschaftlichen Aufschwung nehmen können ohne »König Baumwolle«, der aus Amerika kam? Wie hätte die westeuropäische Stahlindustrie wachsen können ohne die Lieferung von Eisenbahnschienen, Lokomotiven und anderer Produktionsgüter nach Nord- und später auch nach Südamerika?

Wie aber soll man »Räume« geschichtlich erfassen, die von den schweigsamen Unterschichten, von den Sklaven, gebildet werden? Wanderungen vollziehen sich im hellen Licht der Geschichte. Vorneweg reitet der Feldherr, ihm folgen seine Mannen und dahinter der unendliche Troß des »Volkes«. Das amerikanische Beispiel zeigt die Schiffe, die im Laufe von Jahrhunderten Menschen an Land setzten. Die stolzen Krieger bilden nur eine verschwindende Minderheit. Dann kommen die unternehmungslustigen Abenteurer. Es folgen die Flüchtlinge und dahinter die Zwangsverschleppten, begnadigte Kriegsgefangene oder Schuldknechte, denen Gelegenheit gegeben wird, ihre Schuld abzutragen. Am unglücklichsten sind die Sklaven dran, die gewaltsam aus ihrer Heimat herausgerissen, nur als Arbeitskräfte ausgebeutet werden.

Wenn wir die Völkerwanderung in die Neue Welt in den letzten zwei Jahrhunderten verfolgen, erhebt sich die Frage, ob in der Vergangenheit das Bild von den wandernden Heerscharen richtig war. Stießen sie tatsächlich in einen menschenleeren oder unter brutaler Waffengewalt menschenleer gemachten Raum hinein? Die Unterschichten haben die Geschichte der »Räume« auf die Dauer stärker beeinflußt, als das den stolzen Herren bewußt und lieb ist. Politisch und wirtschaftlich werden die »Räume« von der Oberschicht bestimmt. In Vorstellungen und Gebräuchen bleiben die Unterschichten lebendig. Tatsächlich nur in diesen Bereichen?

Sind nicht die heutigen Zustände in den Vereinigten Staaten ein Beispiel dafür, wie sich solche Entwicklungen auch nach langen Zeiten der Unterdrückung selbst bei ausgesprochenen Minderheiten auswirken? Wieviel stärker muß die Bedeutung der Unterschichten dort sichtbar werden, wo sie – wie in vielen Republiken Lateinamerikas – zahlenmäßig die Mehrheit der Bevölkerung darstellen. Unter dem Firnis einer gleichmäßigen spanisch-portugiesischen Kultur brodelt dann ein Selbstgefühl auf, das mit dem der einstigen Kolonialvölker oder »Mutterländer«, wie man auch gern sagt, kaum mehr etwas zu tun hat.

Was ist für einen »Raum« entscheidend? Das ist eine Frage an die Geschichte. Ein Neger in Sao Paulo gehört rassisch dem »afroamerikanischen Raum« an, wirtschaftlich – als Arbeiter in einer Automobilfabrik – dem »europäisch-amerikanischen«, sprachlich dem »portugiesischen«, religiös ist er Christ, auch wenn er noch manchem Aberglauben anhängt. Wer auf einer Ebene – etwa der politischen – dem einen Raum angehört, darf deshalb noch längst nicht in allen anderen Ebenen mit den Menschen dieses »Raumes« gleichgesetzt werden. Hier liegt eine der Wurzeln für Spannungen und Umbrüche. Welcher »Raum« ist entscheidend? Der rassische? Der wirtschaftliche? Der ideologische?

Eigenartig, wie sich in manchen Räumen die verschiedenen Ebenen überlagern! Welches Kennzeichen darf man da als das geschichtlich wesentliche herausgreifen? Am leichtesten ist es dort, wo ein zunächst kleiner »Raum« sich offensichtlich ausdehnt und sein Merkmal der Umgebung und somit in wachsendem Umfang immer weiteren Bereichen aufprägt. Dieses kennzeichnende Merkmal kann eine Sprache, kann ein Glaube, kann aber auch eine technische Errungenschaft sein.

Um die Mitte des 2. vorchristlichen Jahrtausends brechen Männer auf Streitwagen in die damals bereits Jahrtausende alte Kulturwelt Mesopotamiens und Ägyptens ein. Der zweirädrige Streitwagen war technisch die Fortbildung des alten Wagens, wie ihn bereits im 4. Jahrtausend v. Chr. die Sumerer kannten; aber dieser alte Typ hatte vier Vollscheibenräder aus Holz, er wurde von Ochsen, bestenfalls von den schwer zähmbaren Halbeseln, den Onagern, gezogen. Erst die Bronze hat dem Rad die elegante Form des Radkranzes mit den vier Speichen gegeben; mit diesen Rädern ließ sich der Streitwagen leicht und schnell bewegen. Er wurde von Pferden gezogen.

Das unbändige freiheitsliebende Tier der Steppe hatte der Mensch in mühevoller Zucht zum Zugtier erzogen. Für acht Jahrhunderte wird der Streitwagen die modernste und schlagkräftigste Kriegswaffe, der niemand zu widerstehen vermag. Auf diesen Streitwagen brausen Menschen durch die halbe Welt. Sie erscheinen als »Hyksos« in Ägypten und richten dort für zwei Jahrhunderte ihre Herrschaft auf. Auch nachdem die Hyksos vertrieben worden waren, hielten die Ägypter am Streitwagen als der entscheidenden Kriegswaffe fest. Es sprechen manche Anzeichen dafür, daß auch weiterhin die Nachkommen der Hyksos die ägyptische Streitwagenwaffe befehlen. Als Churri überrannten die »Streitwagenleute« das alte Babylon; sie gründen das Reich der Mitanni in Syrien. Als Hethiter zerschlagen sie das Reich der Hatti in Kleinasien. Sie erscheinen in Griechenland und gründen Mykene, das bis etwa 1200 v. Chr. Sitz von Streitwagenleuten bleibt. Als Arier dringen Streitwagenleute von Nordwesten kommend in das Industal, wo sie – wahrscheinlich – die uralten Städte in Flammen aufgehen lassen. Auch sind es Streitwagenleute, die im Hoang-Ho- und im Wei-Tal das chinesische Reich der Shang gründen, von denen Gräber davon zeugen, daß sie den Streitwagen als Waffe führten. Und schließlich lassen Steinzeichnungen in der Wüste Sahara und am Niger erkennen, daß Streitwagenleute bis tief nach Schwarzafrika, vielleicht sogar bis zum Atlantik vorgestoßen sind. Damit eröffnet sich ein Bild weitgespannter Geschichts- und Kulturzusammenhänge!

Die Ausgrabungen in Ras Shamra, dem alten Ugarit, an der nordsyrischen Küste, brachten Täfelchen zutage, die ebenfalls eine Kultur der Streitwagenleute aufdeckten – etwa aus dem 12. vorchristlichen Jahrhundert. Die Texte weisen auf die Dichtung Homers vom Kampf um Troja hin – der auf Streitwagen ausgefochten wurde –, aber auch auf die Bibel. Palästina lag ja auf dem Weg der Streitwagenleute aus Kleinasien über Syrien nach Ägypten. In der Bibel finden sich Hinweise genug auf die Hethiter mit ihren Streitwagen. Vielleicht galt ihr Name in späterer Zeit in diesem Gebiet überhaupt als Bezeichnung für Streitwagenleute.

Die Streitwagenleute scheinen als blutsfremde Kriegerkaste über eine breite Unterschicht geherrscht zu haben, in der sie schließlich aufgingen, so daß wohl nur in Indien ihre alte Sprache – das Sanskrit – erhalten geblieben ist. Lassen sich womöglich bestimmte soziale Erscheinungen auf diese Streitwagenleute zurückführen? Vielleicht hat erst diese kämpferische Kriegerkaste der Alten Welt den Grundgedanken der feudalen Aristokratie, des Feudalismus überhaupt gebracht.

Bäuerliche Kulturen kennen in der Regel keinen Adel. Noch bei den Germanen zur Zeit des Tacitus waren alle Freien gleich. Die

Sumerer und die Ägypter kannten zwar den Priesterstand, sie hatten Könige und Beamte, aber von einem Adel der Krieger hören wir nichts. Auch den Nomaden waren adlige Krieger als Stand mit sozialen Rechten und Aufgaben unbekannt. Als der Stammvater Abraham von Ur wegzog, war er wohl Stammeshäuptling, aber um ihn herum gab es keinen Adel.

Seitdem jedoch Streitwagenleute auftauchen – und überall da, wo sie geherrscht haben –, hören wir von einem Adel; seitdem finden wir soziale Zustände, die in gewisser Weise denen des feudalen Mittelalters entsprechen. Am deutlichsten ausgeprägt ist diese soziale Gliederung bei den Ariern in Nordwestindien erkennbar, wo die Eroberer auch ihre Sprache erhalten haben. Die Kschatriya waren als »Kaste« ein Stand und zugleich ein Beruf; sie waren Krieger.

Nirgends formt sich ein Adel von unten her, durch sozialen Aufstieg, etwa durch Reichtum. Bei den Chinesen war auch späterhin der Kaufmann – und mochte er noch so reich sein – verachtet; er blieb ein Bürger zweiter Klasse neben dem Adel, den Beamten und den Schriftgelehrten. Bei den Franken bestanden die freien Krieger noch darauf, dem Könige zwar unterstellt, aber nicht untergeordnet zu sein. Sie pochten, etwa bei der Verteilung der Kriegsbeute, auf ihr Recht. Der feudale Adlige betrachtet nicht seinen Besitz als die Grundlage seiner sozialen Stellung, sondern eben seine Zugehörigkeit zum Adel, also seine Abstammung von einem »edlen« Hause. Wegen dieser Abstammung erhält er das Lehnsgut zugewiesen. Die Bauern müssen ihm fronen, angeblich, weil er sie beschützt, richtiger, weil er aufgrund seiner Abstammung der »Herr« ist.

Später entscheidet das Lehnsgut über die soziale Stellung. Da wird der Inhaber des Lehnsgutes zum »Adligen«. Der Lehnsherr, der König oder Kaiser, überträgt einem Mann – bevorzugt einem »Adligen« – das Lehnsgut und die damit verbundenen Rechte wie Pflichten. Dazu gehört vor allem das Aufgebot bewaffneter Scharen. Mit der Zeit bestimmt der Besitz allein den Stand. Nunmehr versucht der Adlige, sein Gut als Eigentum zu behandeln und es seinem Erben zu hinterlassen, was dem eigentlichen Sinn widerspricht. Die Pflichten, vor allem als Krieger, werden vernachlässigt. Der Stand beruht nunmehr auf dem Besitz von Grund und Boden. Dann erwerben auch Nichtadlige »Rittergüter«, hohe Beamte oder reiche Kaufleute. Die Fugger mußten sich noch ihren neuen Adel vom Kaiser bestätigen lassen. Sie wurden »geadelt«. Im 19. Jahrhundert jedoch genügte bereits der Besitz eines Rittergutes, um dem Inhaber seinen sozialen »Stand« zuzuweisen. Die Grundherrschaft ist nun mit erblichen Vorrechten verbunden. Dazu gehört die Abhängigkeit der »schollengebundenen« Bauern, im Zarenreich bis in die zweite Hälfte des 19. Jahrhunderts hinein deren Leibeigenschaft.

Eine geschichtliche Betrachtung wird versuchen, die geschichtlichen Voraussetzungen, den Ausgangspunkt und die treibende Kraft bloßzulegen. Der Feudalherr ist am Anfang der Entwicklung in erster Linie Krieger und nicht Grundbesitzer. Im alten Rom gab es zweifellos viele Großgrundbesitzer, die Herren der Latifundien und später der »Villen« waren. Feudalherren waren sie nicht. Sie nannten sich zwar »Equites«, weil ihre Klasse einmal beritten in den Krieg ausziehen sollte, aber die Übersetzung »Ritter« gibt ein falsches Bild. Es waren »Kavaliere«, reiche Bürger. Kriegführen lag ihnen wenig. Sie blieben zu Haus und machten Geschäfte und sicher keine schlechten!

Es gehört zu den erregendsten Aufgaben der Geschichte, zu verfolgen, wie sich Räume bilden, wie sie wachsen und wie sie wirken, das heißt, wie sie Bewohner formen, Kulturen hervorbringen und schließlich in Nachbarräume hineinstrahlen.

Die Streitwagenleute haben vorwiegend in den Flußtälern des Hoang Ho und des Wei gesessen. Dort haben sie die Bronzetechnik eingeführt, dorthin die Stadtkultur, die Schrift und den Staatsgedanken gebracht. Hier im Norden lag das Zentrum des alten »China«. In raschem Siegeszug gewannen die »Hanvölker« die Landstriche der umherschweifenden Reiterbarbaren, die Mandschurei, Korea, Zentralasien. Aber sie drangen auch nach Süden vor, in das Tal des Yantsekiang, zum Perlfluß, in die Berge Hinterindiens und nach Vietnam. Kaufleute zogen über die Seidenstraßen weit nach Westen. Die schwerfälligen Dschunken segelten nach Indonesien, ja bis Indien. Mit der Zeit formte die chinesische Kultur einen einzigen großen Raum, der durch die gemeinsame Schrift gekennzeichnet war. Schrift und Sprache brauchen sich nicht zu decken.

Dieser Raum war keineswegs abgeschlossen. Am schwierigsten war der Landweg zu überwinden. Was die Chinesen vom fernen

Westen wirklich wußten, war wenig genug. Aber die Südvölker, wie sie sie nannten, übten mit ihren Waren, ihren Gewändern und ihren Gebräuchen zeitweise doch einen nachhaltigen Einfluß aus, wie man an den Kunstwerken bis zur Tangzeit sehen kann.

Im 1. nachchristlichen Jahrtausend dehnte sich der »chinesische Raum« über Korea nach Japan aus. Wieder stellt die Schrift und das hinter ihr stehende hochentwickelte begriffliche Denken das verbindende Glied der sonst auf so verschiedenen Grundlagen beruhenden Kulturen wie China und Japan dar. Wie weit reichte der »chinesische Raum«? Dürfen wir ihn vielleicht als einen Sonderteil eines noch größeren, umfassenderen Raumes, etwa des Pazifik, ansehen?

Die alt-amerikanischen Kulturen stellen uns manche noch ungelöste Frage. Gab es bereits in den vorchristlichen Jahrtausenden eine Verbindung von der asiatischen zur amerikanischen Küste? Man ist heute der Auffassung, daß die Indianer in mehreren Schüben aus Asien über die Beringstraße in das völlig unbesiedelte Amerika gezogen sind, beginnend wohl bereits 25000 v. Chr. bis um das Jahr 8000 v. Chr. Schließt das jedoch Verbindungen in späterer Zeit längs der Küste oder gar quer über den Pazifik hinweg aus? Die großartigen Seefahrten der Polynesier, von denen wir aus der mündlichen Überlieferung etwas mehr wissen, haben sich erst im 2. nachchristlichen Jahrtausend vollzogen. Bei der Betrachtung eines umfassenden pazifischen Raumes lassen sich aber Gemeinsamkeiten erkennen, die ohne unmittelbare Verbindung kaum oder gar nicht erklärt werden können.

Warum erinnern Tonwaren und Kunstwerke der amerikanischen Pazifikküste so eindrücklich an jene der chinesischen Shang- und Chou-Dynastie und an die japanische Jomonkultur, die zweifellos älter sind als die alt-amerikanischen? Noch einprägsamer sind die Ähnlichkeiten zwischen den Kunstwerken Südostasiens, also Indonesiens, Hinterindiens, und denen Alt-Amerikas. Es erhebt sich die Frage, ob zu diesem »pazifischen Raum« nicht zeitweise auch der des Indischen Ozeans dazugehört. Reichen die Einflüsse nicht – wie bei den Naturpflanzen – bis Ostafrika? Ähneln sich körperliche Merkmale und Sprachreste der Bevölkerung nicht von den Malaien bis Madagaskar? Gibt es hier Zusammenhänge? Welcher Art sind sie? Oder soll diese Frage keine Aufgabe der Geschichte sein?

Es kann auch sein, daß eine technische Erfindung, manchmal sogar eine zunächst recht unbedeutend erscheinende, einem »Raum« ein neues Gesicht verleiht, ja ihn erst zu einem umfassenden Raum macht. Irgendwo in Zentralasien ist um 1000 v. Chr. die Trense erfunden worden. Bis dahin konnte man auf dem Pferd nicht reiten. Die alten Bilder von Streitwagen zeigen Zügel, die an Riemen um die Pferdeschnauze herum befestigt sind. Mit solchen Zügeln ließen sich hochwertige Pferde nicht reiten, so daß es vor dem letzten Jahrtausend nirgends Reiter gab. Auch die homerischen Helden sind wohl auf ihren Streitwagen gefahren, jedoch niemals geritten. Erst mit den zweigliedrigen, gelenkigen Trensen wurde das Pferd zum Reittier. Jetzt erst tauchen jene Völker auf, die auf ihren flinken Pferden über die Steppe reiten und Weltgeschichte machen. Kimmerier, Skythen, Sarmaten und Alanen – bis hin zu Hunnen und Mongolen, sie alle haben auf dem Rücken der Pferde und dank der Trense ihre großen Reiche erobert.

Mit dem Steigbügel, der vielleicht von den Sarmaten stammt, erhalten die Reiter zudem noch die Möglichkeit, beide Hände freizubekommen, um beim Reiten den Pfeil gezielt abzuschießen. Wenn der Gegner standhält, können sie die Pferde rasch zum Stehen bringen oder mit einer jähen Wendung die Flucht ergreifen. Aber auch als die politischen Gebilde zerbrachen, blieb die Steppe vom Altai bis zur Donau, vom nordeurasischen Waldgürtel bis Kaukasus und Hindukusch kulturell ein nahezu einheitlicher Raum. Auch wenn neue Völker in die Steppe eindrangen, haben sie die Einheit des Raumes nicht gesprengt. Mit dem Reitpferd gelangten die Bewohner der nördlich angrenzenden Wald- und Berggebiete in die eurasische Steppe, wo sie zu Hirtenvölkern und gefährlichen Kriegerscharen werden.

Bis zur Erfindung der Trense dürfte die asiatische Steppe bis weit in die heutige Mongolei hinein von Menschen indoeuropäischer Zunge, wohl auch von europidem Körperbau, besiedelt gewesen sein. Die ersten Hiungnu, von denen die Chinesen sprechen, dürften immer noch vorwiegend Indoeuropäer, also Verwandte der Skythen gewesen sein; sie wurden Yue Tschi, Tocharer, Saken. Aber nun sickern aus dem Ob-Becken ugro-finnisch sprechende Völker in die Steppe, wie sie im Waldgürtel noch heute sitzen.

Aus dem Jenissei-Becken und von der Angara rücken Turkvölker südwärts. Noch in unserem Jahrtausend träumen die Kirgisen in ihren Liedern von den sagenumwobenen Waldbergen ihrer Heimat. Diese Turkvölker treten als Reiter in die Geschichte ein, obwohl sie aus dem Wald kommen, wo sie unberitten waren. Sie haben die Indoeuropäer aus jenem Gebiet »verdrängt«, richtiger durchsetzt und gewandelt, das später einfach »Turkestan«, Russisch wie Chinesisch Turkestan hieß. Sie haben zeitweise die politische Herrschaft in der heutigen Mongolei ausgeübt, sie haben aber auch die chinesische Geschichte nachhaltig bestimmt.

Aus dem Stromgebiet von Lena und Amur kamen die Tungusen und die »Mongolen«, wie diese Völker später nach dem führenden Stamme genannt wurden, in die Steppe. Sie haben das Reich der Türken in der Mongolei um die Mitte des 8. nachchristlichen Jahrhunderts zerschlagen und die große Bewegung ausgelöst, die zur Herrschaft der flüchtenden »Türken« oder Seldschuken in der arabischen Welt, in Kleinasien und später – mit den Osmanen – bis tief ins Donaubecken hinein führte. Gewaltiger noch war das Ausgreifen der »Mongolen« unter Dschinghis Khan und seinen Erben und später unter Tamerlan, bis tief nach Europa, nach Mesopotamien, aber auch nach Indien und Hinterindien und vor allem über das chinesische Reich hinweg. Nur der Vorstoß gegen Japan scheiterte. Erst die Mongolen haben den Raum durchstroßen, der bis dahin das Abendland von der chinesischen Kultur trennte. Nun gelangten die chinesischen Erfindungen nach dem Westen: das Schießpulver, der Kompaß, das Papier, die Druckkunst und später – mit der Alchemie – auch das Porzellan. Nur undeutlich hatten die Araber die Kenntnis von diesen Fortschritten nach Westen gebracht.

Zusammenhänge, wie sie die Geschichte in vielfältiger Weise zeigt, werden unerwartet sichtbar. Dank der Trense konnte man reiten, was wiederum zu einer Umbildung der Steppe führte: Sie wurde der Lebensraum der Reiternomaden. Das wiederum hatte zur Folge, daß Menschen aus dem nördlichen Waldgürtel in die Steppe dringen und Geschichte machen. Anders ausgedrückt, »Räume« beeinflussen einander, überlagern und überlappen sich und verwandeln sich schließlich. Alle diese Wechselwirkungen gehören zusammen – weil es historische Zusammenhänge sind.

Nordafrika bietet ein weiteres Beispiel großer Zusammenhänge. Als die Araber mit recht kleinen Reiterscharen im 7. Jahrhundert Nordafrika eroberten, reichte ihr Einfluß nicht sehr tief.

Das änderte sich auch nicht wesentlich nach der Eroberung Spaniens (711). Als um die Mitte des 8. Jahrhunderts die politische Verbindung zwischen Spanien und dem Kalifen in Bagdad abriß, hörte auch jeder größere Verkehr auf. Es läßt sich ausrechnen, wie wenig »Araber« bis in den westlichen Mittelmeerraum gezogen sein können. In Nordafrika lebten Araber wohl fast ausschließlich im Heer und in den Städten. Das flache Land und die Berggebiete blieben berberisch. Die »maurische« Herrschaft in Spanien stützte sich auf Berber, Goten und auf die slawischen Söldner und Sklaven.

Es hat Jahrhunderte gedauert, bis Nordwestafrika wirklich arabisch und islamisch wurde. Erst im 11. Jahrhundert haben die Kamelnomaden mit ihren riesigen Schaf- und Ziegenherden den Wald auf den Bergen verwüstet und damit die Ackerbauer bis an die Küste zurückgedrängt. Die arabischen Beduinen haben auch die berberischen Hirtenvölker südwärts vor sich hergetrieben.

Damit wühlten sie eine Bewegung im alten Reiche Ghana zwischen Senegal und Niger auf. Dort verkündete ein Fanatiker Ibn Yasin eine strengere Lehre des Islam. Da er ein befestigtes Kloster, ein Ribat, auf einer Insel im Senegal gegründet hatte, wurde seine Lehre die des Ribat, daher »Al-Muribat« genannt. Unter dem Kampfesbanner der Almoraviden – wie die Spanier sie nannten – wurde zuerst Marokko, dann Spanien erobert und dort der nachlassende Glaubenseifer zu wilder Glut angefacht. Islam und Christentum, die sich in allgemeiner Toleranz zusammengefunden hatten, wurden nun – im Sinne des Glaubenskampfes – fanatisiert, wozu auf christlicher Seite die Benediktinermönche aus Cluny weidlich beitrugen. Damals, und erst damals, wurde jene spanische Unduldsamkeit geboren, die wiederum in der Gegenreformation ganz Westeuropa formen sollte.

Es muß jedoch erwähnt werden, daß mit der Arabisierung Nordafrikas zugleich ein beachtlicher Aufschwung einsetzte, der zu großen kulturellen Leistungen, aber auch zu militärischen Eroberungen in Sizilien wie über die Sahara hinweg führte. Die Araber haben im 13. Jahrhundert die bedeutenden und blühenden Negerstaaten am Niger, Ghana und später Mali sowie andere erobert und dann – unter islamischer Führung – neu aufgebaut.

Die Zusammenhänge öffnen den Blick für die weitverzweigten, unendlich verästelten Wurzeln der Menschheit über den Erdball hinweg. Man gewinnt die befreiende Einsicht, welche Einflüsse von weit her auch die eigene Entwicklung bestimmt haben. Da sind Blutströme eingeflossen – wer weiß woher; da zeigen sich seelische Eigenschaften, die immer wieder durchbrechen; da werden auch geistige Entwicklungen sichtbar, die allzu gern und allzu einfach auf einzelne Personen zurückgeführt werden. Erst wenn man Vorgänge in weiter Ferne miteinander vergleicht, wenn man zeitliche Abfolgen feststellt und Zusammenhänge aufdeckt, verliert die Geschichte vieles an ihrer scheinbaren Zufälligkeit. Sie rundet sich zu einem geschlossenen, die ganze Erde umfassenden Weltbild.

Darin unterscheidet sich ja der geschichtliche »Raum« vom geographischen: Er ist nicht starr an die Gegebenheiten der Natur gebunden, sondern »dynamisch«; er ist erfüllt von Leben. Der geschichtliche Raum dehnt sich aus, um weit über seine Grenzen hinauszugreifen – er kann aber auch eingeengt und zusammengepreßt werden, er kann in anderen aufgehen oder gar ganz verschlungen werden. Am geschichtlichen Raum wirken viele Faktoren mit. Geschichtliche Räume werden von Menschen gestaltet. Von den Staaten und den großen Reichen wissen wir das. Auch die Politik kann Räume ausweiten, etwa eine kluge, weitschauende Heiratspolitik. Die Habsburger sind über die Erbfolge zu Herren von Ungarn, Böhmen, Spanien und damit von weiten Teilen Amerikas aufgestiegen. Der Handel hat Räume geformt, meist friedlich; er hat sich aber auch der Waffen bedient, um lästige Wettbewerber auszuschalten. Immer wieder haben Kaufleute ihr Monopol gegen eindringende Wettbewerber mit Gewalt verteidigt. Sie betrachteten ihr Handelsreich als »ihren« Raum.

Geschichtliche Räume werden durch Menschen geformt; sie sind es, die Grenzen abstecken und Vorrechte verteidigen, die Güter bringen und Güter holen, die die Räume kulturell durchdringen und sie geistig formen. Innerhalb der Räume wandern aber auch Menschen. Sie füllen den Raum, sie prägen ihm selbst dann ihren Stempel auf, wenn sie nicht seine Geschicke leiten. Sie durchdringen den Raum gewissermaßen von unten. Dabei spielen sich geschichtliche Prozesse ab, die nur schwer zu verfolgen sind und deswegen lange Zeit unbeachtet bleiben, deren Auswirkungen sich jedoch später um so deutlicher zeigen.

Wir sind gewohnt, Räume von der Herrschaftsschicht aus zu betrachten. Die Macht und der Staat bestimmen den Raum, meint man. Sobald man es unternimmt, in den Erlebnissen zugleich das

Spiegelbild der dahinterstehenden Verhältnisse darzustellen, wird man stärker als bisher nach den großen Spannungen suchen, die sich in den Räumen bilden. Die Geschichte stellt sich dann als ein dauernder Prozeß von solchen Spannungen dar, auf politischem wie auf sozialem, wie auf wirtschaftlichem, aber auch auf geistigem Gebiet. Biologisch werden die Spannungen schon durch Geburt, Wachsen und Tod bedingt. Völker entstehen, Völker sinken ab – ähnlich wie Fürstengeschlechter.

Als Schutz gegen dieses dauernde Absinken und Vergehen, bedingt durch den natürlichen Tod, der den Einzelnen jeweils auslöscht, versuchen die Menschen, Einrichtungen zu schaffen, die Bestand haben. Diese »Institutionen« sind von den Einzelwesen losgelöst. Es sind Gebilde, die bewußt vom Geist geschaffen wurden. Dazu gehört der Staat, der zwar den äußeren Rahmen für die Nation abgibt, aber erhalten bleibt, wenn die Menschen wechseln, ja wenn sie ihre Sprache, ihre Sitten und Gebräuche ändern. Der Staat als Institution überlebt sogar die wechselnden Staatsformen. Auf die Monarchie kann die Republik, auf die Demokratie die Diktatur folgen. Der Staat bleibt. Seine Verfassung kann aus der Vergangenheit noch starr in die Gegenwart hineinragen, auch wenn sich innerhalb des Staates und des von ihm bestimmten Raumes, in seinem Recht und in seinen Vollmachten, vieles, ja nahezu alles umgewandelt hat.

Die Spannungen, die sich aus dem Gegensatz zwischen dem Gesetz, nach dem der Staat einmal angetreten ist, und der späteren Entwicklung ergeben, lassen sich durch Reformen lösen. Sie sollen zwei Forderungen vereinbaren: die vorangegangenen Errungenschaften erhalten, wie sie sich im Laufe der Zeit durch Institutionalisierung herausgebildet haben. Allerdings sollen die gesetzten Normen jeweils der Zeit und dem unaufhaltsamen Wandel der einmal gegebenen Zustände angeglichen werden. Die Normen müssen stets weiterentwickelt werden. Reformen entspringen aus Spannungen, unternehmen es aber zugleich, diese Spannungen auf einer höheren Stufe aufzulösen. Sie schaffen Gegensätze ebenso, wie sie solche zu lösen suchen. Sie sind jedesmal eine Auseinandersetzung mit etwas Gewordenem, starr Gewordenem. Jede Institutionalisierung führt dazu, daß aus Wohltat – der Ordnung – eine Plage wird. Aber wann tritt der Umschwung sichtbar hervor? Wann verliert die Institution ihre Kraft, durch Beharrung dem unaufhaltsamen Wechsel eine einigermaßen erträgliche Beständigkeit aufzuprägen? Wann zeigt es sich, daß eine Institution nicht mehr lebensfähig ist, weil sie sich nicht mehr durch Reformen weiterzubilden vermag?

Die Beschäftigung mit der Vergangenheit ist vielschichtig. Das beginnt mit den Mythen, die ausgelegt und gedeutet werden. Da sollen die Wurzeln des Rechts freigelegt werden. Nicht die Vergangenheit, sondern die Zukunft soll jedoch die Gegenwart bestimmen.

Der »Naturmensch« hat sich den Gegebenheiten seiner Umwelt so stark angepaßt, daß er kaum versteht, was sich überhaupt ändern ließe. Demgegenüber will der »Tatmensch« alles bessern. Vielleicht erklärt sich aus diesen Spannungen die Wellenbewegung in der Geschichte. Es kennzeichnet die Spannung, daß sich zwei Kräfte gegenüberstehen, häufig zwar gleichwertige, aber nicht zu allen Zeiten gleich starke. Sie wechseln. Einmal überwiegt die eine, ein andermal die andere. Einmal geht die Bewegung scharf nach oben, in einem atemberaubenden Tempo, ein andermal vergehen Jahrhunderte, in denen alle Bewegung ausgelöscht scheint. Alles scheint stillzustehen.

Es hat verschiedene Erklärungen für diese Wellenbewegungen gegeben. Spengler suchte sie im »Altern« der »Kulturseele«. Er wandte das Gesetz der Biologie auf die Geschichte an. Der Konjunkturwissenschaftler Wagemann sah sie im Rhythmus der »Zyklen«, die aufeinanderfolgen, so daß auf Zeiten des Fortschritts, in der Wirtschaft auf die »Konjunktur«, zwangsläufig Zeiten der Erschlaffung, in der Wirtschaft der »Krisen«, folgen müssen, so wie auf Ebbe die Flut und auf Flut die Ebbe folgt. Aber da kennen wir die Ursache.

Liegt der tiefere Grund für geschichtliche Spannungen im Biologischen? Oder liegt es im Wesen des menschlichen Geistes, den Fortschritt gegen das Grundgesetz des Alterns in der Biologie immer wieder zu erzwingen, unabhängig davon, welche Folgen ein solcher, manchmal recht zweifelhafter Fortschritt zeitigen muß? Er schafft neue Machtverhältnisse – nötigenfalls mit Gewalt.

Einen anderen Weg geht der Geist, wenn er versucht, von sich aus neue, richtungweisende Einsichten zu gewinnen, die helfen, Spannungen zu überwinden. Aber auch da werden zugleich neue Spannungen geschaffen.

Erlebnisse und Ergebnisse

Mehr als hundert Jahre, nachdem der Genuese Kolumbus im spanischen Auftrag die Neue Welt entdeckt und nachdem ein anderer Genuese, Giovanni Caboto, im Auftrag des englischen Königs Nordamerika besucht hatte, lag die Küste von der Halbinsel Florida nach Norden noch unbeachtet und verlassen da. Die beiden großen Kolonialmächte des 16. Jahrhunderts, Spanien und Portugal, waren sich nicht einig, wem von beiden dieses Land gehören sollte, da die im Vertrag von Tordesillas bestimmte Grenze unter den damaligen Umständen nicht festzulegen war. Erst als der Stuartkönig Jakob I. im Frieden mit Spanien endgültig auf die Küste des Nordens verzichtete, änderte sich die Lage. Das war 1606.

Nun fuhr Schiff auf Schiff von England in die Neue Welt; jedes brachte Menschen dorthin, Menschen aus allen Gesellschaftsschichten. Stolze Abenteurer und mutige Unternehmer, freie Menschen, die aus Gewissensnot die Heimat verließen, um mühselig im Urwald ein neues, aber unbelastetes Leben zu beginnen, begnadigte Sträflinge oder Unglückliche, die aus dem Schuldturm kamen. Und schließlich schafften Schiffe aus Afrika die schwarzen Negersklaven heran. Die Ankunft eines solchen Schiffes bedeutete gewiß keinen dramatischen Augenblick in der nordamerikanischen Geschichte. Aber die Zahl der Schiffe und vor allem die Menschen, die ihnen entstiegen, haben Geschichte gemacht. Jedes Schiff hat das Schicksal der heutigen Vereinigten Staaten mitgeformt.

Anfangs klammerten sich die Einwanderer an die Küste, dann wagten sie sich zögernd in den scheinbar unendlichen Wald; erst um die Mitte des 18. Jahrhunderts überschritten sie den Bergrükken der Appalatschen. Und dann zogen sie immer weiter gen Westen, durch die unendlichen Prärien, über die hohen Felsengebirge bis zum Pazifik – wieder in einer Kette zahlloser Entscheidungen, die sich im einzelnen nur schwer verfolgen lassen. Aber diese Einwanderer waren es, die Amerika geschaffen haben.

Geschehen im Sinne der üblichen »Geschichte« ist dabei so wenig, daß man es kaum erwähnen kann. Sichtbar wird der ganze Umfang dessen, was in den drei Jahrhunderten von 1600 ab vor sich ging, erst im Ergebnis. Erst die Summe der kleinen, unbeachteten, scheinbar unbedeutenden Vorgänge und Schicksale hat das Land, hat das Volk, hat Wirtschaft und Staat verändert, und zwar insgesamt so tiefgreifend und so gewaltig, daß es folgeträchtig für die ganze Welt wurde. Ist die Besiedlung Nordamerikas ein einmaliges Ereignis in der Geschichte? Oder wird hierbei nur deutlich, daß auch anderswo, zu anderen Zeiten, Geschichte in hohem Maße von solchen Entwicklungen getragen wurde, die lange Zeit unbeachtet geblieben sind?

Seit Beginn unseres Jahrhunderts nimmt die Bevölkerung der Erde in erstaunlichem Umfang zu. Es werden im Jahr sehr viel mehr Menschen geboren als vordem, während zugleich die Zahl der Todesfälle daneben zurückbleibt. Der Geburtenüberschuß wächst auf der ganzen Erde, aber er wächst in den verschiedenen Ländern nicht gleichmäßig. Man hat versucht, das Anschwellen der Geburten und das Nachlassen der Sterblichkeit auf einige wenige Gründe zurückzuführen. Eine genaue Untersuchung ergibt jedoch, daß alle diese einfachen und durchsichtigen Theorien unrichtig, mindestens aber unzureichend sind.

Die moderne Medizin hat zweifellos mitgeholfen, die Sterblichkeit, insbesondere im frühesten Kindesalter, derart zurückgehen zu lassen, daß sich allein daraus das Anschwellen der Geburtenüberschüsse erklärt. Das leuchtet ein, nur reicht diese Erklärung nicht aus. Der Geburtenüberschuß nimmt nämlich in jenen Ländern, in denen die Medizin am besten entwickelt ist, am wenigsten zu, und umgekehrt gerade in den Gebieten, in denen die hygienischen Verhältnisse am meisten zu wünschen übrig lassen, wächst er in auffallendem Ausmaß an. In den »Entwicklungsländern«, die vom medizinischen Fortschritt am wenigsten berührt sind, kann man von einer »Bevölkerungsexplosion« sprechen. Natürlich hat die moderne Medizin überall dazu geführt, daß Seuchen und Krankheiten abnehmen. Aber sie allein erklärt noch nicht die Bevölkerungsexplosion in unserer Zeit.

Eine andere Theorie geht von wirtschaftlichen Überlegungen aus. Im 18. Jahrhundert zeigt sich Hand in Hand mit der industriellen Revolution ein beachtliches Anschwellen der britischen und bald darauf auch der westeuropäischen Bevölkerung, vor allem in

Deutschland und dann in Italien. Aus diesem einmaligen geschichtlichen Vorgang ist der Schluß gezogen worden, daß die Bevölkerungsentwicklung eng mit der »Industrialisierung« zusammenhängt, so daß man das wechselseitige Verhältnis sogar in mathematische Formeln gießen könne. Nimmt die Bevölkerung tatsächlich zu, wenn ein Land von einer vorwiegend agrarischen Wirtschaftsform zu einer industriellen übergeht? Nach dieser Theorie schwillt die Menschenzahl mit der Industrialisierung an, erreicht einen Höhepunkt, führt dann dazu, daß die Geburtenzahl nachläßt, während die Sterblichkeit einfach deswegen abnehmen muß, weil die Menschen länger leben. Das klassische Beispiel dieser Entwicklung stellen Großbritannien vom 18. Jahrhundert, Deutschland vom 19. Jahrhundert an dar. Vermehren sich wirklich die Menschen parallel zur Industrialisierung?

Auch früher hat es eigenartige Bevölkerungszunahmen gegeben, ohne jede Industrialisierung. Im China der Mandschukaiser zwischen 1650 und 1800 hat sich die Bevölkerung mehr als verdoppelt. Sie wuchs auf rund 300 Millionen Köpfe an. Von einer Industrialisierung war nichts zu sehen; auch die Medizin hat damals keinerlei besondere Fortschritte gemacht. Wie ist eine solche Bevölkerungszunahme zu erklären?

Als Frankreich im Frieden von Paris (1763) gezwungen wurde, Kanada an England abzutreten, lebten in diesem unendlich weiten Gebiet nur 200000 Franzosen. Jede Einwanderung aus Frankreich hörte von da ab eigentlich auf. Dennoch vervielfachte sich die Zahl der französisch sprechenden Kanadier in den folgenden 50 Jahren. Das hatte nichts mit Industrie, nichts mit Medizin, nichts mit völkischer Kraft der Franzosen zu tun! Im Mutterlande hörte der Bevölkerungszuwachs nahezu auf.

Im 19. Jahrhundert haben sich die deutschen Kolonisten im brasilianischen Staate Espiritu Santo unter ungewöhnlich ungünstigen wirtschaftlichen, sozialen und geographischen Bedingungen ebenfalls sehr stark vermehrt. Auch heute läßt sich das Anwachsen der Bevölkerung in Indien, Brasilien oder Algerien weder auf besondere medizinische oder hygienische Verhältnisse – verglichen mit anderen Ländern – noch gar auf die »Industrialisation« zurückführen. Es sind geschichtliche Vorgänge, die recht verschiedene Wurzeln besitzen. Ihnen müßte man im einzelnen nachgehen. Dann wird sich wohl zeigen, wie weitgespannt, wie vielschichtig und wie verästelt doch die »Ursachen« für geschichtliche Entwicklungen sind.

Die soziale wie die technische und wirtschaftliche Lage wandelt sich ständig. Doch ändern sich die politischen Verhältnisse meist nur zögernd. Als die Franzosen 1830 in Algerien landeten und das Land in Besitz nahmen, konnten sie nicht ahnen, daß 130 Jahre später aus den drei Millionen Einwohnern, von denen nur die Bewohner der Küstenstädte zu zählen schienen, eine selbstbewußte Nation von 12 Millionen werden würde, die nun, nicht zuletzt aufgrund aller technischen Errungenschaften, die sie übernehmen konnten, eine angesehene und wichtige Rolle im Mittelmeerraum wie in Afrika spielen würde. Mit ihrem Freiheitskampf haben die Algerier ganz Afrika den Weg aus der Kolonialherrschaft zur Unabhängigkeit bereitet.

Das Anwachsen einer Bevölkerung ist kein dramatischer Vorgang. Es vollzieht sich in einem lang andauernden Ablauf von Einzelschicksalen. Deswegen wird es häufig zu gering eingeschätzt. Unerwartet sehen sich die staunenden Zeitgenossen einer völlig veränderten Lage gegenüber. Sie müssen ihr Verhalten darauf einstellen. Und sie bilden sich dann immer noch ein, daß sie es sind, die den Gang der Veränderungen bestimmen, obwohl diese ihre Möglichkeiten schon längst überrollt haben.

Mit den angewachsenen Menschenzahlen haben sich die Verhältnisse verändert; das Gefälle zwischen dem einen Gebiet und einem anderen hat sich ebenso verschoben wie zwischen der einen Schicht zur anderen. Die Politik muß sich dem anpassen, daß aus der Minderheit inzwischen vielleicht eine Mehrheit geworden ist oder daß ein Nachbarland inzwischen zu einem mächtigen Staat aufstieg. Wenn die Politiker jedoch weiterhin mit alten Maßstäben rechnen, weil sie die Veränderung nicht sehen oder ihre Bedeutung unterschätzen, müssen sich gefährliche Trugschlüsse ergeben. Im Jahre 1914 zählte das Zarenreich 140 Millionen Einwohner, davon allein 122 Millionen im europäischen Teil. Die Bevölkerung hatte sich also in den vorangegangenen 50 Jahren verdoppelt. Im Deutschen Reich hingegen lebten »nur« 66 Millionen, in der Habsburger Monarchie 52 Millionen, die noch in verschiedene Nationalitäten zerfielen. Das Schwergewicht in Europa hatte sich rein zahlenmäßig nach Osten verlagert. Politisch trat das noch nicht so hervor, weil die technisch-industrielle Entwicklung im

Osten stark zurückgeblieben war. Immerhin hatten die französischen Milliarden dazu beigetragen, ein im Verhältnis zu früher hervorragendes Eisenbahnnetz aufzubauen. Daher konnten die russischen Heere bereits in den ersten sechs Wochen des Krieges an der ostpreußischen Grenze aufmarschieren und die österreichisch-ungarischen Heere in Galizien vernichtend schlagen.

In den Vereinigten Staaten war die rasche Zunahme der Bevölkerung mit einer erstaunlichen technisch-industriellen Entwicklung Hand in Hand gegangen. Das Nordamerika vom Jahre 1917 ließ sich in keiner Weise mit dem Nordamerika von 1870 vergleichen. Aber wem war dieser Wandel bewußt geworden? Er hatte sich im Untergrund, ohne dramatische Aktionen, ohne Krieg und ohne »Erlebnisse« vollzogen. Es fehlten in Europa auch alle Maßstäbe, um die neue Lage richtig einzuschätzen! Gilt das gleiche nicht heute gegenüber Lateinamerika? Wer ist sich dessen bewußt, daß dieses riesige Gebiet am Ende des 20. Jahrhunderts wohl 700 Millionen Einwohner und vielleicht auch eine beträchtliche Industrie aufweisen wird? Paßt eine solche Aussicht in unser heutiges Weltbild hinein?

Die Geschichte Südamerikas wird von völlig anderen Kräften als denen in Europa getragen. Mit den alten Vorstellungen kommt man nicht aus: Kriege haben nur eine untergeordnete Rolle gespielt; Grenzen waren lange Zeit deswegen gleichgültig, weil sie weit entfernt in einem breiten Streifen Niemandslandes lagen. Es gab weder Nationen noch Sprachgrenzen, noch religiöse Gegensätze. Alle Republiken entsprangen dem spanischen und dem portugiesischen Kolonialreich, alle Menschen hatten die Sprache der Europäer übernommen, alle waren römisch-katholisch. Wenn wir von einer geschichtlichen Entwicklung seit dem 16. Jahrhundert sprechen – und daß es sie gegeben hat, steht außer Zweifel –, so hat sie sich weitgehend im Untergrund vollzogen. Die Befreiungskriege allein sind doch nicht »die Geschichte« Lateinamerikas. Ihnen gehen andere bedeutsame Wandlungen voraus.

Die Fahrten der Paulistaner Mamelukken die Flüsse abwärts und aufwärts, die die Grenzen Brasiliens bis zu den Anden vorgerückt haben, lassen sich noch als Erlebnisse begreifen. In Argentinien setzten britische Siedler Schafe aus; sie zertrampelten in der Pampa das Hartgras, das dem europäischen Rindvieh widerstrebte. Nun erst war der Boden geeignet, europäische Grassamen und Klee aufzunehmen. Jetzt eigneten sich die weiten baumlosen Flächen für die Zucht hochwertiger Rinder, für den Anbau von Weizen und Mais. Die Umwandlung war vollkommen.

Noch bis in die siebziger Jahre hinein dehnte sich die menschenlose Steppe fast bis vor die Tore von Buenos Aires. Über sie schweiften die freien Indianer aus Südchile, die Pehuenchen. Erst im letzten Drittel des 19. Jahrhunderts wurde es möglich, das Land dichter zu besiedeln, es durch Eisenbahnen zu erschließen. Die argentinische Pampa wurde eine der großen Weizenkammern der Erde; sie führte Fleisch in wachsendem Umfang nach Europa aus. Das »Ergebnis« spricht für sich. Sucht man die Ursachen und die Mittel, die zu tiefreichenden Wandlungen geführt haben, werden häufig unscheinbare Einflüsse erst ins rechte Licht gerückt. Die Besiedlung der argentinischen Pampa wie der nordamerikanischen Prärie wäre kaum möglich gewesen ohne den Stacheldraht. Dieser Erfindung ist es zu verdanken, daß weite Weiden abgegrenzt und das Vieh zusammengehalten werden konnten.

Technische Mittel, vor allem große Erfindungen, richtiger noch deren planmäßige Verwendung durch weitblickende Unternehmer, haben die Vereinigten Staaten erschlossen und zur Weltmacht aufsteigen lassen – und nicht Siege in den beiden Weltkriegen, die schließlich nur den Abschluß bedeuten, als die tatsächliche Machtstellung längst erklommen war. Was war für die Entwicklung nach dem Ersten Weltkrieg entscheidend? Die Teilnahme der amerikanischen Sachverständigen an den europäischen Verhandlungen, der Dawes- und Youngplan? Da haben amerikanische Namen »Geschichte« gemacht. Inzwischen hatten sich jedoch in Nordamerika selber tiefreichende Verschiebungen vollzogen, die mindestens genauso wichtig waren – vielleicht sogar noch wichtiger. Der Westen war in den großen wirtschaftlichen Aufschwung einbezogen worden. Als 1930 und 1932 riesige Staubstürme die Farmer des Mittelwestens von ihrem verwüsteten Land vertrieben, zogen sie nach Kalifornien, das damals erst zu einem der führenden Industriegebiete aufblühte. Während des Zweiten Weltkrieges und danach stieg – dank der Atomforschung und der Elektrotechnik – Kalifornien zum menschenreichsten und wohlhabendsten amerikanischen Bundesstaat auf.

Betrachten wir nach diesem Gesichtspunkt auch einmal die Geschichte der Alten Welt. Zur Zeit Napoleons war Rußland noch ein armes, rückständiges Land. Mit ungeheurer Tatkraft hatte Peter der Große seine Hauptstadt an der Ostsee begründet, über die der Handel mit dem Westen, vor allem mit England, lief. Die britische Marine bezog im 18. Jahrhundert ihre Schiffsausrüstung aus dem Zarenreich: Leinen für die Segel, Taue und Holz.

Dieser Handel warf genügend Gewinn ab, um dem Zarenreich seine Politik in Europa zu erlauben. Nur dank der dabei erzielten Einnahmen konnte das russische Heer modern ausgerüstet werden, so daß es in die Kriege gegen Schweden (Karl XII.), gegen Preußen (Siebenjähriger Krieg), gegen Napoleon und auch gegen die Türkei eingreifen konnte. Das Reich erstreckte sich seit Katharina II. bis zum Schwarzen Meer, dann tief in die eurasische Steppe hinein. In der Hauptsache jedoch stützten sich die Zaren auf ihre neugewonnenen Gebiete an der Ostsee. Sie erbten gewissermaßen die einstige Machtstellung Schwedens in Nordeuropa.

Gestützt auf diesen Rückhalt, konnten sie sich auf Unternehmen einlassen, die der europäische Betrachter lange Zeit in der ganzen Bedeutung kaum erfaßte. Da drangen die Kosaken weit nach Sibirien vor, das sie bereits im 17. Jahrhundert erobert hatten. Eine kleine Schar von noch nicht 2000 Mann unter Yermak besiegte 1581 den Tatarenkhan bei Tobolsk. 1628 erreichten die Russen die Lena, 1637 errichteten sie ein Fort, Yakutsk, und zwei Jahre später gelangten sie bis zum Ochotskischen Meer. Wieder zehn Jahre später besetzte Chabarow die Ufer des Amur. Weitere 80 Jahre später (1728) drang Bering im russischen Dienst bis zur amerikanischen Küste vor. Alaska wurde russisch.

Ein unendlich weites, wenn auch fast menschenleeres Gebiet wurde dem Zarenreiche eingegliedert. Rußland wurde auch eine asiatische Macht! Es geriet damit in Gegensatz zu Japan; im Krieg 1905 maßen sich am Stillen Ozean zwei Mächte, die noch kurze Zeit vorher einander überhaupt nicht kannten. Vom Westen kaum beachtet, hatte sich diese gewaltige Wandlung vollzogen. Sibirien zu erobern gelang den Russen, weil sie den Einheimischen waffentechnisch, vor allem mit ihren Gewehren, weit überlegen waren. Die Kosaken – die Steppenreiter – fuhren auf Kanus auf dem Wasser! Der Erschließung Sibiriens vergleichbar ist vielleicht die Brasiliens durch die Paulistaner, die auf Goldsuche das Amazonasbekken durchstreiften und unterwarfen.

Vielleicht noch folgenschwerer war eine andere Entwicklung in

Rußland, das Vordringen aus dem Waldgürtel nach Süden. Da zogen die russischen Bauern, die Muschiks, in die weite Steppe an Wolga, an Don und Dnjepr. Sie folgten den siegreichen Truppen Katharinas II. bis zum Schwarzen Meer und bis zum Kaspisee. Das Steppenland kommt unter den Pflug, es wird zur großen Weizenkammer Europas. Im 20. Jahrhundert wandelt sich das Donezbekken zum Industriegebiet. Das Waldgebiet im Norden durchsetzt sich mit Äckern und Feldern. Die Bevölkerung wächst in raschem Tempo an. Das »arme« Rußland wird eine europäische Großmacht, und zwar nicht nur dank der Tüchtigkeit der deutschsprechenden Oberschicht an den baltischen Gestaden, sondern fest begründet auf einer zahlenmäßig breiten Bevölkerung, deren ganzes Gewicht erst im 20. Jahrhundert ins Bewußtsein Westeuropas tritt. Die Umgestaltung Rußlands im 19. Jahrhundert vollzieht sich abseits der großen Ereignisse und für Westeuropa nahezu unbemerkt, nicht im Rahmen von »Erlebnissen«.

Diese lassen vielmehr eher auf einen Niedergang gegenüber der großartigen Stellung unter Alexander I. zu Beginn des 19. Jahrhunderts schließen. Da werden die Heere besiegt (Krimkrieg), da werden die Bauern unruhig. Da werden Minister und sogar ein Zar ermordet. 1905 hat das damals noch kleine, wenig beachtete Japan das Zarenreich auf den mandschurischen Schlachtfeldern besiegt. Äußerlich gesehen schien der Abstieg unaufhaltsam: Das Ansehen des Zaren war geschwächt, die Stellung des Adels weithin erschüttert. Auf diesem Stand schien Rußland überhaupt zu verharren.

Ganz anders sieht das Bild aus, wenn wir es nicht von außen, sondern von innen betrachten. Da stand Rußland anders da. An Zahl der Menschen war das Zarenreich zum größten Reich in Europa angeschwollen. Die Wirtschaft hatte sich verändert, seit die Menschen in die Steppe geströmt waren. Rußland führte Getreide aus. Mit dem Erlös der Ausfuhr wurden Eisenbahnen gebaut, Maschinen eingeführt und das Erdöl am Kaspisee erschlossen. Wissenschaftliche Erkenntnisse, aber auch das Vorbild westlicher Dichter und Denker, des französischen Romans und der deutschen Romantik, halfen mit, um Rußland auch im Innersten umzuformen. Namen wie Dostojewski und Tolstoi ragen da heraus. Manche Beamte wollten sich einer derartigen Entwicklung entgegenwerfen; Zare haben sie gefördert oder gebremst. Aber unwiderstehlich setzte sich die Wandlung durch. Das Zarenreich glich sich wirtschaftlich und geistig dem Westen an, einmal langsam hinterherhinkend, dann wieder mit raschen Schritten voraneilend. So steigt das russische Volk in seinen Dichtern zu einer führenden Stellung empor, vielfach unter schwersten seelischen und geistigen Erschütterungen.

Wie will man eine solche geschichtliche Wandlung fassen? Nach welchen Merkmalen darf man sich richten? Die materialistische Geschichtslehre möchte alles nach wirtschaftlichen Gesichtspunkten erklären. Danach wäre für die gesamte geschichtliche Entwicklung die Veränderung der Produktionsmittel entscheidend. Um leben zu können, müssen die Menschen genügend Nahrung finden. Deren Umfang hängt nun einmal – neben dem Grund und Boden – von den geeigneten Geräten und der Menge der Saaten, bei den gewerblichen Gütern von den industriellen Anlagen und den Maschinen ab.

Eine solche Überlegung erscheint zunächst zwingend; sie vergißt nur eines: zu untersuchen, wieweit der technische Fortschritt seinerseits das Ergebnis der Geschichte ist, also nicht nur von den materiellen, sondern auch von den geistigen Kräften eines Volkes abhängt. In der zweiten Hälfte des 18. Jahrhunderts stieg Schottland zu einem geistigen Mittelpunkt Europas auf, dieses kleine, dünn besiedelte, arme Schottland im Norden der britischen Insel. In Edinburgh sammelten sich die geistig führenden Leute, ein Philosoph wie David Hume, ein Nationalökonom wie Adam Smith, ein genialer Erfinder wie James Watt. Mit seiner Dampfmaschine hat James Watt das industrielle Zeitalter eingeleitet.

Karl Marx glaubte den Schlüssel für soziale Wandlungen einseitig in den Veränderungen der Produktionsweise zu sehen, deren letzte Ursache wieder in der Weiterentwicklung der Produktionsmittel liege. Dieser »Unterbau« der tatsächlichen wirtschaftlichen Verhältnisse bestimmt den »Oberbau«, jenes eigenartige Gebilde von Anschauungen, Lehren, Ansprüchen und Anmaßungen. Auf die Dauer können sich unhaltbar gewordene Machtverhältnisse nicht erhalten. Sie rufen den Aufstand, die Revolution, den Umbruch hervor.

Diese Betrachtungsweise hat vieles für sich. Sie führt vor allem von der Überschätzung der Erlebnisse, auch von der Überbetonung der Ideengeschichte weg. Sie wirft Fragen auf, die sich als fruchtbar erwiesen haben. Doch darf man nicht vergessen, daß auch die Produktionsmittel Ergebnisse einer umfassenden geschichtlichen Entwicklung sind. Auch bei ihnen haben Menschen, Erfinder, Unternehmer, Staatsmänner, Abenteurer und fleißige Arbeiter mitgewirkt. Politische, meist staatliche Eingriffe haben ihren Gang gefördert, beschleunigt oder gehemmt. Auch Technik und Wirtschaft haben eine »Geschichte«. Auch sie werden durch Erlebnisse geformt; auch sie schlagen sich aber als Ergebnisse nieder.

Zwischen »Geschichte« im Sinne von Erlebnissen und Technik besteht eine Wechselwirkung; das eine bedingt oder erzwingt das andere. Politische Geschichte ist also sowohl ein Ergebnis der Technik wie deren Folge. Es wird nicht immer festzustellen sein, was wahrhaft entscheidend war. Ursache und Wirkung lassen sich nicht säuberlich trennen. Die Gesellschaft bedingt über die Wissenschaft die Technik; die Technik formt ihrerseits die Gesellschaft über die neue Besitzordnung. Ein zündender Gedanke kann eine Entwicklung auslösen, die unabsehbare Auswirkungen zeitigt. Es bleibt aber die Frage, woher der Einfall stammt? Aus dem Kopf eines einzelnen? Oder aus einer geschlossenen Gemeinschaft? Läßt sich diese ihrerseits aus gesellschaftlichen Zusammenhängen erklären?

Von Schottland, diesem halb vergessenen armen Bergland im äußersten Norden, das in der europäischen Geschichte bisher kaum eine Rolle gespielt hatte, ging die industrielle Revolution des 18. Jahrhunderts aus, die unsere Erde gründlich verwandelt hat. Sie griff allerdings sehr bald auf Mittelengland über, ließ dort die Textilindustrie und die Schwerindustrie mit Eisen, Stahl und Kohle aufblühen. Die neue Industrie und der Handel machten England reich! Dank dieses Reichtums konnte England den Krieg gegen das an Menschenzahl und Wirtschaftskraft weit überlegene napoleonische Frankreich durchstehen. James Watt erfand die Dampfmaschine. Warum gerade ein Schotte?

Schottland war im 18. Jahrhundert zu einem Mittelpunkt geistiger Entwicklung in Europa geworden, von dem wichtige und nachhaltige Einflüsse ausgingen. Edinburgh war mit 80000 Einwohnern eine von Gewerbefleiß überbordende Stadt mit einer hochangesehenen Universität. 1723 hatte sich eine Gesellschaft »Zur Verbesserung des Wissens von der Landwirtschaft« gegründet. Eine Gesellschaft für das Gewerbe förderte das Spinnen und

Weben von Leinen. Seit 1727 gab es eine eigene Königliche Bank von Schottland. Der Tabakhandel mit Amerika machte Glasgow reich, 1759 wurden die Carron Eisenwerke begründet, 1779 wurde in Rothesay die erste Baumwollwarenfabrik eröffnet. Es gab in Edinburgh zudem ein reges geistiges Leben, an dem die berühmte Universität einen beachtlichen Anteil hatte.

Noch um die Mitte des 17. Jahrhunderts genossen die Schotten den Ruf, ein wildes Hochlandvolk zu sein, in Clans mittelalterlicher Prägung aufgespalten, die ihren eigenen König an seine Feinde verkauft hatten. Was hatte die Wendung herbeigeführt? Gewiß nicht das unglückliche Haus Stuart, das von Schottland aus wiederholt – vergeblich – versuchte, seinen Thronanspruch in England durchzusetzen. Lag es daran, daß die Bevölkerung von 1,1 Millionen auf 1,6 Millionen anwuchs? Am schnellsten wuchsen die Städte Edinburgh und Glasgow. Oder geht gerade die Vergrößerung der Städte auf ein neues geistiges Leben zurück? Im armen Hochland galten kriegerische Qualitäten; im Tiefland, richtiger in den Städten, galten geistige Gaben.

Die erstaunliche Wandlung der Welt durch die Technik ist mit einzelnen Namen verknüpft, an große Erfinder, einen Siemens, einen Edison, einen Marconi, an große Denker wie Lavoisier und Mathematiker wie Einstein, an Unternehmer wie Ford oder Nobel. Daß von ihnen die entscheidenden Anstöße ausgegangen sind, ist nicht zu bezweifeln. Doch die Bewegung, an der sie mitgearbeitet haben, die sie ihrerseits aber auch mitgetragen hat, ist zu umfassend, als daß sie mit einigen wenigen Personen gleichzusetzen wäre. Eine Unzahl fleißiger Hände hat mitgeholfen.

Wir erkennen nur die letzten Auswirkungen. Wie hat sich wohl der Werdegang abgespielt? Vieles hat da zusammengewirkt, einzelne Menschen und große Gruppen. In der Regel waren wohl »ein Geist und tausend Hände« beteiligt, damit »sich das größte Werk vollende«. Da gibt es einmal bewegte Zeiten, in denen sich die Ereignisse zu überstürzen scheinen, und dann wieder andere Epochen, in denen anscheinend nichts geschieht. Häufig genug vollziehen sich grundlegende Veränderungen aber gerade in diesen scheinbar so stillen Zeiten. An deren Ende sieht die Welt völlig anders aus.

Gibt es einen Gegensatz zwischen einem Volk der Dichter und Denker – Goethe und Dostojewski – und einem Volk der Krupp und Rockefeller? Geht der Geist voran, so daß ein Krupp auf die Dichter und Denker folgt, indem ihm die Saat zugute kommt, die diese gelegt? Oder steht immer Krupp gegen die Dichter, die kein Verständnis für die Wirtschaft zeigen? Oder verhindert die Dichtung gar die Technik?

In Indien zeigen die Brahmanen hohes Interesse an geistigen Fragen; sie haben philosophische Gedanken entwickelt, die überall bewundert werden. Den Weg zur Technik und zur modernen Naturwissenschaft haben sie lange Zeit nicht gefunden. In China haben bedeutende Geister, häufig Schriftgelehrte, Mandarine, im ersten Jahrtausend unserer Zeitrechnung hervorragende Erfindungen gemacht: den Kompaß, das Papier, das Papiergeld, das Porzellan und das Schießpulver. Mit der Zeit wandten sie sich von den praktischen Dingen ab, um sich ausschließlich dem Studium der großen Denker zu widmen. Die technische Entwicklung ließ sie unberührt. Als die Europäer im 16. Jahrhundert erschienen, war das »Land der Mitte« technisch weit zurückgeblieben. Von der im Abendland fast schlagartig einsetzenden Entwicklung des 18. und 19. Jahrhunderts wurden die Chinesen völlig überrascht.

Die industrielle Revolution griff um die Jahrhundertwende auf Frankreich über, nahm dort nach der Julirevolution 1830 einen erstaunlichen Aufschwung, erfaßte um die Jahrhundertmitte Preußen und dann die übrigen deutschen Lande einschließlich des Habsburger Reiches. Schließlich – nach den sechziger Jahren – erfaßte die Industrialisierung auch die Vereinigten Staaten in Nordamerika, die in der Stahlerzeugung bis zum Ausgang des 19. Jahrhunderts an die erste Stelle auf Erden rückten, nicht zuletzt dank der europäischen Einwanderer, wobei ein Schotte, Andrew Carnegie, an der Spitze stand.

Nur langsam und vorsichtig entfaltete sich die Industrie im Zarenreich. Erst der mächtige Anstoß, den die hereinströmenden französischen Milliarden auslösten, brachte die wirtschaftliche Entwicklung rascher voran. Der Erste Weltkrieg, die Revolution mit den folgenden Bürgerkriegen schienen vorübergehend die Entfaltung der russischen Industrie zu hemmen, doch setzte mit den gewaltsam durchgeführten Fünfjahresplänen Stalins der erstaunliche und rasche Fortschritt ein, der die Sowjetunion bis zur Mitte des 20. Jahrhunderts zur zweiten Industriemacht auf Erden – nach der nordamerikanischen – machte.

Erst während des Ersten Weltkrieges beginnt die Industrie auch in Südamerika Fuß zu fassen, allerdings nur in Argentinien, Brasilien und Chile. Es sind fast ausnahmslos Ausländer, die sich hier betätigen, Europäer und eigenartigerweise Syrer, in deren Heimat es kaum Industrie gab. Erst im Zweiten Weltkrieg setzt sich die Industrie in ganz Lateinamerika durch. Und in Afrika und Südasien beginnt erst um die Mitte unseres Jahrhunderts das Maschinenzeitalter. Nur Japan macht eine Ausnahme. Mit Riesenschritten entfaltete es sich, allen bitteren Erfahrungen des Zweiten Weltkrieges und dem folgenden Rückschlag zum Trotz, zur dritten Industriemacht auf Erden.

Scharf trennen sich in der zweiten Hälfte unseres Jahrhunderts die Industriestaaten von den »Entwicklungsländern«. Das Gefälle im Sozialprodukt wird immer größer. Einem Durchschnittsanteil von 5000 Dollar in den Vereinigten Staaten steht ein solcher von 100 bis 200 in den Entwicklungsländern gegenüber. Woran liegt das? An äußeren Bedingungen wie dem Mangel an Kapital? An sozialen Verhältnissen wie einer ungerechten Besitzverteilung, die die freie Entfaltung des Einzelnen hemmt? An einer geistigen Veranlagung, etwa im Mangel an schöpferischen Gaben? An überlieferten Verhaltensweisen? Daß man nur für die allernächsten Tage zu sorgen gewohnt ist? Daß man dank der höheren Löhne eben nur kürzere Zeit arbeiten möchte?

Wenn ein Arbeiter nun in vier Tagen soviel verdient wie vorher in sechs, so sieht er nicht ein, warum er sich weiterhin volle sechs Tage anstrengen soll. Das erscheint manchen als Beweis dafür, daß solche Völker zur Industrialisierung weder reif noch fähig sind. Die »Geschichte« urteilt anders. Die gleichen Klagen hörte man nämlich in der Vergangenheit auch in den heute am höchsten industrialisierten Völkern. Noch um die Mitte des 19. Jahrhunderts weigerten sich Arbeiter in Schweinfurt am Main – wo heute weltberühmte Kugellagerfabriken stehen –, mehr zu arbeiten, da sie ja »genügend« in kurzer Zeit verdient hätten. Zur industriellen Arbeit muß man erzogen werden. Es ist also nichts mit der natürlichen Veranlagung zur industriellen Arbeit!

Die Geschichte war es, die den uns heute »typisch« erscheinenden »Volkscharakter« geprägt hat. Aber wie hat Geschichte überhaupt auf das »Volk« wirken können? Eine nähere Untersuchung zeigt, daß die Wandlung aus einer traditionsgebundenen Lebensweise zu einer nur auf Leistung abgestellten Gesellschaft, die wenig Rücksicht auf überlieferte Lebens- und Wirtschaftsformen nimmt, ein geschichtlicher Prozeß ist, kein eigentlich »psychologischer«, der in einer natürlichen Veranlagung begründet ist. Da ist mit Vorstellungen wie »Anreiz«, wie »Herausforderung«, mit Mangel und Not wenig anzufangen. Solche Einflüsse gehören gewiß dazu. Es ist eigenartig, immer wieder zu sehen, daß manche Völker arm und bedürfnislos neben anderen wohnen, die im Reichtum leben.

Zwar brechen die Nomaden ins Kulturland ein; da greifen die Jäger, wie die Indianer Nordamerikas, die Siedlungen der Ackerbauern an und erschlagen die Eindringlinge. Aber sie ahmen allen sichtbaren Vorzügen zum Trotz die glücklicheren Fremden nicht nach. Sie bleiben stolz das, was ihre Väter und Vorfahren gewesen sind. Was führt von dieser Einstellung, in der noch Völker während des 20. Jahrhunderts auf dem Stand der Steinzeit verharren, zum Vorgang der Umwandlung?

Der entscheidende Anstoß für den geschichtlichen Prozeß darf sich nicht nur oben auf die führenden Personen beschränken; er muß auch tief in den Untergrund hineinwirken. Die Menschen müssen sich verändern. Ihr Denken wird anders. Sie werden anspruchsvoller und damit bereit, wesentlich mehr Kraft für Dinge aufzuwenden, die ihren Vätern noch gleichgültig und vielleicht sogar unbekannt gewesen sind, von den Großeltern ganz zu schweigen. Die neue Arbeitsweise erzwingt dann allerdings eine andere Disziplin, eine andere Zeiteinteilung, ein anderes Verhalten. Manche Völker können sich nur schwer daran gewöhnen. Liegt das an ihrem »Nationalcharakter«, an ihrem »Wesen«?

Dem widerspricht die Erfahrung, daß sich Menschen eines Volkes in einem anderen Lande völlig wandeln können. Die Spanier werden in Südamerika zu Unternehmern, was sie auf der iberischen Halbinsel nicht waren, die Italiener zu weitblickenden Industriellen in einer Zeit, da die Industrie in Italien selber noch in den Kinderschuhen steckte. Die Auslandschinesen haben sich stets vor ihren Landsleuten im Reich der Mitte durch ihren Unternehmungsgeist und Weitblick ausgezeichnet. Deutsche Entwicklungshelfer kehren aus dem afrikanischen Busch verwandelt zurück.

Es zeigt sich, daß Menschen verschiedener sozialer und völkischer Herkunft, in den Rahmen einer allgemeinen Entwicklung gestellt, von dieser erfaßt und geformt werden. Das ist allen Völkern so ergangen, nur haben die Historiker darüber nichts berichtet. Wir sind Erben, und wir wissen es nicht. Wir sind in die Geschichte gestellt, und wir wollen es nicht wahrhaben, weil wir glauben, daß wir selber unsere Umwelt gestalten und formen, daß wir sie »machen«.

Die Geschichte formt die Menschen und bestimmt den Gang von Wirtschaft und der Technik. Andererseits steht die Geschichte in einem hohen Maße unter dem Gesetz der technischen Entwicklung. Da hat sich irgendwo eine bedeutsame Verbesserung durchgesetzt, eine Erfindung ist gemacht, neue Produktionstechniken sind eingeführt worden. Die großen Herren haben die Veränderung häufig nicht im ganzen Umfang erkannt, am wenigsten, wenn es sich um Errungenschaften des Gegners handelte. Die Feldherren lassen sich sowieso nur ungern von ihren Lieblingsgedanken abbringen, selbst wenn der Vorschlag von den eigenen technischen Beratern kommt.

Der amerikanische Erfinder Fulton hat Napoleon einst ein Dampfschiff angeboten – auf solche Spielereien ließ sich der große Korse nicht ein. Hitler wollte von der Atomforschung und dem Düsenjäger wenig wissen. Wer vermag auch schon solche technischen Möglichkeiten zu erfassen? Das Zarenreich ging in den Krimkrieg 1854 noch fast ohne Eisenbahnnetz. So mußten die Truppen, ihre Verpflegung, der Nachschub an Waffen und Munition auf unzulänglichen Straßen von Norden, teilweise von St. Petersburg aus bis in die Krim auf Pferdewagen herangefahren werden. An dieser fast unlösbaren Aufgabe ging der Krieg verloren. 1914 – als es bereits ein recht gut entwickeltes Eisenbahnnetz gab – konnten die russischen Heere früh in Galizien und Ostpreußen einfallen. Doch war die Rüstungsindustrie unzulänglich. Ende 1915 gab es in ganz Rußland nur noch anderthalb Millionen Gewehre! Was nützten die Millionenheere, wenn sie nicht bewaffnet werden konnten? Im Zweiten Weltkrieg lieferten die russischen Fabriken alle erforderlichen Waffen. Das brachte die Wende vor Stalingrad.

Die Waffentechnik bringt immer neue Kampfmittel hervor. Sie sind langsam auf dem Reißbrett herausgebildet und dann in besonderen Werken, die meist auch erst geschaffen werden müssen, angefertigt worden. Unerwartet erscheinen sie auf den Schlachtfeldern; nun machen sie Geschichte. Im Zweiten Weltkrieg wurde die Schlacht um England im Herbst 1940 entschieden, als die überlegenen britischen Kampfflugzeuge, die Spitfire, eingesetzt wurden. Im Rußlandfeldzug 1941 brachten die neuen sowjetischen Stalinpanzer den deutschen Vormarsch zum Stehen, zum Wanken und schließlich zum Rückzug. Die Sowjetunion erntete die Frucht der ungeheuren Anstrengungen, eine eigene Schwerindustrie aufzubauen. Die Ergebnisse einer weitverzweigten und weitverästelten Entwicklung erwiesen sich als ausschlaggebend. Sie haben die Ereignisse und damit die »Erlebnisse« der Feldherren wie der Soldaten bestimmt.

Diesen Veränderungen im Untergrund muß nachgegangen werden, will man nicht überrascht werden. Was nützt ein Heer – mag es noch so tapfer sein – ohne Munition? Was nützt der klügste Feldherr, wenn ihm Panzer und Flugzeuge fehlen? Sie sind das »Ergebnis« eines langen, mühevollen und kostspieligen Bemühens, das man Forschung nennt. Der Stand der Technik und die Wirtschaftskraft sind heute entscheidend. War das früher anders? Unser überliefertes Geschichtsbild gaukelt uns häufig genug vor, als seien Mut, Tapferkeit und Führung entscheidend gewesen.

Da läßt der Feldherr seine Phalanx, seine Legionen, seine Schwadronen oder seine Gewalthaufen anrücken, da greift er den Gegner in gerader oder »schiefer« Schlachtordnung an, da stürmt er den eigenen Truppen – die Fahne in der Hand oder auf feurigem Schlachtroß – voran dem Sieg entgegen. Erhebende Bilder der großen Helden! Aber was brachte in Wirklichkeit die Entscheidung? Waren es nicht die Schwerter aus Bronze oder aus Stahl oder das zahlenmäßig überlegene Aufgebot, das nur durch vermehrte Vorräte, bessere Verkehrsbedingungen, festere gesellschaftliche Ordnungen zu erklären war? Haben vielleicht die Streitwagen, die Trense, der Steigbügel, das Zündnadelgewehr oder die überlegene Artillerie den Ausschlag gegeben?

Diese technischen Geräte entschieden auch damals den Krieg. Und wer hat diese Waffen und Geräte entwickelt? Wer hat sie bezahlt? Etwa die Krieger selber? Warum hatte die Gegenseite sie nicht? Hier liegen die eigentlichen Fragen, denen man nachzugehen hat, denen man nicht ausweichen darf. Das Bild, das wir uns von vergangenen Kriegen machen, ist meist schief, mindestens einseitig. Was geschichtlich bedeutsam war, läßt sich oft erst an den Ergebnissen erkennen. Ebenso läßt sich über eine Schlacht, einen

Feldzug, einen Friedensschluß erst sehr viel später etwas aussagen. Erst dann ergibt sich, wer wirklich »gesiegt« hat, die stolzen Eroberer oder die stummen, geduldigen Besiegten. Um das zu erkennen, bedarf es einer neuen Fragestellung.

Die Geschichtsschreibung beschäftigt sich gern mit dem, was »geschehen« ist. Die Ereignisse, über die zu berichten es sich lohnt, spiegeln sich im Bewußtsein der Handelnden – oder Leidenden – wider. Da ziehen Soldaten in die Schlacht, da begegnen sich Staatsmänner am Verhandlungstisch, da wenden sich Parlamentarier und Revolutionäre an das Volk. Menschen formen Geschichte, und zugleich erleben sie »Geschichte«.

Geschichte spiegelt sich dann in den Berichten der Feldherren wider. Ist das nicht ihr Vorrecht, da doch sie deren Gang bestimmt haben? Die Erinnerungen von Eisenhower, Schukow, Alexander spiegeln auf den verschiedenen Seiten das militärische Geschehen ebenso wider, wie die Bücher Lloyd Georges oder des Grafen Czernin die politischen Entwicklungen im Ersten Weltkrieg darstellen und erklären sollen. Was geschehen ist, kann man in den Erinnerungen der Verantwortlichen und in den zahllosen Büchern der Männer nachlesen, die an den Ereignissen selber teilgenommen haben und »Augenzeugen« gewesen sind. Ihre Berichte sind »Quellen« geworden. Schließlich sind auch die Protokolle von Sitzungen, die Akten über Prozeßvorgänge oder bedeutsame Beschlüsse wichtig für die Festlegung der Ereignisse. Dem Geschichtsforscher bleibt die Aufgabe, diese Berichte aufzugliedern und in ein Gesamtbild einzuordnen. Er forscht nach, wieweit die Darstellungen der einen Seite sich mit denen der anderen dekken, er prüft die Berichte nach ihrem Wahrheitsgehalt, mindestens nach ihrer Glaubwürdigkeit, und schließlich gibt er ein Bild, »wie es gewesen war«.

Eine Betrachtungsweise, die sich vornehmlich den Ereignissen und den Erlebnissen zuwendet, hat zweifellos viele Vorzüge. Sie bleibt vor allem dramatisch. Sie ist aber auch jedermann verständlich, denn jeder kann sich in die Rolle des »Helden« oder der Leidenden hineinversetzen. Die Dichter schildern die Vorgänge noch bewegter und noch ergreifender. Da wird die Tragik des Helden und seine Verstrickung mit der unseligen Umwelt deutlich. Vergeblich kämpft er gegen »die Sterne« an, wie einst Wallenstein. Auf der Bühne wird der Hintergrund von den Kulissen verdeckt.

Im Scheinwerferlicht stehen die Männer, die Geschichte machen: Ihr Wille gestaltet Schicksal. Wie im modernen Theater der Hintergrund im Dunkel versinkt, so daß man nur die beleuchteten Akteure sieht, die miteinander oder mit sich selber ringen, so scheint sich auch Geschichte abzuspielen: in »Aktionen«!

Unsere »Erlebnisse« während des letzten halben Jahrhunderts haben uns mißtrauisch gemacht. Da gab es blutige Schlachten von einem Ausmaß und einer Erbitterung, wie sie von früher kaum bekannt geworden sind. Und wozu haben sie geführt? Aus Anfangssiegen wurden schwere Niederlagen. Vom Ergebnis aus gesehen, waren die ersten Siegesmeldungen ziemlich gleichgültig. Andere Schlachten haben schließlich den endgültigen Ausgang des Krieges bestimmt. Nicht »die Siege«, sondern »der Endsieg« zählte. Und auch er wird zum dramatischen Ereignis wie der Einmarsch der siegreichen Sowjets in das brennende Berlin.

Im nachfolgenden Frieden zeigte es sich jedoch, daß nicht einmal der Ausgang des Krieges, mochte er durch einen Friedensschluß oder eine Kapitulation abgeschlossen worden sein, den weiteren Gang der Geschichte auf die Dauer maßgebend bestimmt hat. Immer wieder tauchen neue Faktoren auf. Was bedeutet im großen geschichtlichen Ablauf das heldenmütige Ausharren des französischen Heeres in Verdun während des Ersten Weltkrieges, wenn kein Vierteljahrhundert später deutsche Truppen siegreich in Paris einziehen? Was bedeutet es für Rußland, daß die Bolschewiki in Brest Litowsk einen schmählichen Frieden unterzeichnen mußten? Den Aufstieg der Sowjetunion in den folgenden Jahrzehnten konnten solche Ereignisse nicht aufhalten. Und damit erhebt sich die Frage, was in der »Geschichte« wirklich wichtig, wirklich entscheidend ist. Die »Erlebnisse«?

Der Aufstieg wie der Niedergang läßt sich an Personen anknüpfen: Lenin und Stalin, Hitler, Baldwin und Chamberlain, Roosevelt und Mao Tsetung haben die Entwicklung maßgebend bestimmt. Niemand wird die Wirkungen bestreiten wollen, die von ihnen ausgingen. Aber erklärt sich ihr Erfolg – oder ihr Untergang – einzig aus ihrer kraftvollen Persönlichkeit, ihrer Willenskraft, ihrem Weitblick, ihrem Genie oder ihrer Bedenkenlosigkeit? Wurden sie nicht vielmehr getragen von Entwicklungen, die sich »im Hintergrund« vollzogen, die sich kaum in »Erlebnissen« widerspiegeln?

Doch liegt es nun einmal im Menschen, das für wichtig zu nehmen, woran man sich erinnern kann: also wichtige Personen und dramatische Ereignisse, die Menschen erlebt haben. Deswegen wollen wir auch nicht so sehr das langsame Reifen einer neuen Technik wie den Augenblick betrachten, da sie endlich Gestalt gewinnt, die Erfindung, noch lieber den Augenblick, da sie auch verwandt werden kann. Deswegen treten allgemein in der geschichtlichen Darstellung Waffen und Kriegsgerät begreiflicherweise stark hervor.

Große technische Leistungen führten zu durchaus friedlichen Folgen. Der Bau des Suezkanals – eingeweiht 1869 – hat dem gesamten Mittelmeerraum eine völlig neue Bedeutung gegeben. Damit haben Spanien und Italien und schließlich auch die arabische Welt den Ansporn erhalten, so daß sie im Laufe des folgenden Jahrhunderts zu der heutigen Bedeutung aufstiegen. Der Panamakanal – eingeweiht 1915 – hat die gesamte Pazifikküste Südamerikas, bis dahin viel zu weit von den Industriezentren entfernt, unmittelbar vor die Küste der Vereinigten Staaten gerückt und damit eine wirtschaftliche und soziale Umwälzung ausgelöst, die heute noch nicht abgeschlossen ist.

Man kann solche Ereignisse im Augenblick der feierlichen Einweihung betrachten. Doch braucht man sich da noch nicht der ganzen Bedeutung bewußt zu werden. Erst was dann folgt, vollzieht sich im Erleben der vielen Einzelheiten, in einer laufenden Folge von Veränderungen. Sind sie überhaupt noch Gegenstand einer Geschichtsforschung?

Die Soziologen bemühen sich, Wandlungen in der öffentlichen Meinung zu erfassen. Sie greifen »repräsentative« Erlebnisse heraus, sie fragen den »Mann auf der Straße«. Sind dessen Erlebnisse und Eindrücke nun kennzeichnend oder gar in der großen Zahl entscheidend? Wenn man sich an die breiteren – und damit tieferen – Volksschichten wendet, verlagert man zwar die Betrachtung, trifft jedoch nicht den Kern des Problems. Auch die Soziologie geht ihren Weg von »Erlebnissen« aus, um zu tieferen Einsichten zu gelangen. Es sind die Ereignisse, die sich in dem Bewußtsein der Zeitgenossen einprägen. Dabei wollen wir unter Erlebnisse alles einbegreifen, was auf die Zeitgenossen an Eindrücken, Nachrichten, an persönlichen Erfahrungen einstürmt, eben das, was man »erlebt«. Deswegen sind Umfragen so beliebt als soziologisches

»Material«. Man geht von der »Gegenwart« aus, in der etwas niedergelegt oder ausgesagt wird.

Ganz anders stellt sich die Aufgabe der Geschichtsforschung, wenn man die jeweilige Gegenwart als den Endpunkt einer langen Entwicklungsreihe sieht, gewissermaßen als ein »Ergebnis«, das irgendwie zu erklären ist. Betrachten wir etwa die heutigen Zustände in Südamerika, so reicht es eben nicht aus, sich damit zu begnügen, die Menschen zu fragen, ob nun die »Handelnden« oder die Betroffenen. Was hat den nachweisbaren Wandel gegenüber früher gebracht? Danach wird sich richten, was in der Vergangenheit – wann und wo – als »entscheidend« anzusehen ist.

Der Bau des Panamakanals drängt sich als Wendepunkt auf, auch wenn während des Ersten Weltkrieges noch die Wirkung – aus verständlichen Gründen – fast unbeachtet blieb und erst in den dreißiger Jahren in ganzem Umfang zu erkennen war. Da erst zeigte sich, daß mit dem Panamakanal das nordamerikanische Kapital und mit ihm die nordamerikanische Technik die Wirtschaft der südamerikanischen Westküste umwandelte. Der soziale Aufstieg mit der zunehmenden Verstädterung führte dann zu den politischen Umstürzen.

Je tiefer man in die Zusammenhänge eindringt, desto verworrener und vielschichtiger scheinen die Faktoren, die Geschichte formen, desto mehr Umstände und Verhältnisse wollen berücksichtigt werden. Wenn wir versuchen, von greifbaren Ergebnissen – von Tatsachen – auszugehen, um vorangegangene Entwicklungen – Geschichte – aufzudecken und zu erkennen, dann bieten sich verschiedene Ansatzpunkte an. Am Ende langer Entwicklungen stehen gegenwärtige Zustände. Dazu gehören neben Staat und Wirtschaft sowohl Bräuche und Gewohnheiten als auch die Sprache.

Auch die Sprachen, nicht nur die Sprachgrenzen, sind geschichtliche Gebilde. Sie wurzeln nicht in gottgegebenen Naturanlagen. Läßt sich von der Sprache aus eine Entwicklung – etwa eines Volkes – nachweisen? Sieht man, daß die indoeuropäische Sprache mit den Ariern nach Indien kam, so legt das die Vermutung nahe, daß die Träger dieser Sprache irgendwie mit Völkern anderer indoeuropäischer Sprachen verwandt sind. Läßt sich hier aus Ergebnissen der Sprache auf Erlebnisse – etwa Wanderungen – schließen? Daß wir nicht in der Lage sind, die baskische Sprache mit Sicherheit auf ihre Wurzeln (Kaukasus?) zurückzuführen, nimmt uns die

Möglichkeit, die Herkunft der Basken genauer festzulegen. Wenn heute in Nordamerika englisch, wenn in Südamerika spanisch und in Brasilien portugiesisch gesprochen wird, so wissen wir, daß erst in den letzten 400 Jahren dieser Wandel kam. Wenn wir von diesen feststellbaren Tatsachen ausgehend nach den Gründen fragen, wenn wir sie also als »Ergebnisse« ansehen, die wir erforschen müssen, kommen wir zu Fragen, die auch frühere Zeiten und andere Bereiche erhellen werden. Wir können unsere Untersuchung gar nicht tief genug ansetzen.

Völker und Nationen werden nicht ausschließlich durch äußere Umstände, durch Sprache, durch Grenzen, durch Regierungsformen und durch wirtschaftliche Bedingungen geformt. Sie leben auch aus ihren Vorstellungen, ihren Wunschträumen und ihren Schrecknissen. Tief in ihrem Herzen sitzt die Sorge vor bestimmten Gefahren, die Hoffnung auf irgendeine Befreiung, auf Erlösung von einem Übel dieser Welt. Vielleicht ist sich der Einzelne nicht bewußt, wie tief er diesen geistigen Mächten verhaftet ist. Erst wenn ein Massenwahn, eine Panik oder ein gewaltiger nationaler Aufbruch ein ganzes Volk erfaßt und geschlossen denken und handeln läßt, dann tritt auch der bis dahin unbeachtete Untergrund zutage. Und er ist geschichtlich bestimmt.

Einzelne Ereignisse haben an ihm sicherlich mitgeformt. Aber welches waren die treibenden Kräfte im Hintergrund? Erlebnisse lassen sich gewiß nicht nachträglich aus Ergebnissen allein ableiten. Erlebnisse haben die Entwicklung geformt. Das Wissen um sie ist notwendig, um jene zu verstehen. Aber erst die Ergebnisse sprechen den Erlebnissen in der Geschichte ihre Rolle wie ihren Wert zu.

Zunächst muß man ein klares Bild von der gegenwärtigen Lage zu gewinnen suchen. Da gehen die Meinungen bereits weit auseinander. Wo stehen wir heute denn »wirklich«? Und wie sollen wir rückwärts forschend die Erklärung für diese »Ergebnisse« finden, wenn man die »Erlebnisse« nicht mehr als sichere Leitzeichen erkennen kann?

Die gesamte »Vorgeschichte« ist darauf angewiesen, allein von »Ergebnissen« auszugehen, so wie der Spaten sie freilegt. Darin unterscheidet sie sich grundsätzlich von jener »Geschichte«, die vorwiegend auf schriftliche Quellen zurückgeht. Und welche Zeiträume umfaßt nicht die »Vorgeschichte«? In Amerika sicher den

Zeitraum bis ins 16. Jahrhundert, in Australien teilweise tief ins 19. Jahrhundert, in Gebieten Afrikas sogar noch bis ins 20. Jahrhundert.

Erst in unserer Zeit haben Forscher begonnen, diese »Ergebnisse« zu sammeln und zu deuten, aus den Mythen und Sagen und aus Volksbräuchen, die Zusammenhänge über ganze Erdteile hinweg festzustellen erlauben. Sie zeigen Ähnlichkeiten in Kunststilen, selbst in Kleidern auf und Verwandtschaft zwischen religiösen Bräuchen. Da erscheint, zunächst überraschend, eine Verwandtschaft zwischen Bräuchen in Japan und in Südostasien. Steht dahinter ein geschichtlicher Vorgang? Als »Erlebnis« hat er sich nirgends niedergeschlagen. Da findet man Kurgane in Georgien, Megalithgräber von der Nordsee bis Nordafrika, bis Tibet, bis Indien, bis Japan. Zusammenhänge? Wir sind gezwungen, uns ausschließlich an die Ergebnisse unserer Funde zu halten.

Sind diese Fragen auch für unser gegenwärtiges Geschichtsbild bedeutsam, wichtig? Lernen wir daraus, unsere Zeit, am Ende gar uns selber besser zu verstehen? Solange wir nur die Großen betrachten, stehen sie uns in ihrer ganzen Kraft – und Schrecklichkeit – gegenüber. Geschichte wird zur Kette dramatischer – oder auch tragischer und entsetzlicher Augenblicke. Sie sind ergreifend genug, uns zu läutern und zu erschüttern wie ein klassisches Drama. Da nimmt Sokrates den Giftbecher! Da steht Iwan der Schreckliche vor der Leiche seines Sohnes. Da wendet sich Napoleon bei Leipzig zu seinen Marschällen: »Le monde va tourner encore une fois.« Und dabei ist die Schlacht bereits hoffnungslos verloren. Soll man auf diese Szenen verzichten? Keineswegs!

Man soll nur auch auf die Bewegung im Untergrund achten, und sie erkennt man erst, wenn man unerbittlich fragt, warum alles so gekommen ist, wie es eben heute erscheint! Dazu gehört auch die Frage, wie wir selber geworden sind, mit unseren Anschauungen, unseren Urteilen und Vorurteilen, mit unseren Eigenschaften und Fähigkeiten, mit unserem Charakter, unseren Gefühlen, unserem Denken und Glauben. Bringt uns das weiter?

Vielleicht werden unerwartete Wandlungen erst verständlich, wenn man tief in der Seele die Kräfte freilegt, die Völker geformt haben. Die Völker müssen die »Erlebnisse« erst aufdecken, denn sie sind nur selten vollständig überliefert. Da kam es 1968 in den Vereinigten Staaten unerwartet zu einem Widerstand gegen den

Vietnamkrieg. War er »logisch« zu begründen? Oder brach da etwas auf, was tief in der amerikanischen Geschichte begründet war? Gehörte dazu nicht auch die Sklaverei und deren »Ergebnis«, die Rassenfrage? Welche Rolle hat die Einwanderung in den letzten hundert Jahren gespielt? Woher kamen die vielen Menschen?

In der westlichen Welt brach unerwartet eine Protestbewegung der Jugend auf, die immer weitere Kreise zog, während an der Oberfläche das politische Leben gerade damals ein bewunderns-wertes Gleichgewicht gefunden zu haben schien. Geschichtlich zu erklären? Was spielt da alles mit? Was hat sich in der Vergangenheit getan? An Schrecken und Entsetzen, an getäuschten Hoffnungen, an Not und Leid? Oder auch an falschen Hoffnungen, an Versprechen und Vertrauen zu leichtfertigen Propheten? Oder ist das alles vergessen, so daß ganz neue Anstöße überwiegen? Und welche? Kann Geschichte auf solche Fragen Antwort geben? Dann muß sie jedoch ihre Methoden ändern. Sie muß sich von den »Erlebnissen« lösen.

Der Mensch

Die britische Königin Viktoria bestieg 1837 mit 18 Jahren den Thron und starb 1901 im Alter von 82 Jahren. Sie hat »ihr Zeitalter«, das »Viktorianische«, geprägt. Unter ihrer Regierung stieg England – und nicht nur als Seemacht – zur entscheidenden Großmacht auf. Unter ihr wurde das Kolonialreich durch Gebietserwerb in Asien und Afrika vollendet, wenn sein Umfang auch nach dem Ersten Weltkrieg vorübergehend noch einmal anwuchs. Unter ihr wurde England der führende Industriestaat in Europa, ja in der ganzen Welt! Unter ihr wurde London zum Mittelpunkt eines weltweiten, auf Freihandel beruhenden Wirtschaftssystems. Unter ihr setzte sich auch auf dem europäischen Festland der Liberalismus als wirtschaftliche Lehre und als Lebensform, in vielen Ländern auch als politische Partei durch. Als Königin Viktoria die Augen schloß, sah die Welt anders aus als im Jahre ihrer Thronbesteigung.

Wie weit hat Königin Viktoria tatsächlich ihre Zeit bestimmt und geprägt? Wie weit erscheint nur nachträglich die lange Regierungszeit als eine geschlossene Einheit, eben als die »Viktorianische« Epoche? Oder verführt nur die Dauer einer Regierungszeit dazu, den Abschnitt aus dem gleichmäßigen Ablauf des Geschehens mit dem Namen des Monarchen zu versehen? Gilt das besonders dann, wenn ein Herrscher ungewöhnlich lange regiert?

Kaiser Augustus, geboren 63 v. Chr., wurde Herrscher im Jahre 30 v. Chr. und starb mit 77 Jahren. Er hat das römische Imperium geschaffen, wie es dann mehr als vier Jahrhunderte, in Ostrom gar bis ins 15. Jahrhundert, bestand.

Der Sonnenkönig Ludwig XIV. von Frankreich, geboren 1643, bestieg bereits mit sieben Jahren den Thron; regierte allerdings erst ab 1660 selber. Er starb 1715 im Alter von 72 Jahren. Wilhelm I. von Preußen, geboren 1797, übernahm die Regierung in Berlin 1858 und starb als Deutscher Kaiser 1888. In China regierte Kaiser Ch'ien Lung 60 Jahre (1736–1796). Unter ihm erlebte das

Reich der Mandschukaiser seine eigentliche Blüte. Er gliederte weite Gebiete wie Turkestan, Burma, Nepal und Annam seinem Reich ein; unter ihm hat sich die Bevölkerung nahezu verdoppelt; der Reichtum des ganzen Landes stieg. War es der Kaiser selber, der diese erstaunlichen Erfolge erzielte?

Diese Monarchen haben ihrer Regierungszeit ihren Stempel aufgedrückt, so daß man nach ihnen ganze Zeiträume der Geschichte benennt. Man muß sich vergegenwärtigen, was solch lange Regierungszeiten bedeuten. Die Herrscher schleppen ihre »Geschichte«, ihr Erleben und das, was sie daraus gemacht haben, mit sich, geben es an eine Umwelt weiter, die von alledem zwar etwas gehört, es jedoch nie als eigene Geschichte erlebt und empfunden hat. Ihr Einfluß erscheint dadurch erwiesen, daß nach dem Tode des langlebigen Monarchen manchmal ein empfindlicher, zunächst unerklärlicher Rückschlag eintritt, unerklärlich, weil keine äußere Einwirkung zu erkennen ist; obwohl kein Krieg und keine Seuche wütet, beginnt im Inneren des Reiches der Verfall. Unaufhaltsam löst sich die Ordnung auf, die bisher den Staat getragen hat. Lag das daran, daß der Mann fehlte, der allein imstande gewesen war, die innere Ordnung zu gewährleisten?

Sieht man näher zu, so stellt man meist fest, daß während der langen Regierungszeit die Verwaltung gewissermaßen erstarrte. Alle öffentlichen Posten – auch beim Militär und in der Wissenschaft – überalterten in erschreckendem Ausmaß. Die biologische Ordnung der Gemeinschaft, die im Gleichklang von Jugend, Manneszeit und Alter bestehen muß, wurde gleichsam gestört. Das Schwergewicht verlagerte sich zu den Altersgenossen des Herrschers; sie umgaben ihn, sie behielten in seinem Schatten ihre Stellung.

Man kann das Menschenleben, etwas vereinfachend, in drei Phasen einteilen. In den ersten zwanzig Jahren ist der junge Mensch von Eltern und Älteren umgeben, die ihn erziehen und prägen. Es folgen 25 Jahre des Mannesalters, in denen der Mann von Gleichaltrigen umgeben ist, mit ihnen lebt, arbeitet und wirkt. Dann folgen die Jahre des Alters. Nun drängen bereits die Angehörigen der nächsten Generation voran, sie geben den Ton an, sie bestimmen Politik und Wirtschaft. Bei den heutigen Lebenserwartungen handelt es sich wiederum um durchschnittlich 25 Jahre; häufig sind es wesentlich mehr.

Die vorangegangene Generation wurde von ganz anderen Erlebnissen geprägt als die spätere. Was die ältere erlebt hat, kann sie zwar den Nachkommen berichten, aber alles das, was sie erlebt und erlitten hat, kann sie den Jüngeren nicht mitgeben. Dieselbe Schwierigkeit, die alle haben, von den Erfahrungen der Eltern zu lernen, erfährt die Generation in der dritten Phase, wenn sie sich bemüht, dem in die Verantwortung aufrückenden Geschlecht das beizubringen, was sie selber in Not und Elend, in Sieg und Erfolg durchgemacht hat.

Recht willkürlich bleibt diese Einteilung in die drei Phasen; es gibt Übergänge, Überschneidungen und Überlagerungen. Die Zeit der Reife setzt nicht immer erst mit dem 21. Lebensjahr ein; mit diesem Alter hört die Erziehung auch keinesegs auf. Erst recht verschiebt sich die Grenze zwischen der einen und der anderen Phase im Alter. Die angesetzten 45 Jahre sind kein endgültiger Meilenstein. Der eine altert schneller – der andere langsamer. Alte – sehr alte Menschen haben oftmals einen engeren Zugang zur Jugend als die Zwischengeneration. Außerdem: Die Entwicklung der Generationen erfolgt nicht in Schüben. Täglich werden Menschen geboren, täglich werden Menschen daher auch 20 Jahre, werden 45 Jahre alt. Die Generationen überlagern sich, verflechten und verzahnen sich. Es gibt nicht den jähen Bruch alle 20 oder 25 Jahre.

Und dennoch lassen sich im Lauf der Geschichte immer wieder einmal deutliche Einschnitte feststellen. Die neue Generation versteht nur wenig von der Vergangenheit; sie zieht mindestens andere Schlüsse aus ihr, als die Älteren es tun, die selber Zeugen der Ereignisse gewesen sind. »Da kam ein neuer König auf in Ägypten, der wußte nichts von Joseph« (Mose 3, I. Kapitel 8). Dieser Prozeß vollzieht sich überall, auch wenn er nicht so klar hervortritt wie bei einem Regierungswechsel. Einmal verändern sich die Menschen, sodann wechseln die handelnden Personen ihrer Umwelt, auf die sie Rücksicht nehmen müssen, und schließlich wandelt sich die sachliche Welt; die Wirtschaft, die Technik, die Wissenschaft, die sozialen Umstände und die politischen Bedingungen schreiten fort. Wenn sich diese Umgestaltung ohne größeren Einschnitt vollzieht, läßt sie sich erst im Rückblick erkennen und in längeren Abschnitten abmessen. In einem solchen Zeitabschnitt scheinen Lebensgefühl und Zeitgefühl und damit das Kulturbewußtsein eine in sich geschlossene Einheit zu bilden, meist deutlich abzulesen in einem kennzeichnenden Kunststil. Auch die politischen Entscheidungen fallen nach einem einheitlichen Grundgedanken.

Manchen Menschen des 19. Jahrhunderts schien es, als lohnte es sich nur, in der Zeit des »Ancien Régime« zu leben. Und ähnlich träumen manche britischen Politiker des 20. Jahrhunderts von der »Zeit der Whigs«, als es noch einen Freihandel und eine feste Währung, aber keine Einkommensteuer gab. Für sie sind das lebendige Erinnerungen, die sie geprägt haben. Der jungen Generation jedoch scheinen diese längst vergangenen Zeiten als solche der Finsternis, der Unfreiheit und Ungerechtigkeit. Auch sie haben von ihrem Standpunkt aus recht. Allein aus dem Erlebnisgehalt klaffen zwei Welten auseinander.

Nichts ist gefährlicher, als den alternden Monarchen mit dem Jüngling gleichzusetzen, der wagemutig den Fehdehandschuh hinwarf. Da es sich um die gleiche Person handelt, wird der Jüngling mit dem Greis gleichgesetzt. Daraus ergibt sich eine Färbung, die das Bild der Zeit und der Handelnden verzerrt. Geschichte ist der Prozeß einer unaufhörlichen Wandlung. Selbst wenn während vieler Jahre äußerlich »nichts geschehen« ist, hat sich die Umwelt gewandelt; die Menschen sind anders geworden. Ein neues Geschlecht ist herangewachsen, für die die alten Erfahrungen nichts gelten, meist aber auch nichts gelten können, da neue Verhältnisse eingetreten sind. Schichten des Volkes haben abgenommen, sei es der Zahl, sei es der Bedeutung nach, andere haben sich ausgedehnt oder sind gesellschaftlich aufgestiegen. Auch ohne »Erlebnisse« ändern sich die »Ergebnisse« der Vergangenheit. Das zeigt sich manchmal allerdings erst, wenn neue Ereignisse eintreten.

Was hat sich entscheidend gewandelt? Die Zeit ist fortgeschritten. Sie ist von den Ereignissen, die man erlebte, zu den Ergebnissen, die abzulesen sind, fortgeschritten. Jeder Zeitablauf ist – allerdings nur im engsten Rahmen – für den Betroffenen lebendig. Selbst wenn »nichts geschieht«, wenn jemand still für sich auf dem Lande lebt, verändert er sich »mit der Zeit«. Da mögen die Berge, die Wälder und Felder die alten bleiben. Sie gewinnen für den Menschen »mit der Zeit« eine andere Bedeutung. Was für diesen engen Rahmen gilt, das wird in der großen Entwicklung bedeutsam, wird wahrhaft »Geschichte«.

Wie sehr sich Zeiten ändern, wird vor allem stets dann sichtbar, wenn frühere Zustände und Einrichtungen noch einmal zurückgeführt werden. Dynastien sind wiederholt nach längerer Unterbrechung wieder zur Herrschaft gekommen. Lange hat ihre Regierungszeit selten gedauert. Zum Erstaunen der Mitwelt hatten sich die Verhältnisse inzwischen völlig verändert. Die Stuarts, die nach Cromwells Tod aus der Verbannung zurückkehrten, hielten sich nur 28 Jahre (1660–1688). Die Bourbonen wurden nach 15 Jahren vom Thron vertrieben, den sie den Alliierten nach dem Sturz Napoleons verdankten (1815–1830). Den Dritten Napoleon (1852–1870) kann man wohl kaum als den Fortsetzer der Bonapartes sehen, als der er sich selber fühlte. Er war fast in allem nahezu das Gegenteil seines großen Oheims. Es hilft den auf den Thron zurückgekehrten Monarchen meist wenig, wenn sie starr alles ablehnen, was inzwischen geschehen ist, wenn sie – wie die Bourbonen – »nichts gelernt und nichts vergessen« haben. Die Geschichte können sie nicht ungeschehen machen.

In manchen Fällen, da ein Staatsmann nach seinem Sturz und nach längerer Entmachtung wieder in seine alte Stellung zurückkehrt, erweist es sich, daß sich nicht nur die äußeren Umstände verändert haben, sondern daß auch er selber in dieser Zeit ein anderer geworden ist. 15 Jahre hatte der brasilianische Diktator Getulio Vargas (1930–1945) die Herrschaft fest in der Hand gehalten. In allen diesen Jahren hatte er nicht gewagt, allgemeine Wahlen zu veranstalten, obwohl das die von ihm selber verkündete Verfassung vorschrieb. Er fürchtete, in der Öffentlichkeit keinen Rückhalt zu finden. Nach seinem Sturz wurde er 1950 mit großer Mehrheit verfassungsmäßig erneut zum Präsidenten gewählt. Die Reformen, die er eingeführt hatte, wirkten sich nun aus. Wenige Jahre später erzwangen die Militärs seinen Rücktritt. Er beging Selbstmord. Hunderttausende folgten dem Sarg des gestürzten Staatsmannes. Der Vargas des Jahres 1950 war ein völlig anderer als der des Jahres 1930.

Ähnliches zeigt sich auch bei anderen südamerikanischen Diktatoren. Als der Oberst Peron 1945 gestürzt wurde, brach in Buenos Aires eine Massenerhebung aus, die ihn nach drei Tagen wieder in die Macht zurückführte. Aber der neue Peron war nicht mehr der Vertreter der Armee, sondern der einer neuen Volksbewegung, angefacht von seiner Frau, Evita genannt. In Chile gelangte der einstige Diktator Ibañez, der 1931 gestürzt worden war, erst 1952 wieder in das höchste Amt, aber der Ibañez von 1952 war ein alter Mann, müde und abgekämpft. Er hat zwar seine Präsidentschaft durchgehalten, aber er war nur ein Schatten dessen, was er vor Jahrzehnten gewesen war.

War das eigentlich verwunderlich? Alles ändert sich. Die Zeit verstreicht. Warum sollen sich nicht die Menschen ändern? In der Gegenwart können wir den unablässigen, unvermeidlichen Wandel verfolgen. Gegenüber der Vergangenheit aber verschließen wir gern unsere Augen. Im Rückblick schrumpfen die Jahre, selbst die Jahrzehnte zusammen. In dieser Zeit hat sich jedoch unendlich viel gewandelt. Wir messen meist mit längst überholten Maßstäben. Die Pariser des Jahres 1789 waren andere als die des Jahres 1793 und erst recht als die von 1804 oder 1815. Das Volk hat seine Vorbilder, seine Lieblinge, seine Gedanken und Überzeugungen gewechselt. Und die Jungen waren inzwischen herangewachsen. Revolutionäre sind nun nicht mehr gefragt. Man wendet sich der Ordnung zu, 1804 dem siegreichen Feldherrn Bonaparte, nunmehr Kaiser Napoleon, und 1815 den Bourbonen. Bittere Erfahrungen haben gezeigt, wohin eine Revolution führen kann.

Aber überträgt sich diese Erfahrung auch auf die Nachbarn? Und auf die Nachfahren? Es ist ein ander Ding, von Umwälzungen zu hören oder zu lesen, als sie selber durchzumachen. Im Nachbarland oder in späterer Zeit sind andere Eindrücke stärker. Jedes Volk, jede Zeit erlebt die »eigene« Geschichte, und die besteht nicht nur aus großen Ereignissen. Sie spiegelt sich in häufig tiefreichenden Wandlungen wider.

Die Alten übersehen häufig, daß sie älter werden und sich die Welt verändert, nicht zuletzt gerade dank ihres eigenen Wirkens. Die Besiegten haben die Taktik des Feindes kennengelernt, seine Strategie durchschaut, seine Waffen übernommen. Beim nächsten Zusammentreffen ist die Kampflage beträchtlich verändert. Die Unterworfenen haben inzwischen ihre eigene Schwäche, ihre innere Zerrissenheit, ihre technische und wirtschaftliche Rückständigkeit überwunden, ihre Zahl hat sich vermehrt. Vielleicht sitzen bereits einflußreiche Vertreter in den Kreisen der neuen Herren. Sie übernehmen die Führung im Freiheitskampf.

Am sichtbarsten wird die Wandlung bei den Waffen, weil sie sich im Kampf bewährten. Alte Soldaten hängen noch an den Waffengattungen, mit denen ihre Vorfahren Siege erfochten haben, obwohl sich die Technik inzwischen gründlich gewandelt hat. Im Ersten Weltkrieg haben Reiterführer doch tatsächlich geglaubt, an der Spitze ihrer Schwadronen siegen zu können. Nach den bitteren Erfahrungen wußten sie: Ein Reiter zu Pferd ist dem Maschinengewehr ohnmächtig ausgeliefert; er gehört nicht mehr aufs Schlachtfeld. Auch im Zweiten Weltkrieg ritten polnische Ulanen gegen deutsche Panzer an. Philipp II. glaubte noch, mit den schweren Galeeren, denen er den Sieg bei Lepanto über die Türken verdankte, die Engländer und die Niederländer auch in der Nordsee niederringen zu können. Seine »Unbesiegbare Armada« kam überhaupt nicht zur Schlacht. Sie war gegenüber dem neuen Schiffstyp der Engländer zu unbeweglich; auf der Rückfahrt um die Britischen Inseln herum scheiterte sie im Sturm.

Diese Wandlungen fallen um so mehr ins Gewicht, je länger sie Zeit hatten, um sich herauszubilden. Zwar verläuft jede Entwicklung stufenweise, aber nur selten in großen Sprüngen; sichtbar wird sie jedoch fast schlagartig durch den Einschnitt, wenn der Unterschied zwischen dem, was einst war, und dem, was nun geschieht, deutlich hervortritt.

Ein solcher Umbruch wird besonders auffällig, wenn die »alte Zeit« ungewöhnlich lange gedauert hat oder wenn eine besonders junge Generation das Erbe antritt. Gerade weil sie so jung an die Macht kamen, haben sie die Umwelt – deren Bindungen sie nicht anerkennen wollten und wohl auch nicht konnten – tiefgreifend umgestaltet: Karl XII. von Schweden, Friedrich II. von Preußen, Napoleon I. von Frankreich – alles Männer unter 30! Eine ganze Generation fällt gleichsam aus, und damit wird eine ganze Phase der Erfahrungen einfach ausgelöscht, und zwar ist es die Zwischengeneration, die noch mit vielen Erlebnissen eine Verbindung zur vorangegangenen gehabt hat, die gewissermaßen den Übergang bilden sollte. Sie wird überrannt durch die Jugend, die sich um den neuen Monarchen versammelt.

Auf Königin Viktoria folgte ihr Sohn Eduard VII. mit immerhin 61 Jahren, auf Tiberius hingegen sein »nur« 21 Jahre jüngerer Stiefsohn und Feldherr Caligula. Wie lange mußten manche Kronprinzen warten, bis ihnen endlich die Macht zufiel, ob sie sie nun ersehnt hatten oder nicht. Inzwischen sind ihre Altersgenossen teilweise gestorben, eine neue Generation ist bereits am Wirken;

sie bringt eine völlig andere Einstellung zur Umwelt und ein anderes Geschichtsbild mit.

Das gilt erst recht, wenn auf den alten Monarchen nach kurzer Zeit der Enkel folgt oder gar der Urenkel. Der »Sonnenkönig« Ludwig XIV. starb 1715. Sein Urenkel Ludwig XV. bestieg den Thron mit vier Jahren. Der Deutsche Kaiser Wilhelm II. folgte mit 29 Jahren eigentlich seinem 91jährigen Großvater, da sein Vater Friedrich nach 90 Tagen Regierung starb.

Selbst in solchen Fällen können sich die Epochen manchmal miteinander verzahnen. Friedrich II. übernahm von seinem Vater alte Generäle wie den »alten Dessauer«. Napoleon »erbte« die führenden Männer der Revolution, wie Talleyrand und Fouché, obwohl sie ihm persönlich zuwider waren. Er erkannte ihre ungewöhnliche Erfahrung – und ihre Fähigkeiten – an. Auch Wilhelm II. hat zunächst mit dem alten Bismarck und mit den älteren Beamten regiert.

Dennoch: Die Monarchen umgeben sich schließlich – verständlicherweise – doch vorwiegend mit ihren eigenen Altersgenossen, deren Sprache sie verstehen, deren Lebensgefühl und Weltauffassung sie kennen, mögen einzelne »alte Männer« auch mit im Rat sitzen.

Sehr viel jäher wird der Umschwung, wenn die Zwischengeneration nicht nur durch den Thronwechsel ausgeschaltet wird, sondern regelrecht ausfällt. Das ist das Kennzeichen jeder Kriegszeit. Die hohen Verluste des Ersten Weltkrieges führten zu einem empfindlichen Ausfall der »Kriegsgeneration«, also der damals 20- bis 40jährigen. Obwohl sie geschrumpft war, hat gerade diese Kriegsgeneration in allen Ländern Europas nach 1920 die politische Führung übernommen. Die Folgen der Kriegsverluste zeigten sich eigentlich erst, als die Zahl der Geburten nach 1917 beträchtlich zurückging.

Die bereits schmalere nächste Generation hat dann den ganzen Verlust des Zweiten Weltkrieges zu tragen gehabt. Die Jahrgänge von 1911 bis 1926 sind im Zweiten Weltkrieg empfindlich gelichtet worden. Teilweise sind ganze Schulklassen an einer der vielen Fronten gefallen. Man braucht nur das Bild vom Altersaufbau der deutschen Bevölkerung zu betrachten, um zu erkennen, wie anstelle der sonst üblichen Pyramide mit den jungen Jahrgängen als breiter Basis, dem gleichmäßigen Abnehmen bei den älteren

Generationen eine eigenartige Figur entsteht mit dem ausgeprägten Einschnitt bei den heimgesuchten Jahrgängen. Besonders dort, wo die Menschenverluste am größten waren, wirken sich diese Kriegsfolgen in den nächsten Jahrzehnten am meisten aus, das gilt sowohl für Deutschland wie für die Sowjetunion und für Japan, weniger für die Vereinigten Staaten. Deutschland bietet ein besonderes Beispiel dafür, was es bedeutet, wenn eine ganze Generation ausfällt.

Dreimal in den letzten 100 Jahren machte die deutsche Geschichte einen Sprung über eine »vergessene« Generation hinweg: 1890, als Bismarck zurücktrat und der junge Kaiser Wilhelm II. die Herrschaft übernahm, im Jahre 1933, als Hitler den greisen Feldmarschall v. Hindenburg entmachtete, und schließlich 1962, als der Bundeskanzler Adenauer zurücktrat.

Bei dem ersten Übergang der Macht von einer Generation gleich zur übernächsten war der Altersaufbau der Bevölkerung intakt. Langsam stieg die Pyramide von den breiten, jüngeren Altersklassen gleichmäßig schrumpfend zu den schmaleren, älteren Jahresklassen nach oben. Der Sprung wirkte sich nur in den Führungspositionen aus – den politischen wie den militärischen.

Schwer waren die Jahrgänge gelichtet, die am Ersten Weltkrieg teilgenommen hatten, etwa die akademische Jugend bei Langemarck. Dennoch hat gerade diese Kriegsgeneration in den nächsten Jahren in der Politik, in der Wirtschaft und im kulturellen Leben den Ton angegeben. Aber die Jahrgänge um die Jahrhundertwende kamen nicht zum Zug. Bis 1933 standen sie im Schatten derjenigen, die vor dem Ersten Weltkrieg geistig geprägt worden waren. Danach wurden sie von der Jugend überrannt, die durchweg unter dreißig Jahre alt war. Diese Jahrgänge waren eine »vergessene Generation«. Dieses Überspringen einer Generation wiederholte sich nach dem Zweiten Weltkrieg.

1963 trat die Generation ab, deren Erziehung und geistige Ausbildung noch überwiegend in der Kaiserzeit gelegen hatte. 1945/46 rückten – nicht zuletzt aufgrund der Besatzungspolitik – noch einmal die Männer in die entscheidenden öffentlichen Stellungen ein, die bereits vor 1933 eine gewisse Rolle gespielt hatten, die also damals in der Regel über 30 Jahre alt gewesen waren. Adenauer war zwar einer der ältesten, aber auch in den anderen Stellungen, etwa in den Gewerkschaften, gewannen die Älteren den beherrschenden Einfluß. Sie brachten selbstverständlich ihr Weltbild mit.

Dieses Geschichtsbild war geprägt durch die Erinnerung an die Zeiten vor dem Ersten Weltkrieg, durch die schweren Enttäuschungen, die er ausgelöst hatte, durch die Erinnerung an die wirtschaftliche Not nach der Währungsreform und die Arbeitslosigkeit während der Weltwirtschaftskrise zu Beginn der dreißiger Jahre. Sie lehnten kompromißlos den Nationalsozialismus ab, der alles das zerschlagen hatte, was einst die Welt dieser Männer gewesen war. Die Zeit zwischen 1914 und 1945 war tief in ihr Gedächtnis eingegraben, und zwar so, wie sie sie erlebt hatten – also einseitig. Sie hatten aus »der Geschichte« klare Lehren gezogen. Mochten sie auch richtig gewesen sein – blieben sie jedoch auch für die nächste Generation maßgebend?

Als die alte Generation endgültig vom Schauplatz des Geschehens abtrat, konnte die nächste das Erbe gar nicht antreten. Sie war zahlenmäßig zu schwach. Voll vertreten waren eigentlich nur die Jahrgänge bis 1911; die nächsten Jahrgänge waren sehr geburtenschwach gewesen – eine Folge des Weltkrieges –, sodann waren die Reihen durch den Krieg stark gelichtet – schließlich blieben viele von ihnen aus politischen Gründen ausgeschaltet. 1933 war die Jugend entweder kommunistisch oder nationalsozialistisch. Die Kommunisten wurden von den Nationalsozialisten »kaltgestellt«, die Nationalsozialisten wurden nach 1945 als »belastet« ausgeschaltet.

Deswegen rückte bereits die übernächste Generation, also diejenigen, die damals jünger waren als 40 Jahre, in führende Stellungen ein. Der Übergang vollzog sich schnell; er nahm vor allem unerwartet schroffe und gewalttätige Formen an. Die Überraschung war groß. Eben noch hatten die Soziologen geklagt, die Jugend hätte zu wenig Interesse für öffentliche Fragen, sie dächte nur an Sicherheit und Geld, daran, eine Familie zu gründen; und auf einmal sah alles anders aus. Die Unruhe begann bei den Studenten, erfaßte einen immer größeren Teil der Jugend und erstreckte sich bald auf viele Gebiete des öffentlichen Lebens.

Unvermittelt stehen sich heute zwei Weltbilder – und das sind Geschichtsbilder – gegenüber. Das eine ist vor 1933, das andere nach 1945 geformt worden. Die dazwischenliegenden zwölf Jahre dienten nicht als Übergang, als Verbindungsglied, sondern als

Sperre, als unüberbrückbarer Abgrund, der zwischen den beiden Erfahrungsbereichen klaffte. Lassen sie sich überhaupt noch miteinander verbinden? Es gibt gewisse Ähnlichkeiten. In beiden Zeiträumen gab es eine Währungsreform. Gerade da zeigen sich die tiefen Unterschiede, insbesondere in der politischen Auswirkung.

Die erste Währungsreform 1923 hinterließ den Eindruck schreiender Ungerechtigkeit, als den einen die mühsam erarbeiteten Spargroschen einfach gestrichen wurden und den Schuldnern viel gegeben wurde. 1948 jedoch schien es so, als müßten alle »mit Null«, richtiger mit 20 DM je Kopf beginnen. Alle »Geldwerte«, nicht nur die Geldscheine, sondern auch die Geldguthaben, wurden nahezu aufgehoben. Eine vordergründige Einstellung zum Geld, die nur die Geld-, nicht die Warenseite der Wirtschaft sieht, verstärkte diesen Eindruck, der Währungsschnitt sei diesmal zwar härter, aber gerechter erfolgt. Anders als nach 1923 begann sehr rasch der wirtschaftliche Aufschwung, das sogenannte »Wirtschaftswunder«. 1929, zehn Jahre nach Kriegsende, hatte die deutsche Erzeugung noch nicht wieder den Vorkriegsstand erreicht, als die Weltwirtschaftskrise alles zerschlug. Zehn Jahre nach dem völligen Zusammenbruch 1945 war das Sozialprodukt in der Bundesrepublik bereits beträchtlich über den recht hohen Stand des Jahres 1938 gestiegen – und es stieg weiterhin in erstaunlichem Umfang.

Wie wirkt es sich nun aus, wenn Generationen mit völlig verschiedenen Erfahrungen dadurch unvermittelt einander gegenüberstehen, weil die Zwischengeneration wegfällt, die wenigstens in ihrer Jugend etwas von der Vergangenheit mitbekommen hat? In den Vereinigten Staaten hat der Bürgerkrieg (1861–1865) zwar eine tiefe Kluft zwischen Nord und Süd aufgerissen, aber eine Generation ist dabei nicht ausgefallen. Tiefer schnitt der Bürgerkrieg 1936–1939 in die spanische Entwicklung ein. Vorläufig haben noch die Männer der Kriegsgeneration mit dem Staatschef Franco die Macht in der Hand. In Algerien hat der fünf Jahre dauernde Freiheitskampf zu hohen blutigen Verlusten geführt. Wahrscheinlich sind von den neun Millionen Algeriern an die anderthalb Millionen umgekommen, allerdings über alle Altersklassen verteilt. Die Auswirkungen werden sich erst in den nächsten Jahren zeigen, dann nämlich, wenn Menschen aus verschiedenen Epochen, die vom Freiheitskampf geprägten und die folgende Generation, miteinander auskommen, miteinander arbeiten müssen.

Wie sollen sich Generationen mit so grundverschiedenen Erlebnissen überhaupt verstehen? Sie sprechen eine andere Sprache, sie gehen von anderen Einstellungen aus, sie hängen anderen moralischen Werten an. Zwar erfährt auch die ältere Generation die zeitbedingte Wandlung, aber sie beurteilt sie anders, weil sie – befangen in der Erinnerung – um die innere Sicherheit und um die äußere Freiheit bangt. Sie möchte der Jugend ihre Befürchtungen mitteilen, doch findet sie nicht die Worte, die deren Herz anrühren könnten.

Die Zeiten haben sich gewandelt, aber auch die Menschen sind anders geworden. Manche sind weiser, manche müder und starrer geworden. Sie finden weder die Kraft zum Wagnis noch die Bereitschaft, Risiken zu laufen, die das mühsam Errungene wieder aufs Spiel setzen könnten. Die Jugend aber rennt mit der gleichen Kraft ihren Zielen nach, die einst – vor dreißig Jahren – die ältere Generation ausgezeichnet hatte. Hinter jedem Weltbild steht eine andere Altersschicht, jeweils geprägt durch ihre Erfahrungen, was bereits für sich einen Wandel bringen muß. Mit der neuen Generation wechseln die Temperamente, und damit ändert sich auch das Weltbild. Eine geistige Krise wird unvermeidlich.

Diese Krise berührt das Verhältnis zu den Werten. Sie erfaßt die moralischen wie die sozialen Wertvorstellungen. Sie äußert sich in der Ratlosigkeit gegenüber den bedrängenden Fragen des Lebens überhaupt, nach dem Sinn und den anzustrebenden Zielen. Die Jugend beginnt zu zweifeln. Sie verlangt nach neuen Idealen. Sie spricht von Umsturz. Die Folge ist ein bedrohlicher Gegensatz zur Umwelt und häufig auch zu den anderen Staaten, die diesen Sprung nicht mitmachen konnten. Verheerende Kriege waren wiederum die geschichtliche Folge.

Menschheitsgeschichte spielt sich in der Zeit ab. Das führt zuweilen zu dem Irrtum, als sei sie ein gleichmäßiger, sich immer wiederholender Prozeß. Ein Wald wächst gleichmäßig Jahr für Jahr, wenn auch, je nach der Witterung, einmal schneller, einmal langsamer. In der menschlichen Geschichte jedoch erkennen wir immer wieder auffallende Sprünge. Da vollzieht sich der Wandel stoßweise. Ein besonderes Ereignis führt zu Folgen, die vielleicht nicht einmal sofort zu erkennen sind. Da prägen die Kriege mit ihren

Schrecken, Revolutionen mit ihren neuen Ideen die Zeit, da raffen Seuchen große Teile der Bevölkerung dahin und verändern – wie einst die Pest im Mittelalter – die Lebensbedingungen. Da bringen großartige Erfindungen einen technischen Fortschritt, der die Wirtschaft belebt. Ein Ereignis führt bestimmte Menschen an die Macht, die sich nun Institutionen schaffen und mit Hilfe ihrer Macht dem Wandel zu trotzen versuchen. Aber gleichzeitig altern ihre Träger, nämlich jene Menschen, die sie einst geschaffen haben. Daraus ergibt sich ein unvermeidlicher Gegensatz: Die geschaffenen Einrichtungen scheinen unverändert zu bleiben, aber innerlich verlieren sie an Kraft, weil ihnen die Anregungen fehlen, die sie lebendig erhalten sollten. Die Inhaber der Macht, die für die Einrichtungen sprechen, werden müde, ohne sich dazu entschließen zu können, die nächsten Jahrgänge heranzuziehen, einfach weil diesen ja das große Erlebnis fehlt, das die Gründer vereint. Die »Alten Kämpfer« bleiben am liebsten unter sich.

In der katholischen Kirche liegt ein gewisses Gegengewicht darin, daß an die höchste Spitze in der Regel ältere Persönlichkeiten zum Papst berufen werden. Sie sollen den Übergang der Generationen mildern, um den Fortbestand der Lehre über alle Zeiten hinweg zu sichern. Die großen Reformer der Kirche haben nur selten als Päpste gewirkt – wie Gregor VII. –, meist standen sie außerhalb der Hierarchie. Sie waren Mönche und Heilige. Aus den Klöstern heraus haben sie die Kirche umgestaltet. Selbst eine so festgefügte Institution mit ihrer starren Form hat sich gewandelt. Der Wandel ist nun einmal das Gesetz der Geschichte.

Das gilt für alle Institutionen; das gilt für den Staat ebenso wie für den religiösen Orden, das gilt für den Geheimbund wie für die Sekte, für die Firma des Handelsrechtes wie für jeden Verein. Obwohl die Institution bleibt, wird sie schließlich ein leerer Mantel. Eines Tages bricht der Aufstand aus. Die Jungen fordern ihr Recht; sie wollen nicht länger von dem Panzer der Vergangenheit erdrückt werden.

Revolutionen gehen in der Regel von jungen Leuten aus. Haben sie gesiegt, verhalten sie sich häufig genauso wie die von ihnen so heiß bekämpften Vorfahren: Sie richten sich in den neuen Institutionen ein. Jahrzehntelang halten und verteidigen sie dann ihre Stellung. Daraus ergeben sich zwangsläufig neue Spannungen – in Wahrheit ist es die ewig alte Spannung der Generationen. Wieder werden die Institutionen ausgehöhlt. Kennzeichnend dafür ist die Sowjetunion, wo Stalin gleichzeitig die Last seines Amtes wie die menschliche Bürde des Alterns zu tragen hatte. Es altern aber nicht nur die Staatsmänner, sondern mit ihnen jene Generation, die in der Politik die Führung innehat, die also das Leben und das Weltbild ihrer Zeit nachhaltig geprägt hat. Diesen Vorgang beobachten wir in der ganzen Geschichte.

Die harten Krieger oder Revolutionäre – im Besitz der Macht – verweichlichen schnell. Die Macht oder das Wohlleben sollen die kriegerischen Eigenschaften untergraben haben, heißt es dann. Vielleicht stimmt das. Vergessen wir dabei nur zu leicht den Zeitablauf selber. Die einstigen Helden werden müde, nicht weil es ihnen gutgeht, sondern weil die unbarmherzige Natur sie altern läßt.

Als der junge Bonaparte mit seinen noch nicht 30 Jahren gegen die gealterten Generäle des Habsburgers focht oder den greisen Herzog von Braunschweig, Führer des preußischen Heeres bei Jena und Auerstätt, besiegte, stand eine neue Zeit gegen eine längst überalterte. Die britischen Generäle, die nach alter Regel ihre geschlossenen Reihen gegen die beweglichen Linien der nordamerikanischen Schützen unter Andrew Jackson anrücken ließen, erlitten bei New Orleans eine schwere Niederlage. Aber sie konnten sich nun einmal nicht von ihren Erfahrungen lösen, mochten diese auch aus einer Zeit stammen, da die schwerfälligen Vorderlader eben nur ein- oder zweimal während der Schlacht abgefeuert werden konnten. Da waren geschlossene Reihen noch vertretbar. Die Zeiten hatten sich geändert; die Menschen waren älter geworden, aber sie lebten noch in ihren Erinnerungen, die sie einmal geprägt hatten.

Das erklärt sich noch aus einem anderen, gern übersehenen Umstand. Die alten Kämpfer bleiben meist unter sich; sie nehmen nur ungern Junge in ihre Kampfgemeinschaft auf. Das gilt überall, auch in den politischen Parteien. Jede menschliche Gemeinschaft kennt ihre große Kampf- und Heldenzeit. Da war man jung, da war man kühn. Da hat man noch etwas geleistet. Wehmütig denkt man daran zurück. Bei den gleichaltrigen Kampfgefährten findet man Verständnis. Die Jugend will von alledem nichts hören. Sie geht ihre eigenen Wege. Vielleicht beginnt sie ihre eigenen »Kampfjahre«. Und dreißig Jahre später wird auch sie nach dem uralten Gesetz der menschlichen Natur die nunmehr nachfolgende Generation nicht mehr verstehen. Dieser Generation ergeht es nicht anders. Mit der neuen Jugend beginnt das alte Spiel erneut: Eine neue »Bewegung« lebt aus ihren eigenen »Kampfjahren«.

Bei sozialen Gruppen läßt sich der Prozeß des Alterns meist gut verfolgen. Dort tritt der Umschlag vom Aufbau zum Abbau, von der schöpferischen Kraft, mit der sie einst ins Leben gerufen wurden, zum Abbau, zur Beharrung, ja zur Verknöcherung und zum inneren Absterben deswegen so sichtbar hervor, weil die tragenden Ideen sich gegen die Umwelt abheben, in die hinein sie wirken wollen. Deutlich zu erkennen ist das bei den Ordensgemeinschaften. Sie wurden einst von ihrem Ordensgründer aus einem geistigen Bedürfnis der damaligen Zeit und aus einer geistigen Weltanschauung geschaffen. Sie wollten die Menschen bessern, sie wollten eine Ordnung verwirklichen und so die Welt umgestalten. Selbst wenn die Orden sich aus »der Welt« zurückzogen, haben sie eine Form für das Gemeinschaftsleben der »Jünger« oder Mönche finden müssen. Das war das Kloster. Damit wurde eine Institution geschaffen, die »zeitlos« sein sollte, die jedoch zwangsweise altern mußte. Die Mönche der Ordensgemeinschaft leben noch lange im Geiste des verehrten Meisters, ohne zu beachten, daß die einst gesetzten Regeln nicht mehr der Zeit entsprechen.

In der mittelalterlichen Kirche hat einmal das irische Klosterwesen die beherrschende Rolle gespielt, nicht nur in Irland selbst, sondern in ganz Westeuropa. St. Gallen war solch ein Höhepunkt geistigen Lebens. Als der Papst in Rom großen Einfluß im Frankenreich gewann, stieg der Einfluß der Benediktiner. Es kam zu den Gründungen der Karolinger in Fulda, Gorze und Lorsch. Nun wurde das Kloster zum festen Stützpunkt des politischen Lebens, ein Gedanke, der den irischen Mönchen fernlag. Sie vermochten sich nicht umzustellen.

Ganz anders entwickelte sich nach den schweren Normannenstürmen, denen die meisten alten Klöster zum Opfer fielen, das Kloster Cluny. Es leitete die Pilgerfahrten nach Santiago de Compostela in Spanien. Es wurde zum Träger des Glaubenskampfes auf der iberischen Halbinsel und der Kirchenerneuerung im Abendland. Aus diesem Orden löste sich wiederum die Richtung der Zisterzienser, die zwar auch eine bedeutsame politische Rolle spielten, den Hauptwert jedoch auf die wirtschaftliche Erschließung des Landes legten. Und wieder neue Wege gingen im 13.

Jahrhundert die Bettelorden der Dominikaner und Franziskaner. Sie trafen sich zu ihren Streitgesprächen an der Pariser Universität und gaben der geistigen Entwicklung nicht nur Europas, sondern der ganzen Welt eine neue, entscheidende Richtung. Als Antwort gegen die Reformation, zugleich als Bemühen, die neuen geistigen Kräfte zusammenzufassen, gründete Ignaz von Loyola den Jesuitenorden. Ihm stellte er die Aufgabe, die modernen Wissenschaften, insbesondere die Naturwissenschaften, mit ins geistige Leben einzubeziehen. Das hatten die alten Orden abgelehnt.

Die Orden haben sich bis heute erhalten. Jeder hängt an seiner großen Vergangenheit. Seine Brüder haben sich geistig kaum von der Gründerzeit und ihren großen Männern lösen können, und sie wollten es auch nicht. Was danach kam, schien gewissermaßen schon ein Abstieg. Könnte es jedoch überhaupt zu neuen geistigen Bewegungen kommen, wenn nicht immer wieder die junge Generation aufbegehren würde? Die Alten aber, die sich auf dem Höhepunkt gegen die Nachdrängenden abschließen, um ihren eigenen Erfolg zu sichern, fördern nur die Spaltung oder die Erstarrung.

Es mag zunächst so erscheinen, als seien Gemeinschaften dem Gesetz des Alterns enthoben. Die Alten sterben, junge Menschen treten an ihre Stelle. In Wirklichkeit altern solche Gemeinschaften ebenso wie geistige Systeme, nicht nur wegen der Menschen, sondern wegen der Gedankenwelt, aus der sie erwachsen, weil die Erlebnisse verblassen, die sie einst bestimmten. Alle solche Gruppen blicken auf die Zeit zurück, da sie sich gegenüber der Umwelt durchzusetzen hatten, vom hohen Bewußtsein durchdrungen, wahrhaft die Welt zu verbessern. Das gilt von den Orden ebenso wie von sozialen Gruppen und von politischen Parteien.

In China hat einmal Konfuzius den Staat auf eine neue, wie er meinte, auf eine höhere, nämlich moralische Grundlage gestellt. Die Mandarine, seine Schüler, haben an den Lehren des Meisters unverbrüchlich festgehalten. Nur das Studium seiner Schriften gab Erkenntnis und Einsicht. Die Dominikaner und die katholische Kirche hielten an den Lehren des Thomas von Aquin fest. Die Marxisten der verschiedensten Richtungen, von den Leninisten über die Stalinisten bis zu den Maoisten, sehen in den Lehren des Karl Marx die unversiegbare Quelle der Wahrheit und der Erkenntnis. Dabei haben sich die wirtschaftlichen und sozialen

Verhältnisse seit dem »Kommunistischen Manifest« und dem großen Werk »Das Kapital« gründlich geändert.

Aber auch die Parteien leben von ihrer »großen Zeit«. So ist 1912 in Mexiko die Institutionelle Revolutionäre Partei beim Aufstand gegen den Präsidenten Porfirio Diaz und gegen die Herrschaft der Großgrundbesitzer gegründet worden. Inzwischen sind fast 60 Jahre vergangen; aber immer noch wird die Gedankenwelt dieser Partei und damit die Politik Mexikos von der Erinnerung an das zweite Jahrzehnt unseres Jahrhunderts bestimmt. In Algerien prägt die Erinnerung an die Freiheitskämpfe gegen die französische Kolonialherrschaft das Weltbild der Staatspartei, der FLN (Front de Libération Nationale), auch wenn die Männer der ersten Stunde teils gestorben, teils inzwischen entmachtet worden sind.

Alle die großen Revolutionäre, ein Mussolini, ein Hitler, ein Franco, ein Fidel Castro, so verschieden sie auch sind, alle haben eines gemeinsam: Sie klammern sich in Gedanken an die Tage, da ihr Stern aufging, als sie für ihre Ideen kämpften und siegten. Ob das der »Marsch auf Rom«, ob das der Rückschlag vor der Münchener Feldherrnhalle, ob das die Tage der Schlacht um Madrid, ob das die Kämpfe in der Sierra Madre gewesen sind! Sie leben in zwei Welten, in der äußeren, die dem unvermeidlichen Prozeß der Geschichte unterworfen ist, und in der Welt ihrer Erinnerungen, die sie frisch und unvergänglich zu halten sich bemühen.

Unerbittlich geht jedoch die Geschichte weiter. Es ist ein vielschichtiger Prozeß, der sich vollzieht: Die einen leiten und beschleunigen ihn, die anderen erdulden und erleiden ihn. Jede Schlacht wird zugleich gewonnen und verloren. So bringt auch in der Wirtschaft und im sozialen Leben jeder Fortschritt dem einen Vorteil, dem anderen jedoch zwangsläufig Nachteile. Jede Gesellschaftsordnung kennt den Unterschied von oben und unten, zwischen denen, die befehlen, und denen, die gehorchen, ob freiwillig oder unter Zwang.

Erst das Zusammenwirken im umfassenden Prozeß, im Spiel von Vorteil und Nachteil der Entwicklung gestaltet Geschichte. Meist hören wir nur die Lobgesänge der Sieger, den Triumph der Erfolgreichen und der glücklichen Gewinner. Deutlich hebt sich nun deren neuer Stand gegenüber den früheren Verhältnissen ab. Darüber vergessen wir nur zu leicht diejenigen, die ihre Macht verloren haben, die vom Fortschritt beiseite gespült oder die unterworfen worden sind. Jede Veränderung wirkt sich auch auf die jeweilige Unterschicht aus, ganz gleich ob es – politisch, rassisch oder wirtschaftlich – die alte Unterschicht ist, von der nur ein verschwindender Bruchteil zu Macht und Ansehen emporsteigt, oder ob es die alte Herrenschicht ist, die nun abgesunken ist. Alle sind sie einem tiefreichenden Umschwung unterworfen.

Erleben umfaßt in der Geschichte fast immer gleichzeitig ein Erleiden. Das gilt nicht nur für die unglücklichen Opfer, sondern auch für die handelnden Personen. Erst aus Hangen und Bangen, aus Leiden und Ausharren, aus Hoffnung und Erwartung, aus äußerster Willensanspannung und unendlicher Geduld, aus Zweifel und jähem Entschluß erwachsen die Erfolge, die Siege, die Fortschritte.

Härter trifft das Schicksal die Unglücklichen, die nun die Opfer der Kriege, der Verwüstungen, der Hungersnöte, der Eroberungen sind! Es liest sich leichthin, daß im Mittelalter der mächtige Graf, später der aufgebrachte König, seinem Nachbarn dadurch zu schaden suchte, daß er dessen Land verwüstete, die Häuser in Brand setzen, die Menschen wegführen ließ. Da werden Städte gestürmt und zerstört. Da werden ganze Völker in die Sklaverei verkauft oder umgesiedelt. Der Gang der »großen« Geschichte schreitet über diese Unglückseligen hinweg. Sie erscheinen fast nur als Statisten, um den Verlauf der »eigentlichen« Geschichte zu beleben, um das Ringen der Großen untereinander zu illustrieren.

Nach errungener Unabhängigkeit begann in Indien ein entsetzliches Gemetzel. Millionen mußten ihre Heimat verlassen, als Pakistan von Indien getrennt wurde. Die Bewohner des Kongo erlebten zunächst die schrecklichen Wirren, als die Kolonialherrschaft fiel. Die Unterschichten mußten ausbaden, was der Sieg den führenden Schichten an Erfolg bescherte.

Von den wagemutigen Taten und den blendenden Gedanken können die Dichter künden. Sie werden auch von der Nachwelt verstanden. In die homerischen Helden konnten sich die Griechen – und so manche Schulbuben des Abendlandes – hineinversetzen; sie konnten die Rolle des kühn dahinstürmenden Achill, des rasenden Ajax, des listigen Odysseus selber spielen.

Schwerer ist es schon, den hartgeprüften, greisen Priamos zu verstehen, wenn er sich flehend zum Sieger Achill begibt, um den geschändeten Leichnam seines toten Sohnes Hektor von ihm zu erbitten. Was ist wohl während der zehn Jahre, die – nach Homer – die »Belagerung« gedauert haben soll, in Troja selber vor sich gegangen? Wie nahmen die Bewohner die Leiden hin? Hat man im Rat der Alten gewußt, was zur gleichen Zeit in Kleinasien, in Syrien, in Ägypten geschah? Dort wurden große Kriege geführt. Schlugen ihre Wellen bis in die heimgesuchte Stadt? Und was veränderte sich inzwischen in Griechenland? Der Dichter macht es sich leicht; er läßt die verlassenen Frauen trauern. Was ist nun die wahre »Geschichte«? Das, was der Dichter von den »Erlebnissen« erzählt, oder das, was sich allmählich, aber unentrinnbar im Untergrund abspielt?

Die einen reden; sie schreiben die Bücher, die sie der Nachwelt überliefern. Die anderen schweigen; sie dulden stumm. Es mag der Eindruck entstehen, als seien nur die Großen die wahren »Träger der Geschichte«. Da folgt König auf König, Herrscherhaus auf Herrscherhaus. Da zieht Heer auf Heer hinaus, um die Grenzen zu verteidigen oder sie vorzurücken, was nachträglich nicht mehr klar zu unterscheiden ist. Fast jede Eroberung wird als »Verteidigung« ausgegeben. Grenzen werden in Verträgen festgelegt; diese Verträge werden gebrochen, gekündigt, abgeändert. Es sind die Großen unter sich, die auf Konferenzen oder Kongressen, in abgeschlossenen Kabinetten oder auf prunkvollen Reichstagen die Welt neu ordnen, in Versailles oder in Jalta. Die Kleinen haben sich zu fügen. Sie erleben zwar Geschichte, haben aber nur selten ein Mitspracherecht.

Wenn man die Dinge vorwiegend »von oben« her betrachtet, läßt sich im einzelnen verfolgen, welcher »Entschluß« gefaßt wurde und welche Auswirkungen er gehabt hat. Wie aber will man das »Erlebnis« der vielen Unbekannten fassen? Doch ist wirklich allein der Befehl entscheidend? Braucht er nur ausgeführt zu werden? Was die Kleinen tun und leisten, die gehorchen, entscheidet doch auch die Geschichte. Das gilt nicht nur für die Soldaten, das gilt in der Wirtschaft ebenso wie in der Gesellschaft. Befehl ist die äußere Form. In ihm spiegelt sich das Gesetz, die Ordnung. Da wird die Tätigkeit im Kampf ebenso wie bei der Arbeit ausgerichtet.

Kommt aber der Arbeit weniger Bedeutung zu als dem Befehl, der ausgeführt wird? Manchem scheint das so zu sein. Welcher Irrtum! Arbeit ist dazu da, um das Leben zu sichern, mit oder ohne Befehl. Wenn ein Befehl die Arbeit nur fehlleitet, wird sie im wirtschaftlichen Sinne wertlos. Beide Seiten wird man zu verfolgen haben, Ausrichtung und Ausführung. Die Befehlenden sind ohne die Gehorchenden ebenso machtlos, wie die Gehorchenden ohne Leitung und damit ohne Befehl in die Irre zu gehen pflegen.

Es mag manchmal so aussehen, als seien die Unterschichten bedeutungslos. Dann bricht jedoch, häufig ganz unvermutet, von unten her eine neue Bewegung auf. Oder oben schwindet die Macht, weil das Heer den Feldherrn, weil der Adel den Monarchen, weil das Volk den Herrscher verläßt. Der Umbruch, die Revolution ist da. Wo kommt sie her? Die unbeachteten, mißachteten, vergessenen breiten Massen machen auf einmal »Geschichte«. Im Untergrund vollzieht sich die Wandlung zunächst kaum beachtet. Erst die späteren Ereignisse lassen sie durchschauen und verstehen.

Da zeigt es sich, daß es nicht nur hier und da einzelnen Persönlichkeiten gelungen ist, aus bescheidenen Verhältnissen zu Ansehen und Einfluß, ja zu Macht aufzusteigen. Der untere Stand hat sich emporgearbeitet; er beherrscht die Szene. Er bestimmt nun aus seinen Lebensbedingungen, aus seinen Vorstellungen und Interessen heraus die Entwicklung. Es mag fast scheinen, daß das ganze Volk sich gewandelt hat. Dabei ist nur die Oberschicht eingeschmolzen worden und damit untergegangen. An diesem Prozeß haben jedoch Söhne der Oberschicht in der Regel entscheidend mitgewirkt. Sie haben die Lehren aufgegriffen, die von Gerechtigkeit und Gleichheit sprachen. Sie haben den Unterdrückten oder Entrechteten erst das Selbstbewußtsein und damit die politische Stoßkraft gegeben – z. B. schon um 100 v. Chr. die Gracchen in Rom und ebenso die jungen französischen Adligen des Jahres 1789.

Eine besondere Rolle spielen in der Geschichte die Randschichten, die abseits vom öffentlichen Leben stehen. In manchen lateinamerikanischen Republiken bleiben große Teile der Bevölkerung ohne Verbindung mit dem »nationalen Leben«, sowohl mit dem politischen wie dem wirtschaftlichen, wie dem kulturellen. In Guatemala dürfte das fast die Hälfte, in Ekuador ein noch größerer Anteil sein. Es sind Indianer, die keine Marktwirtschaft kennen, die im eigenen Dorf alles erzeugen, was sie brauchen und kaum etwas darüber hinaus, um dafür andere Güter zu erwerben. Sie sprechen nicht die spanische Staatssprache, sie beteiligen sich weder an den Wahlen noch an der Parteipolitik. Stehen sie deswegen auch abseits von der Geschichte?

Mit dem öffentlichen Leben verbindet sie nichts. Und dennoch! Sie vermehren sich – oder sie nehmen ab, und damit können sich die Gewichte innerhalb eines solchen Staates verschieben. Das wiederum kann jederzeit dazu führen, daß sich die politische Macht verlagert. Da treten – meist unerwartet – Propheten auf, die es verstehen, die stummen Massen zu bewegen, zur Aktion mitzureißen. Ein Mahdi hat Ende des vergangenen Jahrhunderts den Sudan in Flammen gesetzt, nicht anders als die Führer der Almoraviden Marokko im 11. Jahrhundert.

Eines sollte man aber niemals übersehen: den kulturellen Anstoß, der von den Rand- und Unterschichten ausgehen kann. Er wirkt sich in verschiedenen Ebenen aus. Zu allen Zeiten sind aus den Unterschichten einzelne Begabungen hervorgegangen. England hat es seit jeher verstanden, Gelehrte, Erfinder, Soldaten und Künstler in die Oberschicht aufzunehmen. Die Iren haben in London immer eine große Rolle gespielt. Da die geistig hervorstechenden Menschen aus diesen Unterschichten sich aber nur durchsetzen können, wenn sie von den Führenden aufgenommen werden, sieht es so aus, als mangelte der Unterschicht die geistige Fähigkeit – dabei erscheinen die Begabten aus den unteren Schichten häufig nur unter einem neuen Namen. Sie haben sich aus ihrem Lebensbereich gelöst. Der »römische« Dichter Vergil war ein Kelte!

Allerdings sind es meist nur wenige, die den Weg nach oben finden. Bei ihnen zeigt sich der überraschende Einfall eines Erfinders, eines Denkers, die mitreißende Kraft eines großen Redners oder Feldherrn. Persönlichkeiten steigen aus den Unterschichten auf, die schicksalsträchtig werden.

Woher kommt der Anstoß? Entspricht er der biologischen »Mutation«, die Pflanzen oder Tiere neue Formen gewinnen läßt? Ist es der Geist, der sich den neuen Körper sucht? Ist es ein Erlebnis wie die Berührung mit anderen Menschen, anderen Gesellschaftsschichten, anderen Kulturen? Die Zustände in Lateinamerika zeigen uns einen Umwandlungsprozeß, wie er sich wohl im römischen Imperium oder im chinesischen »Reich der Mitte« abgespielt hat: Die Rand- und Unterschichten beginnen »Geschichte zu machen«. Es wundert uns, wenn in einem solchen Reich der Umsturz kommt. Was ist wirklich vor sich gegangen?

Die Unterschichten haben sich emporgearbeitet; allen sichtbar wird nur der Abschluß einer Entwicklung, die sich im verborgenen bereits vollzogen hat. Da sind Männer mit eisernem Willen oder hoher Intelligenz aufgestiegen, und nun geben sie das Ziel an. Woher haben sie die großartigen Einfälle, die mitreißende Rednergabe? Da haben Personen aus bisher verachtetem Stand unbemerkt ein bedeutendes Vermögen angehäuft. Wie konnten sie reich werden? Frühere Sklaven, die in der Leibwache oder im Heer dienten, vermochten nun, da sie selber das Schwert in der Hand halten, die Macht an sich zu reißen: die germanischen Söldner im römischen Heer, die slawischen Sklaven im maurischen Spanien, die türkischen Seldschuken in den arabischen Staaten Vorderasiens oder Indiens. Es hatte nur noch der überzeugende Anführer gefehlt, um den Umschwung zu vollziehen.

Geschichtlich bedeutsamer jedoch ist der Aufstieg der breiten Bevölkerung. Die Oberschicht sinkt ab, teils aus Unfähigkeit, teils aus inneren Streitigkeiten, teils weil das althergebrachte Wirtschaftssystem nicht mehr ausreicht. Das wiederum kann auf Witterungsumschläge zurückzuführen sein. Da muß der Ackerbau aufgegeben werden, weil das Land austrocknet, weil es sich erwärmt oder abkühlt. Eine neue Verhaltensweise ist unerläßlich. Hier liegt ein Zwang vor. Die Umstellung aber wird nicht durch »Macht«, sondern nur durch »Geist« herbeigeführt. Sind dazu die Nutznießer der bestehenden Verhältnisse überhaupt in der Lage? Oder können nicht gerade diejenigen, die bisher unter diesen sozialen Verhältnissen zu leiden hatten, nun glücklich neu anfangen? Da kommen die Menschen aus dem Urwald und aus der Wüste, von den Bergen und aus den Sumpfgebieten und suchen neue, bessere Wohnplätze. Den inzwischen verschlechterten Lebensbedingungen weichen sie aus. Vielleicht finden sie die überzeugende Lösung für die Schwierigkeiten, was jeweils eine geistige Leistung erfordert.

Zunächst scheinen nur Menschen aus der gesellschaftlichen Oberschicht dazu in der Lage, denn nur sie verfügen über Bildung und Wissen. Irgendwann aber einmal steigen aus dem Untergrund einige hervorragende Personen ihrerseits zur Macht empor. Dann bilden sie die neue »Oberschicht«. Die Vergangenheit scheint für sie vergessen, obwohl nur sie ihren Aufstieg erklärt und nicht – wie Lobredner zu berichten suchen – die hervorragenden persönlichen

Eigenschaften des Einzelnen, nicht die besondere Gnade der Götter, die ihrem Liebling zuteil wurde. Dann spielt sich der ewige Vorgang erneut ab.

Die Oberschicht der Handelnden sondert sich ab, die Unterschicht sinkt zurück ins Schweigen. Alle Augen richten sich auf den neuen strahlenden Helden, auf das neue Herrscherhaus, auf die neuen Staatsmänner. Wieder werden Menschen älter, wandeln sich in Not und Leid, in Erfolg und Macht. Sie treiben weitreichende Politik. Rücksichtslos setzen sie als Mittel die Macht ein. Wo gehobelt wird, fallen Späne, heißt es dann. Und wieder beginnt sich langsam im Untergrund eine neue Bewegung zu bilden. Sichtbar wird aber auch sie erst, wenn sie offen ausbricht. Aus den Folgen Rückschlüsse zu ziehen, um auch die unbekannte Vergangenheit zu durchschauen, bleibt Aufgabe der späteren Zeit. Nicht das Bild der hellbeleuchteten Akteure allein ist Geschichte, sondern auch die Kräfte, die im dunkeln wirken.

Alles ist in der Geschichte vergänglich, die strahlenden Taten wie die bitteren Enttäuschungen, die blendenden Siege wie die bangen Stunden der Niederlage, die großen Männer wie die kläglichen Versager und die schäbigen Verbrecher.

Vom Sinn der Geschichte

Einst wird kommen der Jüngste Tag! Dann werden die Gerechten das ewig unveränderliche Antlitz Gottes schauen. Das lehrt die Kirche. Die Staatengründer träumen von einem anderen Endzustand. Es beginnt das Tausendjährige Reich, in sich vollendet und deswegen unveränderlich – ein Paradies auf Erden. Karl Marx erwartete eine neue Gesellschaft ohne Klassen und damit ohne die, nach seiner Ansicht, bisher treibende Kraft der Geschichte. In der klassenlosen Gesellschaft wird ein in sich ruhender, ein idealer, nunmehr unveränderlicher Zustand erreicht.

Im Bilde vom Paradies spiegelt sich – in der Religion, aber auch in der Gesellschaftslehre – die Sehnsucht nach einem Glück wider, das es in längst vergangenen Zeiten gegeben haben soll. Rousseau glaubte das Paradies noch bei den Wilden zu finden, die von keiner »Zivilisation« verdorben waren. Kennzeichen des Paradieses ist, daß es ewig unveränderlich bleibt, ohne Entwicklung, ohne Kampf und ohne innere Spannung. In einem solchen Zustand entbehrt die Erinnerung an die Vergangenheit eigentlich jeden Sinn. Erst wenn das Paradies verloren ist, mag die Religion danach forschen, wie es zum »Sündenfall« und damit zur Erbsünde gekommen ist, die unsere ersten Vorfahren aus dem Paradies vertrieben hat. Alles, was dann folgte, ist nur der mühevolle Weg zurück zum Glück. Ist dieses einmal wiedergewonnen, brauchen wir uns mit den Mühsalen des Weges nicht mehr zu befassen. Sie werden am besten vergessen.

Aus dem Bemühen um ein kommendes Glück erklärt sich manches am »Unbehagen an der Geschichte«. Können wir nicht auf unserem Weg verharren? Müssen wir nicht die Augen in die Zukunft wenden, zum Paradiese hin, dem religiösen, dem politischen oder dem sozialen? Zu dem Tage, da der Wandel aufhört, da die Vollendung beginnt? Doch Geschichte lebt nun einmal aus dem Wandel. Sobald sich im Kern nichts verändert, nur neue Menschen geboren werden, heranwachsen und sterben, gibt es keine

Geschichte, so wie der Wald unverändert der gleiche bleibt, auch wenn die einzelnen Bäume wechseln.

Sind wir anders als unsere Vorfahren? Leben wir unter anderen Bedingungen als sie? Worin besteht die Veränderung? Läßt sich irgendwie abschätzen, welche Kräfte heute noch wirksam sind? Stehen wir auch in der Gegenwart unter dem Gesetz des Wandels? Die Gegenwart ist nur der Schnittpunkt zwischen Vergangenheit und Zukunft. Um sie zu verstehen, müssen wir uns von einer bequemen Betrachtung lösen, die zur Zeit geltenden Verhältnisse für selbstverständlich zu halten, nach dem Wort Hegels, daß das, was ist, auch vernünftig sei. Alles ist geschichtlich gewachsen, ist also irgendwann einmal dem Wandel entsprungen, mögen wir damit einverstanden sein oder nicht, es loben oder verdammen.

Es gibt keine Zukunft ohne Vergangenheit. Die Welt ist keineswegs statisch und in sich verharrend; sie ist dynamisch, von äußeren und inneren Antrieben bewegt und von Spannungen geladen. Die Welt ist kein Paradies.

Und sie wird nie eins sein! Merkwürdig, daß gerade die unruhigen Geister meist nur wenig Verständnis für die Vergangenheit aufbringen. Dabei würde ihnen ein gründlicheres Wissen von der Vergangenheit manche Illusion und viele Fehler in ihren himmelstürmenden Plänen ersparen. Sie streben eine bessere Zukunft an. Sollen sie sich da mit den verworrenen Irrtümern, dem Aberglauben und dem Eigennutz von Priestern, Staatsmännern und Machthabern abgeben? Aber gibt es überhaupt einen Weg, sich aus der Vergangenheit wie aus der Gegenwart zu lösen, um alle Kraft zum Handeln einzig und allein aus der Zukunft zu schöpfen?

Weltverbesserer sprechen immer wieder davon, einen neuen Menschen zu schaffen. Er soll anders denken als die Vorfahren, besser, gerechter und vernünftiger. Aus einer geschlossenen Lehre oder einer Religion, aus einer neuen Staatsauffassung oder einer anderen Wirtschaftsform soll eine neue Gesinnung erwachsen, die den ganzen Menschen umgestaltet. Gleichgültig ist dem Zukunftsgläubigen meist, wie Menschen bisher dachten, wie sie sich früher verhielten, was sie in verflossenen Zeiten bewegte. Was geht ihn die Vergangenheit an! In Zukunft wird ja alles anders. Für den neuen Menschen haben alle früheren Ereignisse ihren moralischen und ihren geistigen Wert verloren. Sie lehren ihn nichts mehr. Seine Augen sind auf die – natürlich bessere – Zukunft gerichtet.

Jede Revolution entspringt aus einem Geschichtsbild – nicht aus einer Zukunftsforschung. Man muß die Vergangenheit kennen, um sie hassen und zerstören zu können. Nicht aus der Zukunft ergibt sich die Klarheit, die zum Handeln erforderlich ist, sondern daraus, daß man das durchschaut, was andere als selbstverständlich und unveränderbar ansehen. Nur wenn man die innere Schwäche des gegenwärtigen Zustandes erkennt, kann man ihn ändern. Dazu gehört auch – allerdings nicht ausschließlich – das Wissen, wie dieser Zustand gewachsen ist, wie aus »Wohltat« »Plage« wurde. Revolutionäre, die im Wolkenkuckucksheim leben, sind schwer enttäuscht, wenn sie nach dem Siege von ihren eigenen Anhängern im Stich gelassen und von den folgenden Wellen überrannt werden. Sobald sie ihrerseits an den Aufbau gehen, stellen sie betroffen fest, daß auch sie mit dem bereits Gewordenen rechnen müssen.

Die Geschichte kann sich keineswegs darauf beschränken, das Urteil über Zustände der Gegenwart durch das Wissen um längst vergangene Erfahrungen zu ersetzen. Angesichts der besonderen Umstände in dieser seiner Zeit muß der Mensch stets selber entscheiden, wie er sich zu verhalten hat. Die Geschichte kann aber helfen, die Gegenwart etwas verständlicher zu machen, indem sie darstellt, wie es dazu gekommen ist. Das gilt einerseits für die äußeren Bedingungen, etwa für Wirtschaft und Technik, andererseits für das geistige Weltbild. Das gilt aber auch für den Menschen selber. Der Einzelne erkennt nur selten, wie sehr er in seinen Anlagen von den Eltern und den Großeltern geprägt wird: in seiner körperlichen Gestalt, in seinem Temperament, in seinen Fähigkeiten, seinen Vorlieben und Abneigungen. Die Mitmenschen sehen meist um so klarer den Familienstempel; sie können sich ein Verhalten leichter deuten, je mehr sie von den Vorfahren wissen. Gilt das nicht ganz allgemein?

Geschichte stellt den Spiegel dar, in den wir hineinblicken, um uns selber zu erkennen. Bei den Großen dieser Erde lassen wir das allgemein gelten. Jeder Monarch schaut auf die erlauchten Ahnen, denen er nachzueifern sich bemüht, deren Fehler er zu vermeiden sucht. Er kennt die Geschichte seines Hauses, wenn auch meist in der Form, in der sie von Höflingen, Neidern oder Feinden überliefert worden ist. Wie aber soll der kleine Mann, der immer nur duldende Zeitgenosse, der stumm neben den eigentlich Handelnden steht, aus der Geschichte sich selber erkennen lernen, da er seine eigene Familie kaum weit zurückverfolgen kann? Er müßte auf die Geschichte seines Stammes oder seines Volkes zurückgreifen, um eine tiefere Einsicht zu gewinnen. Wenn man weiß, welche Blutströme in den Jahrhunderten in ein Volk oder in einen Stamm eingeflossen sind, läßt sich auch ein gewisser Rückschluß auf die Gegenwart ziehen. Erst dann wird sichtbar, aus welch vielen Quellen unser Leben gespeist wird.

Noch ausgeprägter als die Blutzusammensetzung sind jedoch die äußeren Umstände, die im Laufe der Zeit innerhalb eines Landes oder einer Landschaft auf die Bewohner eingewirkt, sie geformt und verändert haben. Hier gewinnt die Geschichte bereits festere Umrisse. Neben der natürlichen Veranlagung, die tief im Herzen schlummert, wirkt die Erziehung über mehrere Geschlechter hinweg. Der Mensch ist immer auch ein »Produkt« der Erziehung – bei den Indianern im Urwald wie bei den chinesischen Mandarinen. Sein Werkzeug ist das, was seine Vorfahren geschaffen und weiterentwickelt haben. Er denkt in der Sprache seines Elternhauses; er lebt in überlieferten Vorstellungen. Auch seine Umgebung ist langsam gewachsen, sie hat sich unter geschichtlichen Bedingungen geformt, sie hat ihn erzogen. Es wird sich jeweils schwer abschätzen lassen, wieweit die Veranlagung, wieweit einmalige Umstände und wieweit die Vergangenheit mit ihrer Überlieferung und mit ihren formenden Kräften die Gegenwart gestalten.

Bei einem einzelnen Menschen läßt sich nur teilweise aufdecken, welche Erlebnisse ihn im Laufe seines Lebens, vor allem in frühester Jugend, geformt haben. So erscheint sein Verhalten immer wieder rätselhaft. Die Vergangenheit eines Volkes hingegen läßt sich schon eher erforschen. Sie hat sich in langen Zeiträumen und häufig in heftigen Kämpfen in einem größeren Rahmen vollzogen. Was wirkt nun bis in die Gegenwart hinein? Es sind doch sicher unzählige Faktoren; wie will man ihr Gewicht jeweils richtig einschätzen? Welche müssen wir unbedingt kennen? Welche sind wichtig, um unsere Herkunft zu erhellen? Es gehören dazu die Rassen, die sozialen Schichten, die Stände, die Berufe. Alle diese Gruppen stellen jeweils ganz besondere Einwirkungsmöglichkeiten dar, die sich decken, überschneiden oder gar widersprechen. Sie alle formen die geschichtliche Persönlichkeit, sie formen aber auch die Eigenart der Gruppe.

In einer Welt, die in einem so raschen Wandel begriffen ist wie die unsrige, muß sich auch das Geschichtsbild und damit das Weltbild ändern. Neue Völker treten in unser Blickfeld. Sie müssen in unser Geschichtsbild eingegliedert werden. Neue Erkenntnisse zwingen, alle früheren Einsichten zu überprüfen. Neue Funde stellen bisher unbekannte Zusammenhänge her; sie erlauben uns, die Zeit früherer Ereignisse zu bestimmen und ihren Ablauf zu erkennen. Mit den Anschauungen und mit den Methoden des vergangenen Jahrhunderts läßt sich die Welt von heute nicht verstehen. Mit dem Blickwinkel des vergangenen Jahrhunderts läßt sich aber auch keine Geschichtsforschung mehr betreiben. Geschichte soll ja nicht ausschließlich totes Wissen, sondern auch lebendiges Verständnis vermitteln. Aus dem Wissen von Tatsachen soll schließlich Einsicht in bestimmte Zusammenhänge erwachsen, so daß Folgerungen gezogen werden können.

Dahinter steht manchmal der Wunsch, aus der Geschichte für das praktische Leben Lehren zu ziehen. Aber kann man überhaupt aus der Geschichte »lernen«? Zunächst muß man zugeben, daß die Geschichte ein Ablauf in der Zeit und daher nicht wiederholbar ist im Unterschied zum naturwissenschaftlichen Experiment, das der Forscher unter gleichen Bedingungen beliebig oft wiederholen kann, um seine Thesen zu erhärten und um Irrtümer auszuschalten. Hingegen ist jeder geschichtliche Vorgang einmalig. Unzählige, nicht wiederholbare Faktoren wirken mit. Da verbinden, kreuzen, verknüpfen sich kaum übersehbare Einflüsse, die sich widersprechen, ergänzen oder gar aufheben. Wiederholt sich scheinbar unter »gleichen« Verhältnissen ein Vorgang, so sind die geschichtlichen Umstände dennoch verschieden – und damit ist auch deren Wirkung verschieden. Deswegen lassen sich aus der Geschichte keine »Lehren« im Sinne naturwissenschaftlicher Gesetze ziehen. Hier liegt die Grenze dessen, was aus der Geschichte zu »lernen« ist.

Lehren zu ziehen ist aber nicht nur eine Frage des Wissens, sondern auch des Urteils. Das gilt insbesondere, wenn diese Lehren der Tagespolitik nutzbar gemacht werden sollen. Erfahrungsgemäß sind selbst bedeutende Historiker nur selten große Politiker gewesen. Sie vermochten nicht, die vergangene Lage mit der gegenwärtigen in das rechte Verhältnis zu setzen, sie waren nicht imstande zu erkennen, was sich geändert hat und was gleich geblieben ist. Eines ist zwar richtig: Geschichte kann ein tieferes Verständnis für fremde Völker, für die wirtschaftlichen Bedingungen, für kulturelle Fragen bringen; aber das Verständnis allein genügt nicht, um aus dieser Einsicht auch Folgerungen zu ziehen. Wir möchten uns so entscheiden, daß die früheren »Fehler« vermieden werden. Hitler hat es als eine der wichtigsten »Lehren« des Ersten Weltkrieges bezeichnet, Deutschland dürfe unter gar keinen Umständen noch einmal in einen Zweifrontenkrieg hineingezogen werden. Das verhängnisvolle Ergebnis seiner Politik war jedoch, daß sich die Feinde von Ost und West bei ihrem Vormarsch an der Elbe begegneten.

Unser Verhältnis zur Geschichte muß tiefer ansetzen. Wir müssen zunächst einmal zum besseren Verständnis dessen kommen, was zur Zeit ist, auch zu einem besseren Verständnis von uns selber. Jede weitere Entwicklung, und auf solche richtet sich ja eine politische Entscheidung, läßt sich nur schwer übersehen. Sie hängt nicht nur von dem ab, was war, sondern vom Handeln der anderen, der Zeitgenossen oder der Gegner, aber auch der eigenen Anhänger und Freunde. Wir können sie nach ihren besonderen Interessen, ihren Wunschbildern, ihren Gefühlen beurteilen. Danach können wir mit einer gewissen Wahrscheinlichkeit ermessen, wie sie handeln, wie sie sich zu uns einstellen werden. An die Entscheidung selber kommen wir damit allein noch nicht heran. Vermag der Politiker die weitreichenden Folgen eines Verhaltens richtig einzuschätzen?

Wer von den Engländern, der 1940 im Luftschutzkeller Londons saß, während draußen die deutschen Bomben niedergingen, hat wohl daran gedacht, daß es nicht zuletzt die britische Politik der Jahre 1919 und 1920 gewesen ist, die ihn in diese Lage gebracht hatte? Haben die Staatsmänner nach 1945 die Fehler von Versailles vermieden? John Foster Dulles, der selber an den Verhandlungen in Versailles teilgenommen hatte, bemühte sich wirklich, aus der Geschichte zu lernen. Die anderen wurden erst belehrt, als der »kalte Krieg« mit der Blockade Berlins begann. Und selbst da hielten noch die Unbelehrbaren an der Demontagepolitik fest. Eine der wichtigsten Voraussetzungen dafür, aus der Geschichte Lehren zu ziehen, ist eben, sie zu kennen und ihre Vorgänge zu durchschauen. Bei falschen Prämissen muß die Folgerung immer falsch sein. Zu den Tatsachen gehört die Deutung.

Die Versuchung ist groß, auch die Vergangenheit statisch zu betrachten, also aus dem jeweiligen Augenblick heraus, statt aus der vorangegangenen Entwicklung. Wir geben uns damit zufrieden, den Feldherrn zu sehen, wenn er den Befehl zum Angriff erteilt, den Staatsmann, wenn er den Krieg eröffnet oder den Frieden schließt. Das sind faßliche Ereignisse, sie bleiben menschlich verständlich. Solche Bilder prägen sich ein.

Wie will man hingegen die vielen weitverästelten Wurzeln der damaligen Überzeugungen, der Weltanschauungen, der Erfahrungen und der aus ihnen – richtig oder falsch – gezogenen Urteile ermessen? Nehmen wir als Beispiel für geschichtliche Vorgänge die Friedenspolitik der Sieger nach dem Ersten und nach dem Zweiten Weltkrieg. Die beteiligten Staatsmänner hatten sich – ohne es immer klar auszusprechen – jeweils besondere Anschauungen von der inneren Stärke eines Staates gebildet. 1918 herrschte die Meinung vor, Grundlage für eine starke Außenpolitik sei die Nahrungs- und Rohstoffbasis eines Volkes. Ohne ausreichende Versorgung müsse jeder Widerstand auf die Dauer zusammenbrechen. So schien es der Erste Weltkrieg gelehrt zu haben, als die deutschen Heere trotz bedeutender Siege wankten, weil die Heimat nicht genügend versorgt wurde.

Deswegen wurde in Versailles dem besiegten Deutschen Reich die Rohstoff- und Nahrungsmittelbasis genommen: die Kolonien in Übersee, die landwirtschaftlichen Überschußgebiete im Norden (Schleswig) und Osten (Posen, Westpreußen), die Kohlenbecken von Oberschlesien und im Saargebiet, die Erzvorkommen und die Stahlwerke in Lothringen, die Kalilager im Elsaß. In Friedenszeiten blieb das Deutsche Reich auf die Zufuhr aus Übersee und auf den guten Willen der Rohstoffländer angewiesen. Bei einem neuen Krieg müßte die deutsche Bevölkerung bald verhungern, die deutsche Industrie aus Mangel an Rohstoff ihren Ausstoß einschränken. So mochte es 1920 tatsächlich aussehen.

In der schweren Weltwirtschaftskrise 1929/1933 erwiesen sich jedoch die Rohstoffgebiete als eine gefährliche Bürde und nicht als der erwartete Reichtum. Die Weltmarktpreise gingen unter die Selbstkosten herunter, teilweise sanken sie auf ein Drittel des Standes vor der Krise. Das Deutsche Reich zog große Vorteile daraus, daß es Rohstoffe billiger einkaufen konnte, als wenn es sie selber erzeugt hätte. Dieser Umschwung läßt sich zahlenmäßig belegen. 1932 hatte das Deutsche Reich einen Ausfuhrüberschuß von drei Milliarden Reichsmark. Bei den Preisen von 1929 hätte der deutsche Außenhandel jedoch einen Einfuhrüberschuß von einer Milliarde ausgewiesen. Dieser Vorteil kam Hitler zugute. Es wurde ihm daher möglich, die Wirtschaftskrise in verhältnismäßig kurzer Zeit zu beheben.

1945 waren die Sieger von einer anderen Anschauung beherrscht. Die Franzosen hatten zwischen den Weltkriegen das Wort von der industriellen Leistungskraft, vom »potentiel de guerre«, entwickelt. Nicht die Rohstoffe, sondern die Maschinen und Industrieanlagen geben einem Staat den mächtigen Rückhalt. Das Ruhrgebiet hatte Hitler die Wiederaufrüstung in kürzester Frist ermöglicht. Die Reparationen – aus kurzsichtiger Eigensucht 1920 verhängt – hatten die Deutschen gezwungen, Kohle auszuführen und damit ihre Kohlenbergwerke auszubauen, so daß die britischen Kohlenbergwerke zuerst ihre Auslandskunden und schließlich auch ihren Binnenmarkt zu verlieren drohten. Als deswegen die Bergarbeiterlöhne in England gesenkt werden sollten, kam es zum Bergarbeiterstreik 1926, der erst recht den Aufstieg des Ruhrbergbaus förderte. Dieser Fehler sollte nicht wiederholt werden. Das war die »Lehre der Geschichte«. Der entscheidende Grundsatz hieß 1945: keine Reparationen aus laufender Erzeugung. Statt dessen wurden fast alle Maschinen und Anlagen »demontiert«; Deutschland sollte ein »Kartoffelacker« werden. Ein Krieg war nicht mehr möglich.

Dabei übersah man leichtfertig die geschichtliche Entwicklung, die seit 1850 zu einer unlösbaren weltwirtschaftlichen Verflechtung geführt hatte. Mit dem militärischen Gegner von einst traf man den Wettbewerber, man traf zugleich aber auch den Kunden, mit dem die eigene Wirtschaft eng verknüpft war. Aus der Weltwirtschaft konnte Deutschland nicht ausgeschaltet werden, ohne daß sie hart getroffen wurde. Selbst die Sowjets brachten die herausgerissenen Maschinen und Anlagen wieder in »ihre« Zone zurück, um von dort Waren zu beziehen. In beiden Fällen, 1919 und 1946, hatten die Sieger »Lehren« aus der Geschichte gezogen; beide waren falsch! Das lag nicht zuletzt an einer Geschichtsauffassung, die wirtschaftliche Zusammenhänge nicht begriff, die einseitig die Menschen und nicht die Umstände betrachtete. Was man nicht versteht, übersieht man gern. Daraus ergibt sich wohl die

Folgerung, daß man tief in das geschichtliche Geschehen eindringen muß, um es in seinem ganzen Umfang zu verstehen.

Wer an den jeweilig handelnden Personen festhält, muß auch deren engen, nachträglich gesehen zu engen Gesichtskreis berücksichtigen. Die Versuchung liegt verständlicherweise nahe, sich vorwiegend mit den Akten und Reden zu beschäftigen, die schriftlich niedergelegt oder von Zeitgenossen festgehalten wurden. Diese »Quellen« spiegeln naturgemäß nur einen Teil der Wirklichkeit wider, nämlich jenen, den die Zeitgenossen zu erkennen vermochten. Die wirtschaftlichen Zusammenhänge sahen sie eben nur selten. Wir verstehen manchmal die handelnden Personen besser als ihre Zeitgenossen, ja als sie sich selber sehen, denn wir wissen mehr über die Bedingungen der Klassen und Stände, der geistigen, sozialen und wirtschaftlichen Strömungen, einfach deswegen, weil wir die Auswirkungen mit berücksichtigen können. Sie geben uns den Hinweis darauf, welche Kräfte damals zukunftsträchtig und entscheidend waren.

Auch in früheren Zeiten unterlagen die Menschen der Neigung, sich selbst als einzigen Maßstab zu sehen, alles Geschehen auf sich, und nur auf sich, zu beziehen, ihre eigene Einsicht für die maßgebende zu halten. Was soll schon Vergangenheit für den bedeuten, der sich stark genug fühlt, die Zukunft von sich aus zu gestalten?

In guten Zeiten tritt die Vergangenheit sowieso zurück. Im Licht der Erfolge braucht man die Vergangenheit nicht. Alles hat man selber geschaffen, aus eigener Kraft, ohne Hilfe. Niemand braucht man dankbar zu sein. Die Tüchtigkeit hat sich – verdientermaßen – durchgesetzt. Irgendwann einmal aber kommen Zeiten tiefer Niedergeschlagenheit, da alles schiefzugehen scheint. Unbehagen greift um sich. Wie kommt es dazu? Nun gewinnt die Vergangenheit wieder Leben. Drohend steigen die Schatten herauf. Sie mahnen, sie warnen. Hat man etwas falsch gemacht? Hat man in satter Zufriedenheit oder gar im Wohlleben Warnzeichen geringgeschätzt? Hat man geglaubt, alles möchte weiterhin aufwärtsgehen? Wie verhielt es sich wirklich mit dem blendenden Aufstieg, mit dem gleißenden Erfolg, mit dem Ruhm, der sich womöglich in nichts auflöst?

Soll man sich mit diesen düsteren Schatten überhaupt abplagen? Sie lähmen nur den verschüchterten Geist. Einen Weg können sie doch nicht weisen. Oder doch? Könnte man die Fehler, die nun so sichtbar geworden sind, wiedergutmachen? Oder hat sich alles nach dem unerforschlichen Willen Gottes abgespielt? Findet man Trost in der eigenen Vergangenheit oder nur unerbittliche Vorwürfe? Ist es bei den Völkern anders?

Wer darauf verzichtet, aus der Vergangenheit Lehren zu ziehen, baut auf der Gegenwart auf und damit auf dem Nullpunkt. Er wirft vieles über Bord, was auf ihn überkommen ist, um selber alles neu zu durchdenken. Er vergißt, daß nicht nur die Bausteine, die er verwendet, einmal geworden sind, sondern daß er selber gewachsen ist, daß er selber nur ein Glied in der langen Entwicklungsreihe darstellt. Alles Lebendige ist vergänglich; aber es liegt im Wesen des Lebendigen, daß es das Leben, das in ihm wohnt, weitergibt an kommende Geschlechter.

Jedes Lebewesen unterscheidet sich von allen anderen Lebewesen, auch von den Eltern. Es ist in sich etwas Besonderes mit eigenem Leben, eigenen Eindrücken, eigener Erfahrung, eigener Geschichte. Aber jedes Lebewesen hängt andererseits in allem, was es ist – in seiner äußeren Gestalt, in seinen Lebensgewohnheiten, seinen Gefühlen und seinem Denken –, von Eltern und Vorfahren ab.

Bei den Tieren wird als selbstverständlich angesehen, daß die geheimnisvollen »Instinkte« das artgemäße Verhalten auch dann vorschreiben, wenn frühere Erfahrungen nicht übermittelt werden konnten. Beim Menschen hingegen schreibt der beherrschende Verstand dem einzelnen seinen Weg vor. Der Mensch denkt. Zunächst läßt er sich durch Eltern und Lehrer beeinflussen. Er erkennt deren überlegene Erfahrung an. Dann beginnt die innere Auflehnung. Der junge Mensch will klüger sein, er will sein Urteil selbständig fällen. Er verläßt sich auf seinen Verstand und die eigene Erfahrung, mag sie zunächst noch so begrenzt sein. Er verzichtet auf die Lehren der Vergangenheit, er baut auf der Gegenwart auf.

Kein Gesetz waltet in der Geschichte, am wenigsten dasjenige, das ein ausgeglichenes Verhältnis zwischen Ursache und Wirkung setzt. Der Zufall bringt immer wieder eine unerwartete Wende. Welchen Nutzen soll nun ein umfassendes Geschichtsbild haben, wenn es dauernd verbessert werden muß, angepaßt, korrigiert? Wenn ihm kein »wissenschaftlicher Verlaß« innewohnt? Geschichtswissenschaft ist keine Naturwissenschaft, die unabänderliche Gesetze entdeckt. Selbst bei hervorragender Geschichtskenntnis, bei einem wahrhaft überlegenen Geschichtsbild bleibt jeder Mensch – auch der bedeutendste Staatsmann – auf seine eigene Entscheidung angewiesen. Die Hoffnung bleibt trügerisch, jemals eine Maschine zu erfinden, die man nur ausreichend mit Tatsachen zu füttern braucht, um eine einwandfreie, unbestreitbare Lösung drängender politischer Fragen zu erhalten. Schon die zu stellenden Fragen werden vom Menschen gestellt.

Die eine Zeit wird andere Probleme in der Vergangenheit sehen und in den Vordergrund rücken als eine andere Zeit. Das Geschichtsbild der einen Zeit sieht deshalb anders aus als das einer anderen. Das Geschichtsbild hängt eben von einem umfassenden Weltbild ab. Und umgekehrt: Ein umfassendes Weltbild zu gewinnen ist ohne Geschichtskenntnisse nicht möglich. Das hat immer schon gegolten, gilt aber heute, da alle Entfernungen auf der Erde zusammengeschrumpft sind, so daß die jungen Völker in die Weltpolitik aufsteigen und damit die Weltgeschichte mitbestimmen, in ganz besonders hohem Maße. Veränderungen in der allgemeinen Weltlage vollziehen sich zwar nicht so rasch. Aber eines Tages wird durch irgendein Ereignis allen sichtbar, daß ein Stück der Welt sich nun gewandelt hat. Da treten neue Völker oder neue Männer in das große Geschehen ein. Sie verändern ihre Umwelt. Man muß fortan mit ihnen rechnen. Allerdings ist es dann für die überraschten Zeitgenossen schwierig genug, den Wandel aus der vorangegangenen Entwicklung abzuleiten. Es zeigt sich, daß ihr Geschichtsbild zu eng war. Sie haben versäumt zu beobachten, wie sich auch anderswo Kräfte entfalten.

Geschichte vollzieht sich gleichsam in Sprüngen und nicht gleichmäßig. Das bedeutet zweierlei: Den Einschnitten kommt eine besondere Wirkung zu. Sie machen die Veränderung sichtbar und bewußt. Mit dem Einschnitt ändert sich sowohl die Richtung der Entwicklung wie das Tempo, das heißt aber auch, daß die Geschichte nicht in jedem Augenblick für sich gesehen werden darf, sondern nur in ihren Zusammenhängen, in den Epochen. Es ist sicher den Zeitgenossen nicht immer möglich, die Bedeutung eines solchen Einschnitts voll zu übersehen. Goethe hat nach der »Kanonade von Valmy« gemeint, einen solchen Einschnitt zu erkennen und »dabei gewesen« zu sein. Lag in diesem ersten Rückzug der alliierten Invasionsheere im revolutionären Frankreich tatsächlich die große Wende? Oder hatte sie mit der Französischen Revolution, etwa mit dem Sturm auf die Bastille, begonnen?

Unaufhörlich vollzieht sich der Wandel. Hat sich sein Tempo im Laufe der Zeiten geändert? Hat es sich verlangsamt oder beschleunigt? Es liegt im Wesen der menschlichen Natur, daß wir den Augenblick wichtiger nehmen als die Vergangenheit. Der Wandel, den wir heutzutage beobachten, scheint sich sehr viel rascher zu vollziehen als der, von dem unsere Väter und Vorfahren berichten. Tatsächlich läßt sich feststellen, daß sich das Tempo der Geschichte in den letzten Jahrzehnten beschleunigt hat. Das hat seine Gründe.

Eine Veränderung wird von außen angestoßen oder verstärkt. Es kommt also darauf an, wie viele solcher Anregungen jeweils ausgehen und wie viele aufgenommen und verarbeitet werden. Die Technik erlaubt nun, über die ganze Erde hinweg Einflüsse wirken zu lassen. Der größeren Zahl von solchen Impulsen entspricht zwangsläufig ein schnelleres Tempo der Entwicklung.

Dazu kommt die sehr viel raschere Zunahme der Bevölkerung. Noch bis ins 18. Jahrhundert hinein macht die Welt den Eindruck, daß sich, was die Zahl der Menschen anlangt, nur wenig ändert. Das gilt für manches Entwicklungsland bis zum Beginn unseres Jahrhunderts. Ein Gebiet, in dem die Bevölkerung konstant bleibt, empfängt in der Regel weniger Antrieb, sich zu verändern, als ein anderes, in dem die Bevölkerung sprunghaft zunimmt. Zweifellos besteht ein gewisses Verhältnis zwischen dem Tempo der geschichtlichen Veränderung und dem Auf und Ab des Nahrungsspielraums. Dabei ist es gleichgültig, ob der Nahrungsspielraum sich ausweitet oder einengt, ob sich mehr Menschen auf engem Raum drängen oder ob ein günstigeres Klima, ob großartige technische Erfindungen einer größeren Zahl von Menschen einen einträglichen Lebensunterhalt bieten.

Manche Gelehrte möchten so ziemlich alle großen geschichtlichen Veränderungen seit der Eiszeit auf Klimaschwankungen zurückführen. Da trocknen Steppen aus, da bedecken sich bisher unfruchtbare Flächen mit Wäldern, da sperren Eis und Schnee die Gebirgspässe, da versumpfen Flußtäler. Dadurch ergibt sich der Zwang, das Leben den veränderten Verhältnissen anzupassen, also etwa auszubrechen. Solche Anpassung führt zu »Geschichte«.

In der Vergangenheit ist der Nahrungsspielraum nur recht langsam gewachsen. Erst im 18. Jahrhundert beginnt – anfangs noch ganz schüchtern – die Landwirtschaft durch bewußte Züchtung den Ertrag des Ackers zu verbessern. Das geschah zuerst in England bei den Rüben. Inzwischen hat die Wissenschaft der Saatzüchtung erstaunliche Erfolge verschafft. Der Wunderweizen aus Mexiko und der Wunderreis von den Philippinen haben binnen weniger Jahre ein Vielfaches von dem erbracht, was die Züchtung vorher innerhalb von Jahrtausenden mühsam erreichte. Der Nahrungsspielraum läßt sich also auch, ohne den Raum zu erweitern, durch die Technik vergrößern.

Wieviel bedeutet es doch, daß heute Entfernungen kaum noch eine Rolle spielen? Wie lange hat es gedauert, bis große Erfindungen um die Erde wanderten, bis die Kenntnis des Ackerbaus, der Metallbearbeitung, der Töpferkunst alle Völker erreichte? Früher hat es Jahrtausende gedauert, bis neue Kenntnisse sich überall durchsetzten. Was heute gefunden und was heute erfunden wird, kann innerhalb von Jahren, vielleicht sogar von Monaten überall bekannt sein, wo dafür ein Interesse besteht. Die Nachrichtenmittel erlauben es dem Politiker, über einen weiten Umkreis zu wirken. Rundfunk und Fernsehen spielen in der Innen- wie der Außenpolitik, ja in der Weltpolitik eine bedeutende Rolle. Was an einer Stelle geschieht, läuft wie ein Präriefeuer über die Erde.

Zu den äußeren Verbindungen kommen die geistigen Anregungen in einer Zeit, da fremde Sprachen keine unüberschreitbare Schranke mehr setzen. Die wechselseitige geistige Befruchtung hat zwei Seiten: Einerseits entspringen ihr unendlich viele Anregungen, andererseits verändert sie immer schneller die Lebensverhältnisse und die Wirtschaftsbedingungen und damit die Ansprüche und Anforderungen. Wer sich in diesem verschärften Wettbewerb halten will, muß wesentlich mehr wissen, muß viel mehr können, muß sich rasch umstellen und weitgehend anpassen können. Das gilt nicht nur für die Wirtschaft. Das Tempo der Geschichte ändert sich in erschreckendem Maße. Sind wir dem gewachsen? Sind die Menschen inzwischen auch klüger geworden? Heute sollen die Kinder viel mehr lernen als ihre Väter und Vorfahren. Das gilt insbesondere in den Entwicklungsländern, die – aus altertümlichen Verhältnissen jäh herausgerissen – sich dem modernen Entwicklungstempo anpassen sollen.

In solchen Zeiten sind alle Augen darauf gerichtet, die Zukunft zu meistern. Darüber schiebt man gern die Vergangenheit beiseite, die doch zu nichts mehr nutze scheint. Was zurückliegt, kann uns nicht viel sagen, wenn wir selbst die Gegenwart so schnell wie möglich überwinden sollen. Um sie überwinden zu können, muß man nun mal die Vergangenheit kennen, die eigene wie die der anderen. Die Vergangenheit hat zweifellos keinen in sich ruhenden Wert; sie ist aber der Weg zur Gegenwart, zu den bestehenden – und nun brüchig werdenden – Verhältnissen!

Wenn man nach Einschnitten sucht, erhebt sich die Frage, wo wir heute stehen: am Ende einer Periode, die abgeschlossen ist, am Beginn einer neuen, die wir zu erkennen suchen, oder in der Mitte einer noch lange Zeit andauernden Epoche. Befinden wir uns auf deren Wellenberg oder im Wellental? Um zu einem Urteil zu kommen, wird man den Blick auf das ganze Erdenrund richten müssen. In diesem Sinne wird Weltgeschichte unabweislich Voraussetzung für das eigene Selbstverständnis. Auch die anderen Erdteile wird man in das eigene Welt- und Geschichtsbild einbeziehen müssen.

Die Geschichte Amerikas beginnt für die meisten Außenstehenden, aber auch für die Völker selber, mit einem Einschnitt, nämlich mit den Unabhängigkeitskriegen, aus denen die Vereinigten Staaten und die lateinamerikanischen Republiken – nach dem Zwischenspiel einer Monarchie wie in Brasilien und in Mexiko – hervorgegangen sind. Wenn man der Kolonialzeit Aufmerksamkeit schenkt, dann meist aus der Sicht der europäischen Mutterländer. Eine solche Einstellung mochte noch hingehen, solange die Europäer sich in dem Wahn wiegten, sie, und nur sie, hätten »Weltgeschichte« gestaltet. Alle anderen Erdteile müßten sich mit einer Rolle im Hintergrund begnügen, mit denen abzugeben es sich eigentlich kaum lohne.

Die Entwicklung der letzten Jahre hat bewiesen, wie begrenzt, ja wie falsch eine solche Einstellung ist. Auf uns kommen Einflüsse zu, die unser Schicksal, noch mehr das unserer Nachkommen, in den nächsten Jahrzehnten mitbestimmen werden. Und was wissen wir von deren Bedeutung? Wie sollen wir uns verhalten, wenn wir von unbekannten Kräften überrascht werden? Es bleibt die Frage, ob die Geschichte imstande ist, uns die Einsicht in die bewegenden Elemente der Gegenwart zu vermitteln. Was soll uns heute das

Wissen um die alten amerikanischen Reiche aus der Zeit vor Kolumbus? Wir werden es erfahren, wenn die Erben jener großen Kulturen, die Indianer, wieder eine bedeutende Rolle spielen. Wann das der Fall sein wird, kann niemand wissen. Daß sie innerhalb der lateinamerikanischen Staaten aufsteigen, ist überall zu beobachten.

Afrika hat noch nicht die Beachtung gefunden, die ihm zukommt. Wir sehen zwar die jungen Staaten am Saum des Mittelmeeres, aber im Süden bleiben die meisten Staaten nur Namen ohne greifbaren Inhalt. Das liegt nicht zuletzt daran, daß es für die Europäer Gebilde sind, die aus dem Dunkel auftauchen und eigentlich nur als Überbleibsel aus der Kolonialzeit gelten, die einst willkürlich die heute geltenden Grenzen festlegte. Wer weiß von der eigenartigen Geschichte der Reiche im Sudan, von Ghana, Mali, Benin, wer von denen im Kongo oder von Monomotape am Sambesi? Von den überraschenden Kriegszügen der Bantu von den Kamerunbergen bis Südafrika unter Führern wie dem grausamen und gewalttätigen Tschaka, dem Schrecken seiner Zeit?

Während der Kolonialzeit sind die afrikanischen Menschen in die »geschichtslosen« Unterschichten abgesunken. Das schien ihr endgültiges Schicksal zu sein. In unserer Zeit steigen jedoch die einheimischen Rassen überall zur politischen Macht in ihrem Lande auf; und damit knüpfen sie an die Vergangenheit an, die völlig ausgelöscht schien. Das Kennzeichen für die Entwicklungsländer ist das seltsame Zusammentreffen von moderner Entwicklung – insbesondere von Technik und Gesellschaftsordnung – mit Menschen, deren Geist in einer völlig anderen Umwelt geprägt wurde. Das gilt für Afrika ebenso wie für Asien.

Die Asiaten, im 19. Jahrhundert noch vielfach als leidender Partner in der weltwirtschaftlichen und weltgeschichtlichen Entwicklung angesehen, sind heute dabei, einen Platz an der Sonne zurückzugewinnen. Japan ist heute die dritte Industriemacht auf Erden, nach den Vereinigten Staaten und der Sowjetunion, also vor Deutschland und England. China gilt als dritte Weltmacht. Obwohl wir heute von den Veränderungen außerhalb unserer engeren Grenzen sehr viel mehr wissen, verhalten wir uns auch nicht viel anders als die Menschen früherer Zeiten. Das ist verständlich. Auch der einzelne versucht, seine Umwelt einseitig aus seinem eigenen Gesichtskreis zu verstehen.

Erst langsam erweitert er sein Blickfeld von der Familie zur Heimat, zur Nation, und erst dann schaut er über deren Grenze hinaus. Richtschnur bleibt zunächst der eigene Standort. Erst mit der Zeit lernt man, daß niemand für sich allein steht. Von weither nahen die Gefahren. Plötzlich und unvermutet treffen sie den schlecht Vorbereiteten. Das gleiche vollzieht sich in größerem Ausmaß bei den Völkern. Seit jeher sind unvermutet Feinde aus den Wäldern, aus der Steppe, aus fernen Erdteilen hervorgebrochen. Da drangen aus dem hohen Norden die Kimbern und Teutonen in das Imperium ein und zerschlugen ein römisches Heer nach dem anderen, bis es schließlich gelang, sie zu besiegen. Da vernichteten die hunnischen Reiter aus Asien das Ostgotenreich am Schwarzen Meer, dann überrannten sie den Limes und verwüsteten weite Teile des Römischen Reiches. Niemand hatte in Rom je etwas von diesen kriegerischen Reiterscharen gehört. Nun waren sie da – Schrecken verbreitend. War es wirklich unmöglich gewesen, rechtzeitig etwas von den Hunnen zu erfahren? Seit Jahrhunderten waren die Hiung-nu, wie sie von den Chinesen genannt wurden, im weiten Steppenraum des Ostens gefürchtet. Es liefen Handelsbeziehungen über die Seidenstraße. Aber wer kümmerte sich im Mittelmeerraum schon um die Vorgänge weit im Osten?

Scharen über Scharen ritten über den Steppengürtel vom Altai bis zur ungarischen Tiefebene hinweg. Ein tieferes Verständnis für das, was in Zentralasien vor sich ging, ergab sich daraus nicht. Und auch das Reich der Mitte blieb ein nebelhaftes Gebilde, dessen Sorgen und Nöte für das eigene Schicksal gleichgültig schienen und deswegen kaum Interesse erregten. Im 13. Jahrhundert erschienen die Mongolen in Osteuropa; sie drangen bis Liegnitz vor, wo sie das deutsch-polnische Ritterheer zertrümmerten; sie überschwemmten Ungarn bis zur Adria. Fast schien es, als würden sie dem Abendland das gleiche schreckliche Schicksal bereiten wie Westasien und Vorderasien. Doch verflog der Spuk, noch bevor sich die streitenden Parteien, Kaiser und Papst, zu gemeinsamem Handeln hatten aufraffen können. Haben die Europäer überhaupt gesehen, in welcher Gefahr sie schwebten? Um die gesamte Machtfülle der Mongolen zu erkennen, hätte man um die Zustände und die Vorgänge in ganz Asien wissen müssen. Darum haben sich die Abendländer nicht einmal bemüht. Selbst mit den überaus bescheidenen Mitteln der damaligen Zeit hätten sie sich besser unterrichten können.

Niemand kann im voraus abschätzen, welche Bedeutung ferne, unerreichbar weite Gebiete für das eigene Schicksal haben können. Anderswo haben sich vielleicht Ereignisse abgespielt, von denen die Zeitgenossen nichts wußten. Als die Inkaheere im 15. Jahrhundert auszogen, um die Nachbarländer zu unterwerfen, ahnten sie nicht, daß sich zur gleichen Zeit weit entfernt – jenseits des Meeres – etwas vorbereitete, das ihr eigenes Leben von Grund auf verändern würde. Die Portugiesen rüsteten zu der Fahrt nach »Indien«; die Spanier gaben dem Genuesen Kolumbus die Mittel, um den Seeweg in Richtung Westen zu finden. Mit Trommeln und Pfeifen zogen die Inkaheere wieder in Cusco ein. Was war ihr stolzer Sieg nun tatsächlich wert? Selbst als die Spanier in Amerika gelandet waren, ahnten die Indianer nicht, was ihnen blühte. Woher sollten sie das auch wissen? Es dauerte fast drei Jahrzehnte, bis der spanische Konquistador Hernando Cortez gegen das mächtige Aztekenreich in Mexiko zog, und weitere zwölf Jahre, bis Pizarro das Inkareich eroberte. Wer kümmert sich schon darum, wenn »weit entfernt in der Türkei die Völker aufeinanderschlagen«! Geht uns das etwas an? Bis der Tag der großen Überraschung da ist. Und wer trägt die Schuld? Wer ist verantwortlich für das Wissen um die weite Welt?

Was wußten schon die Menschen in Hiroshima von den Forschungen in Deutschland oder in den Vereinigten Staaten! Was kümmerte sie die Atomphysik und deren eigenartige Erkenntnisse! Bis eines Tages ein einzelnes Flugzeug das schreckliche Ergebnis dieser wissenschaftlichen Entwicklung brachte, die alles vernichtende Bombe! Nun wurde ihnen eine vorangegangene, eine geschichtlich gewachsene Erkenntnis, eine fremde, unverständliche Technik zum grauenvollen Verhängnis.

Die Ureinwohner Australiens waren außerstande, sich ein Bild von den anderen Erdteilen zu machen; sie wurden völlig überrascht, als die ersten Europäer dort landeten. Sie waren deren überlegenen Waffen wehrlos ausgeliefert, sie konnten sich der neuen Wirtschaftsweise nicht anpassen. Sie gingen zugrunde. Die Afrikaner hatten schon eher eine Vorstellung von den Europäern, aber auch sie wurden überrannt, als die Kolonialmächte ihr Land eroberten. Niemand ist allein auf dieser Erde. Das gilt nicht nur für den politischen Bereich, sondern ebenso für den wirtschaftlichen und den kulturellen.

Wie weit kann eine umfassende Geschichtskenntnis die Gefahren erkennen, die Möglichkeiten ermessen, die Zusammenarbeit vorzubereiten helfen? Die Frage nach dem Sinn der Geschichte stellt sich auf dieser höheren Ebene erneut. Was nützt die Forderung, auch die Geschichte weit entfernter Länder mit in unser Weltbild einzubeziehen, wenn wir noch nicht einmal abschätzen können, was uns die Kenntnis der eigenen Geschichte »nützt«? Damit zusammen hängt die Frage, wie das Bild der Geschichte überhaupt in das praktische Leben eingefügt werden kann. Was gibt dem Menschen eine bessere Kenntnis der Vergangenheit? Was erwartet er von ihr?

Nach dem letzten Krieg erschien ein Buch mit dem Titel »Abschied von der Geschichte«. Das war nicht nur die Ablehnung der eigenen, wie es hieß, »unbewältigten« Vergangenheit, sondern zugleich eine grundsätzliche Abkehr von der Geschichte überhaupt.

Es hat immer Menschen gegeben, die keinerlei Verständnis für Geschichte hatten. Völker haben gelebt, die weder Geschichte aufzeichneten noch sich überhaupt mit ihr beschäftigten. Die Vergangenheit reichte für sie höchstens bis zu den vorletzten Generationen zurück; niemand fragte danach, was einmal vorher gewesen sei. Alle Erinnerungen waren in Mythen gehüllt, von irdischen Vorkommnissen weg in religiöse Vorstellungen. Es hatte sich ja auch vorher »nichts« geändert. So lebten die Australneger oder die Indianer des brasilianischen Urwalds ganz in der Gegenwart und nicht in der Geschichte. Diese Völker sind »geschichtslos«.

Andere Völker sehen zwar, wie sich offensichtlich alle ihre Lebensverhältnisse verändern, nicht nur die politischen, sondern auch die sozialen, wirtschaftlichen und kulturellen. Aber sie besitzen offenbar kein inneres Verhältnis zur Geschichte. Sie kümmern sich nur wenig darum, was einst gewesen ist. Geschichte ist ihnen gleichgültig. Sie bemühen sich um andere Werte. Als geschichtslos gelten etwa die Inder. Sie sind davon überzeugt, daß sich in Wahrheit, nämlich in der Tiefe, doch nichts ändert, denn sie messen alles Leben an ewigen Werten, am Sinn des Lebens. Warum sich also mit den gleichgültigen, stets wechselnden, in ihrer Bedeutung weit überschätzten Vorgängen des Tages befassen?

Die Chinesen besitzen seit sehr langer Zeit Aufzeichnungen über ihre Vergangenheit. Die Ahnen haben das Geschick Chinas nachhaltig geprägt. Die meisten Völker denken anders. Von einer höheren philosophischen Warte aus gesehen hat für sie die Vergangenheit keinen Einfluß auf das Leben, auf die Menschen, auf die Zukunft. Ist es nicht auch für den einfachen Menschen gleichgültig, wer vor zwei- oder gar dreihundert Jahren seine Vorfahren waren? Was sie getan und geleistet, wie sie sich geplagt und bemüht haben? Das ist längst vergessen! Nur der Adel leitet aus den Taten seiner Vorfahren eigene Rechte – und Pflichten – ab. Er trägt einen Namen, der vorwiegend durch die Geschichte seinen Glanz erhalten hat. Aus diesem besonderen Verhältnis zur Vergangenheit leitet sich auch das Interesse für Geschichte überhaupt ab. Muß es daher nicht auf einen engen Kreis der Bevölkerung beschränkt bleiben?

Die Juden sahen in der Geschichte die enge Verbindung zu Gott, die mit der Wanderung Abrahams aus Ur nach Palästina begann. In ihren Augen ist die Weltgeschichte zugleich der Weg zum großen Endziel: Der Jüngste Tag bringt die Wiedervereinigung mit Gott. Alles, was einst auf Erden geschah, war nur ein einziger Schritt zur Erfüllung dessen, was allein als Sinn der Geschichte aufzufassen ist, was der Sinn des Lebens bleibt.

Eines erscheint gewiß: Das Wissen allein um die Vergangenheit genügt nicht, um Geschichte lebendig werden zu lassen. Ereignisse ohne »Sinn«, die wir nicht »verstehen«, die uns persönlich nicht berühren, rechtfertigen nicht den Eifer, sie zu erforschen. Nur wenn man aus ihnen einen geistigen Nutzen zu ziehen vermag, wird man aus ihnen etwas »lernen«. Das wird nicht in erster Linie heißen, daß man für das eigene Handeln eine klare Richtschnur gewinnt, wohl aber dient Geschichte, um sich selbst zu erkennen. In dieser Hinsicht gilt für die Geschichte ähnliches wie für die Vergangenheit eines einzelnen Menschen. Auch er wird nicht so sehr »lernen«, wie er sich in einer künftigen Lage zu verhalten hat. Wie häufig wird er zwar nicht den gleichen, aber den entsprechenden »Fehler« wiederholen, einfach weil er annimmt, daß diesmal die Dinge ganz anders liegen als früher. Aber er wird – vielleicht! – sich selber besser erkennen. Und nicht nur sich selber, sondern auch die Mitmenschen!

Und noch wichtiger ist etwas anderes: Je mehr er sich seiner

Umwelt hingibt, desto mehr gewinnt er für sich selbst! Auf die Völker übertragen heißt das: Geschichte läßt uns einander näherkommen und zugleich Abstand gewinnen. Man versteht ein Volk nicht, wenn man dessen Geschichte nicht kennt. Dabei werden die einzelnen Ereignisse zurücktreten gegenüber den »tragenden Kräften«, die Aufstieg und Niedergang, Glanz und Elend bestimmt haben, die die großen Taten ebenso wie die bitteren Enttäuschungen, die Schuld ebenso wie das schreckliche Leid brachten. Es gehören dazu die Blutströme, die von den verschiedensten Seiten in ein Volk geflossen sind. Alles das sind jeweils geschichtliche Vorgänge. Dazu gehören auch geistige Umwälzungen, himmelstürmende Gedanken, tiefgründige Lehren, hervorragende Erfindungen, die todbringenden Waffen oder die Irrlehren des Fanatikers.

In manchen lateinamerikanischen Republiken erleben wir den Wiederaufstieg der indianischen Urbevölkerung, die seit der Eroberung durch die Spanier und Portugiesen aus der Politik und weitgehend auch aus dem Kulturleben ausgeschaltet war. In Afrika haben die Neger ihre Unabhängigkeit zurückgewonnen; die Herrschaft der fremden Kolonialmächte ist beendet. Betont durch den Unterschied der Hautfarbe, wird hier der Übergang von Ober- zur Unterschicht besonders deutlich. Spielt er sich jedoch nicht in der gesamten Geschichte seit ältesten Zeiten ab? Das japanische Volk zeigt verschiedene Typen: Vielleicht sind mehrere Einwandererwellen zu verschiedenen Zeiten auf die Inseln gekommen. Die Geschichte meldet davon nichts.

Mehr weiß man über die Vorgänge in China. Das Hanvolk, wie sich die Chinesen selber nennen, hat erst mit der Han-Dynastie im dritten vorchristlichen Jahrhundert die Macht übernommen. Im Laufe der Zeit haben sie ihr Reich über den Jangtsekiang bis zum Perlfluß und schließlich bis Indochina im Süden und bis zum Tarymbecken im Westen ausgedehnt. Jede Revolution brachte Unterschichten nach oben; jede Eroberung hat fremde Herrenvölker dem Hanvolk aufgezwungen. Wie hat sich eine solche Überlagerung abgespielt? Welchen Einfluß hat sie auf die Menschen, auf ihre Kultur und auf das Land insgesamt ausgeübt? Das ist zwar eine Frage an die Geschichte, aber sie berührt selbstverständlich zugleich die blutsmäßige Zusammensetzung und geistige Haltung des heutigen China.

Geschichte vollzieht sich in verschiedenen Ebenen. Alle sind sie wichtig, alle haben sie ihren besonderen Einfluß. Es gibt eine erlebte Geschichte, die sich in Taten niederschlägt, und eine erlittene Geschichte, die auch tiefere Erkenntnisse bringt. Und es gibt eine mitgefühlte Geschichte, die im Unterbewußtsein wurzelt und dort verbleibt. Was hilft es da, die Augen zu verschließen, sich mit Abscheu von der Geschichte abzuwenden als dem Bösen schlechthin. Der Abscheu kann sich wohl gegen das Geschehen selber richten, nicht aber gegen die Gefühle und seelischen Belastungen, die es in uns hinterlassen hat. Davon kommt kein Volk – und auch kein Einzelner – los, ob er seine Erinnerungen noch so sehr zu verdrängen sucht.

Das sind jene geschichtsfeindlichen Zeiten, da das schlechte Gewissen die blutbefleckte Vergangenheit zu vergessen sucht. Ohne Geschichte aber verlieren auch alle Werte ihre überzeugende Kraft. Die Griechen waren sich der Verbrechen ihrer Vorfahren, der homerischen Helden wie der Atriden, durchaus bewußt. Indem sie deren Schreckenstaten, Gattenmord, Muttermord, indem sie Vatermord und Mutterheirat darstellten, hofften sie, sich aus dieser Vergangenheit zu lösen und sich von ihr zu reinigen. Indem sie die grauenvollen Taten der Vorfahren, auf denen der Fluch der Götter lastete, erschüttert und bewußt nachvollzogen, befreiten sie sich zugleich von der eigenen Verantwortung; sie besänftigten die rächenden Götter. Gibt es nicht auch einen anderen Weg, sich von der Schuld wenigstens innerlich zu befreien?

Das Vergangene ist endgültig dahingeschwunden. Nie mehr darf es wiederkommen. Laßt uns daher die Opfer begraben und vergessen. Was soll es für einen Sinn haben, uns länger mit ihnen und ihren Henkern zu befassen, mit ihrem Fanatismus, ihrer Unduldsamkeit, ihrer Dummheit, ihrer Anmaßung, ihrem Neid, ihrer Bosheit, ihrer Grausamkeit und ihrer Faulheit. Weg von der Geschichte! Sie ist und bleibt doch nur die Summe aller Fehler, die die Menschen einmal begangen haben. Diese Meinung mag bis zu einem gewissen Umfang richtig sein.

Vergeblich bleibt das Bemühen, der eigenen Geschichte aus dem Weg zu gehen, um sich von jeder Verantwortung freizusprechen. Es scheint ein gefährlicher Versuch, von der Geschichte Abschied zu nehmen. Wer Geschichte aus seinem Weltbild auslöscht, löscht mehr aus als das Wissen um vergangene Zeiten. Er löscht gleichzeitig alles aus, was aus der Vergangenheit an Idealen, an Werten, an Maßstäben, an Vorbildern wie an Warnungen und Mahnmalen auf ihn überkommen ist. Ohne diese Werte steht der Mensch auf sich gestellt im Strom der Zeit und im Ringen um einen festen Halt inmitten der wechselnden Versuchungen, Bedrohungen, Anreize. Er steht aber auch allein im inneren Widerspruch mit sich selbst, mit seinen wechselnden Gefühlen. Werte werden nicht nur durch das Wort und die Lehre überliefert, sondern – in entscheidendem Umfang – durch das Vorbild. Das bietet die Vergangenheit.

In unserer von den Naturwissenschaften bestimmten modernen Welt glauben manche, allein der auf Zweck abgestellte Verstand dürfe unser Handeln bestimmen. In der Technik mag es durchaus möglich sein, auf mathematischen Berechnungen und geplanten Experimenten nach nüchternen Überlegungen mit Hilfe guter Einfälle die günstigste Lösung einmal gegebener, begrenzter Aufgaben zu finden. Im Leben ist das nicht möglich. Da treten Kräfte in den Vordergrund, die keineswegs an ihrem Zweck gemessen werden können. Nüchterne Überlegungen allein verfangen nicht immer. Im Widerstreit der Gefühle und damit der Leitlinien für das Handeln geben nur überzeugende Werte den notwendigen Halt wie die innere Kraft. Und diese Werte sind nicht allein vom wägenden Verstand zu fassen.

Was soll dem Techniker Geschichte schon nützen! Seine Aufgabe ist es, dafür zu sorgen, daß ein Rädchen sinnvoll in das andere greift. Die aufgewandte Energie soll die angestrebte Wirkung haben, und zwischen Aufwand und Nutzen soll ein vernünftiges Verhältnis bestehen. Schwierig genug, diese Aufgaben zu meistern. Ist die technische Seite des Problems gelöst, bleibt die wirtschaftliche zu bewältigen, was zuweilen mühevoll ist. Alle Aufgaben stellen sich dem Techniker in der Gegenwart – und nur in der Gegenwart! Auch wenn sie für die Zukunft gelöst werden, stehen nur die vorhandenen Mittel zur Verfügung. Was früher war, als die Menschen noch technisch rückständig waren, interessiert ihn nicht. Keines der heute wichtigen Probleme haben sie gesehen und angepackt, geschweige denn gelöst. Aus der Kenntnis der Naturgesetze und der technischen Mittel baut der Techniker seine Maschine. Und sie läuft. Um solche Aufgaben zu lösen, bedarf es wahrlich der Geschichte nicht! Darin hat der Techniker recht.

Aber wenn er seine Maschine in Betrieb nimmt, muß er mit Menschen »rechnen«. Sie sollen die Maschine bedienen. Sie sollen das verbrauchen, was die Maschine hervorbringt. Diese Menschen aber leben in gesellschaftlichen Verhältnissen, die geschichtlich gewachsen sind und die mit tausend Fäden der Geschichte verhaftet bleiben. Auch die Technik kann sich also nur im gesellschaftlichen Raum entfalten, und das heißt in einem von der Geschichte geprägten und von der Geschichte beherrschten Raum.

Die Erfahrung lehrt, wie schwer es ist, die moderne Technik in den »Entwicklungsländern« durchzusetzen. Da versagen alle logischen und praktischen Hinweise auf die doch unbestreitbaren Vorteile. Die Menschen leben noch in gesellschaftlichen Verhältnissen, die durch die moderne Technik gesprengt werden. Da werden Arbeitskräfte auf dem flachen Lande frei. Wo sollen sie hin? Da nimmt eine rasche Industrialisierung den kleinen Handwerkern ihr tägliches Brot. Worauf sollen sie sich umstellen? Da ballt sich die Produktion in wenigen Riesenbetrieben zusammen. Das bedeutet einen weiten Weg zum Arbeitsplatz, Pünktlichkeit bei Arbeitsbeginn und Disziplin am Arbeitsplatz. Sind die Menschen diesen neuen, ihnen bisher unbekannten Anforderungen gewachsen? Oder lehnen sie sich zunächst innerlich, dann offen dagegen auf, daß sie aus den überlieferten Lebensgewohnheiten gewaltsam vertrieben werden sollen?

Die Geschichte hat auch die angeblich so jungen Völker geprägt, weit stärker noch als manche Kulturnation, die längst nicht so intensiv aus der eigenen Vergangenheit lebt. Aber auch das ist ein geschichtlicher Vorgang. Aufgrund besonderer Ereignisse und Umstände haben sich die einen Völker so, die anderen anders entwickelt. Und nun stehen sie vor einer neuen geschichtlichen Entwicklung, mit der sie sich auseinandersetzen müssen. Ob ein solches Volk seine ganze Vergangenheit über Bord wirft, ob es nicht nach dem fragt, was einmal war, sondern sich mit allen seinen Fähigkeiten mit der Aufgabe selber auseinandersetzt, also letztlich nach dem Zweck und nicht dem Woher fragt, das ist eine historische Entscheidung.

Japan hat sich bis zur Mitte des vergangenen Jahrhunderts von der Außenwelt abgeschlossen. Dann mußte es sich mit seiner Umwelt, vor allem aber mit der modernen Technik, auseinandersetzen. Was konnte dabei die eigene Vergangenheit helfen? Und dennoch haben es die Japaner verstanden, ihre Vergangenheit lebendig zu halten und zugleich in die westliche Wissenschaft einzudringen. Japan hat sich die moderne Technik angeeignet und sie bereits beachtlich weitergebildet, ohne die Verbindung zur eigenen Vergangenheit abzuschneiden, obwohl die Gegensätze zwischen beiden Erfahrungswelten kaum zu überbrücken waren.

Aber auch in der modernen Industriegesellschaft gilt die Geschichte – ob man will oder nicht. Der moderne Mensch möchte gern den ganzen Ballast der Vergangenheit abschütteln. Er würde am liebsten ganz von vorn anfangen – ohne Geschichte! Allerdings nicht mit den Denkfehlern und der ganzen Unwissenheit der Vorfahren, sondern geschult und aufgeklärt, also mit allen Kenntnissen der Gegenwart, ausgebildet durch die besten Lehrer, geführt von hervorragenden Wissenschaftlern. So vorbereitet, müßte es doch gelingen, eine Welt zu bauen, in der alle Fehler der Vergangenheit vermieden werden, weil sie in der rationalen Welt nicht gemacht werden dürfen. Alles hat zu funktionieren wie in der Technik! Als ob man den Menschen ausschalten oder durch technische Einrichtungen ersetzen könnte!

Geschichte kann durchaus das geistige Verständnis wecken, und sie soll es tun. Sie ist berufen, den Menschen aus den engen Grenzen der Selbstüberschätzung, der Anmaßung und der Einbildung herauszuführen, daß nur er auf Erden zählt, daß sich alles Weltgeschehen nur um ihn dreht. Sie kann das umfassende Weltbild immer wieder zurechtrücken, um dem Menschen bewußt zu machen, daß alles, aber auch alles, vergänglich ist. Menschen ohne Verständnis für die Geschichte können wähnen, man könnte die Welt für tausend Jahre gestalten. Dabei hätten sie nur hundert Jahre in die Weltgeschichte zurückzublicken brauchen, um den ganzen Widersinn einer solchen Anmaßung zu erkennen.

Geschichte berichtet von dem ständigen Wandel zu allen Zeiten, in allen Räumen. Diese Erkenntnis sollte bescheiden machen. In diese Zurückhaltung mischt sich jedoch zugleich die ungeheure Hochachtung vor dem, was Menschen in der Vergangenheit geleistet, was sie geschaffen, was sie erlitten und geduldet haben! Zu wissen, wie schwer es die Vorfahren, wie schwer es andere Völker gehabt haben, wird ihm in dunklen Stunden, wenn er zu verzweifeln droht, die Kraft geben, dem scheinbar übermächtigen Schicksal zu trotzen.

Zwanzig Jahre hat die geschichtslose Zeit in Deutschland gedauert, da es kaum noch Geschichtsunterricht an den Schulen gab, da das Geschichtsbewußtsein in der Öffentlichkeit und selbst bei den Gebildeten ständig abnahm. Das Ergebnis ist erschreckend. Die Werte wurden zu verlachten »Tabus«, zu widernatürlichen Verboten einer als »repressiv« bezeichneten Gesellschaft. Mit der Geschichte verschwand der ethische Halt. Warum halten manche Völker an ihrer »großen Vergangenheit« fest? Alle Heldentaten der Vorfahren wiegen leicht gegenüber der vielleicht kümmerlichen Lage der Nachfahren, wenn man nur die materiellen Verhältnisse betrachtet. Aber aus der Erinnerung soll der Wille erwachsen, es den früheren Geschlechtern gleichzutun, so wie der Sohn sich bemüht, in die Fußtapfen des Vaters zu treten.

Was aber kann Geschichte bieten, wenn sie neben den hervorragenden Vorbildern und den nacheifernswerten Idealgestalten auch von kläglichem Versagen oder gar von schrecklichen Verbrechen berichtet? Man kann einen Strich ziehen und vergessen. Fallen damit nicht auch die Werte, die sich an die Vorbilder anlehnten? Ist nicht Gleichgültigkeit, ja selbst Ablehnung die unausweichliche Folge? Wer vergessen will, müßte auch auf alles verzichten, was in der Geschichte gewachsen ist, und damit auf vieles, was ihn selber geprägt hat.

Mühsam, Schritt für Schritt, sind die Menschen fortgeschritten, von den einfachen halbtierischen Lebensformen zur Erfindung des ersten Gerätes, zum Ackerbau und zur Viehzucht. Man mag bezweifeln, ob die Menschen dadurch »glücklicher« geworden sind. Die Geschichte fragt jedoch nicht nach »Glück«, und es bleibt zweifelhaft, ob es im Leben überhaupt einen Anspruch auf Glück gibt, das im Verharren des Gegenwärtigen besteht, im Abkapseln gegen das, was ringsherum sich wandelt.

Werd' ich zum Augenblicke sagen:
Verweile doch! du bist do schön!
Dann magst du mich in Fesseln schlagen,
Dann will ich gern zugrunde gehn!

Gegenüber der manchmal fast unerträglichen Spannung, die jeder Wandel auferlegt, gegenüber der Anstrengung, die erforderlich ist, um im Wandel zu bestehen, mag das Verharren »im Augenblick«

Ruhe, ja fast so etwas wie Glück versprechen. Ruhe und Frieden lösen die Sorgen und die Ängste. Auch Faust muß im Alter erkennen: Ein wirkliches Verharren bringt erst der Tod.

Geschichte hingegen bedeutet Wandel! Sichtbar wird er in den Krisen, in denen das Alte und das Neue aufeinanderprallen, bis schließlich der Umbruch erfolgt, der das Alte wegfegt. Die Probleme werden aber nicht gelöst, indem man die Augen vor der Vergangenheit verschließt, indem man gewissermaßen nur auf die Zukunft starrt, die man herbeiführen oder gar erzwingen will. Im Gegenteil! Ohne Kenntnis – und ohne Verständnis – der Geschichte wird die Krise eigentlich unvermeidlich, weil ein friedlicher Übergang nur über die geistige Auseinandersetzung mit dem Alten möglich ist. Die Krise besteht ja darin, daß die Zeitgenossen jäh einer neuen Lage begegnen, die sie meistern sollen – und nicht meistern können.

Aus der Geschichte erwächst ihnen – vielleicht – die Erkenntnis des Überlieferten und manchmal auch der Wille, die gewordenen Zustände zu überwinden. Und zugleich erwächst aus der Geschichte die moralische Kraft, dem Neuen gewachsen zu sein. Geschichte bildet mit ihrem Wissen um das Gewordene den Rückhalt, aus dem man schöpfen kann, sie tröstet, daß nun nicht der Weltuntergang anbricht. Sieht man die Dinge in größerem Zusammenhang, bleibt eine gewisse Hoffnung, daß auch diese Krise – vielleicht – überwunden werden kann. Die Vergangenheit kann uns das Verständnis für die Gegenwart erschließen, zugleich aber auch jenes Selbstvertrauen geben, das notwendig ist, um die Zukunft zu bestehen. In diesem Sinne ist Geschichte eine Aufgabe des Geistes. Der Geist soll Schicksal sehen und ertragen. Der Geist ist die stärkste Waffe, um zu bestehen. Ohne den Widerstand, der vom Geist getragen wird, erdrückt das Verhängnis den Menschen, er läßt ihn in der Krise verzweifeln.

Immer wieder bäumt sich ein Mensch gegen das verkrustete Alte auf. Und jedes Aufbäumen macht Geschichte. Es ist gewiß nicht immer ehrenvoll, wie der einzelne sich durchzusetzen sucht, auf Kosten der anderen, auf Kosten der Zukunft, hart und grausam, sinnlos wütend, weil die anderen ihm gleichgültig sind. Er will leben. Er will schaffen. Er will womöglich herrschen. Er sieht in seiner Niedertracht vielleicht nur sich selbst. Der Weg der Geschichte ist mit Missetaten gepflastert. Es sind diese Fehler ebenso wie die

Erkenntnisse, das Versagen ebenso wie die großen Taten, die Verbrechen wie die Errungenschaften der Vergangenheit, die die Welt und die Menschen zu dem gemacht haben, was sie heute sind.

Und dennoch schreitet die Menschheit voran. Der Bosheit und der Niedertracht, der Grausamkeit und der Menschenverachtung stehen die alten menschlichen Tugenden wie Opferbereitschaft, Gemeinsinn, Mut und Tapferkeit gegenüber. Entscheidend aber bleiben – wie seit eh und je – auch weiterhin die geistigen Leistungen der schöpferischen Menschen in der stillen Gelehrtenstube, in den Schriften der Denker und Dichter. Zu ihnen gehören – lange Zeit nur ungenügend beachtet – die großen Erfindungen, die Versuchsreihen in den Laboratorien, das Programmieren der Rechenmaschinen. Dazu gehören die überraschenden, manchmal blitzartigen Erleuchtungen ebenso wie die zäh und mühevoll errungenen Erkenntnisse der Naturwissenschaftler.

Geistige Taten haben die Menschheit vorangebracht, sie machten Geschichte! Man muß geistige Probleme zunächst einmal überhaupt sehen; erst dann stellt sich die Aufgabe, sie zu lösen. Das ist meist ein schmerzhafter Prozeß, schmerzhaft für den, der ihn auf sich nimmt, schmerzhaft häufig genug auch für die anderen, die von ihm betroffen werden. Der Geist hat immer ein zwiefaches Gesicht: Auf der einen Seite zerstört er, was früher war, und auf der anderen baut er neu auf. Ist diese neue Welt »besser« als die gestürzte? Das zu fragen ist nicht Sache der Geschichte. Religionsstifter und Propheten mögen darüber urteilen. Wie oft haben sie das verdammt, was die Irrlehrer predigten! Aber unterscheidet sich das, was sie selber einmal getan haben, eigentlich von den »Irrlehren« der Reformer, der Fanatiker, der Schwarmgeister? Geschichte hat nicht zum Ziel die sittliche Besserung der Menschen. Ihr Thema ist der lange Weg zu den heutigen Zuständen. Es hängt von uns ab, ob wir diese Zustände als gut oder böse bezeichnen wollen. Eines jedenfalls ist sicher: Sie unterscheiden sich von denen früherer Zeiten.

Vorangebracht wurde die Menschheit stets durch den Geist. Das war an erster Stelle die schöpferische Kraft des Denkens und Formens. Gespeist wurde diese geistige Kraft in hohem Maße aus den Gefühlswerten, von moralischen Tugenden, von inneren seelischen Werten. Sie zieren die Vergangenheit. Sie setzen die Maßstäbe für die folgenden Geschlechter.

Menschen werden geprägt durch das, was sie erlebt haben. Dabei spielt eine bedeutsame Rolle, wie sie ihre Erlebnisse empfunden haben. Jeder Mensch – und jedes Volk – verarbeitet seine Vergangenheit anders. Der eine »bewältigt« sie, der andere »verdrängt« sie; den einen drückt sie darnieder, dem anderen gibt sie einen besonderen Auftrieb. Dabei ziehen die einen diese, die anderen eine entgegengesetzte Folgerung. Ein schrecklicher Krieg macht den einen zum überzeugten Friedensfreund, den anderen zum haßerfüllten Revanchisten. Die Geschichte bietet kein in sich ruhendes Wissen um feststehende Tatsachen. Damit allein kommt man nicht aus.

Geschichte ist mitgefühltes Leben. Man kann zu ihr stehen, wie man will. Man kann die Achsel zucken über die Wahnsinnigen, die einst Verbrechen auf Verbrechen, Fehler auf Fehler häuften. Auf uns fallen sie dennoch zurück. Wir haben mit den Folgen zu leben. Nachträglich werden sich recht unterschiedliche Urteile gegenüberstehen. Die einen werden billigen, was geschah, die anderen alles verwerfen. Jeder hat eben sein recht persönliches, gefühlsbeladenes Verhältnis zur Vergangenheit. Das kann sich bis zum Trauma steigern.

Sobald der Dollpunkt berührt wird, reagiert ein Volk nicht mehr vernünftig, sondern übermäßig gefühlsbetont. Kaum ein Politiker wagt es dann, sich dieser Welle verdrängter Angstgefühle oder aufbrausender Erregung entgegenzuwerfen. Eine solche Haltung kann aus einer recht und schlecht überwundenen Krise mit allen damit verbundenen Schrecken erwachsen, kann aber auch dem Siegesgefühl nach einem großen Erfolg entspringen. Das algerische Volk wird heute durch die Erinnerung an den Sieg im Befreiungskampf bestimmt, viele afrikanische Völker durch die Erinnerung an die Kolonialzeit, Indien durch die Spaltung in Indien und Pakistan, die Vereinigten Staaten durch die Weltkriege auf der einen, die Weltwirtschaftskrise auf der anderen Seite; die deutsche Jugend ist jedoch im »Wirtschaftswunder« herangewachsen. Ihr ist die Not der Währungskrisen, die die vorangegangenen Generationen bedrückt hat, erspart geblieben, und damit ein wirtschaftlicher Alpdruck.

Darf der Geschichtsschreiber diesem Trend nachgeben? Darf er sich dem allgemeinen Urteil über Tatsachen beugen? Oder ist es seine Pflicht, solchen einseitigen, gefühlsmäßigen Einstellungen entgegenzuwirken, um die Dollpunkte zu entschärfen? Ist der Historiker neutral, ist er objektiv, kann er der »reinen Wahrheit« dienen, indem er sich von seiner eigenen Zeit löst, indem er eindeutig nur die »Tatsachen« sprechen läßt? Auch der Geschichtsschreiber unterliegt den Einflüssen der Geschichte. Auch er wird durch seine eigene Erfahrung, durch die Erfahrung seiner Vorgänger und natürlich auch durch seine Umwelt geprägt! Auch er gehört zu »geistigen Richtungen« seiner Zeit, sei es nationalen, sozialen, religiösen oder ideologischen. Je nachdem wird er auch aus der Vergangenheit diejenigen »Werte« herausarbeiten, die er selber für solche hält. Er wird versuchen, sie in der Geschichte nachzuweisen, sie herauszustellen und ihnen eine Bedeutung zuzuschreiben, die ihnen vielleicht – mindestens in den Augen der anderen – gar nicht zukommt.

Wer die Vergangenheit erforscht, sucht nach einer Bestätigung seiner Ansichten. Ist er aufgeschlossen, wird er seine Ansichten den neuen Erkenntnissen anpassen. Bleibt er engstirnig, legt er den erforschten Tatsachen seinen, also einen willkürlich aufgestellten Sinn unter. Er schreibt Geschichte mit gefärbter Brille. Manche sind so weit von ihrer Weltanschauung durchdrungen, daß sie nicht mehr merken, wie sehr sie in die Geschichte das hineindeuten, was sie aus ihr herauszulesen glauben. Das gilt besonders für die Leitbilder. Leitbilder erwachsen nie aus der Geschichte. Sie werden von den Zeitgenossen, den Lehrern und Denkern gesetzt. Aber ihre Kraft gewinnen sie meist aus der Vergangenheit. Christus berief sich auf das Alte Testament; die Eidgenossen auf die Rechte der Vorfahren; die Bauern auf altes Volksrecht; die Marxisten heute auf den »roten Preußen«; Mao auf Lenin. Immer wieder zeigt sich: Der Mensch braucht eine Bestätigung aus der Geschichte für seine himmelstürmenden Ideale wie für seine Forderung nach gesellschaftlichen Reformen, für eine als vorbildlich angesehene Haltung wie für Gemeinsinn und persönlichen Einsatz.

Den Leitbildern geben die abschreckenden Gegenbeispiele den scharfen Umriß. Den Guten und Großen stehen die Bösewichter gegenüber. Wie will man unterscheiden? Geschichte wird mißbraucht, wenn sie Leitbilder dem Erfolg entnimmt, wenn diese Leitbilder dazu dienen sollen, den Unterdrückten ihr Schicksal schmackhaft zu machen, die rücksichtslose Macht zu rechtfertigen und zu verlängern. Leitbilder aus der Geschichte tragen in sich die

Gefahr, das Gewachsene zu verherrlichen. Genügt es jedoch, sie zu durchschauen? Oder müssen den falschen Werten vielleicht andere, etwa ungeschichtliche, entgegengehalten werden?

Selbst mit dieser Einschränkung gilt der Satz, daß Geschichte gewisse Werte sichtbar macht. Es sind andere Werte als die der Philosophen, als die der Offenbarung, wie die großen Propheten sie unmittelbar von Gott empfangen. Es sind die Werte, die gelebt, die vorgelebt wurden. Sie werden in Liedern und Sagen und in den Berichten der Vorfahren weitergereicht. Sie werden vor allem hervorgeholt, wenn die Menschen sich fragen, wie sie sich in einer besonders kritischen Lage verhalten sollen. Sie haben den einen großen Vorzug gegenüber allen Idealen, sie haben sich auf Erden bewährt. Sie haben Gestalt genommen. Wie sollten die Völker sonst inmitten aller Unsicherheit und aller Zweifel bestehen?

Die Vorfahren setzen gewiß nicht immer ein Vorbild. Die Schwächen, die Untugenden, ja die Fehler und Verbrechen lassen sich kaum leugnen. Geschichte sollte nicht zur Schönfärberei oder zum Heldengesang der Barden werden. Kühl und nüchtern muß man die Tatsachen feststellen! Dazu gehört auch, die verhängnisvolle Verstrickung von Einsicht und Irrtum, von Wahn und Überzeugung, von gutem Wollen und verwerflichen Mitteln, von Zusammenhängen und Abhängigkeiten zu durchschauen. Dann wird manches, was zunächst als Verbrechen aussah, zum geschichtlich bedingten Verhängnis. Wir werden gewarnt. Es ist Hochmut, sich einzubilden, »das hätten wir nie getan, das wäre uns nie zugestoßen«.

Man muß wohl den Sinn dessen, was man unter dem Begriff der »Werte« zusammenfaßt, recht weit auslegen. Gemeint sind die Richtlinien, die wir unserem Verhalten zugrunde legen. Religiöse und moralische Werte wollen vor allem das persönliche Leben des einzelnen lenken und ausrichten. Da steht das Verhältnis zu Gott, da steht die Auseinandersetzung mit dem eigenen Gewissen im Vordergrund. Die geschichtlichen Werte beziehen sich in der Regel auf die Gemeinschaft, auf das öffentliche Leben überhaupt. Sie werden geprägt von der Verantwortung gegenüber der Umwelt, mag das der Stamm, das Dorf, die Gemeinde oder das Volk und der Staat sein.

Vom religiösen Standpunkt aus gesehen stellen die Werte des öffentlichen Lebens häufig falsche Götter, Götzen dar. Doch müssen wir uns mit diesen Werten auseinandersetzen, wenn wir in einer Gemeinschaft leben wollen. Diese Gemeinschaft ist nicht willkürlich von Menschen geschaffen, sie ist auch nicht von Gott gesetzt – sie ist geschichtlich gewachsen! Bei geschichtlichen Werten geht es vor allem um die Verantwortung gegenüber den öffentlichen Aufgaben. Eigennutz und Einsicht werden sich manchmal schroff gegenüberstehen. Alle öffentlichen Lasten drücken den einzelnen, ob er nun Steuern zahlen oder ob er gar sein Leben einsetzen soll. Nur höhere Werte können den einzelnen dazu bewegen, diese Verantwortung gegenüber der Gemeinschaft einzusehen.

Es ist gewiß ein Unterschied, ob man Werte anerkennt oder ob man nach ihnen tatsächlich lebt. Aber es bleibt Voraussetzung für das Leben in der Gemeinschaft, daß die Werte erkannt und anerkannt werden, wenn auch zunächst nur in der Theorie. Ständig wird Kritik an diesen Werten zehren, wird sie abschleifen und ändern wollen, vielleicht untergraben. Selbst die ältesten Werte, wie die der Menschenwürde, müssen immer wieder neu durchdacht werden, weil die Gefahren, die ihnen drohen, sich jeweils ändern. Auch das ist geschichtlich bedingt.

Sinn aller dieser Werte wird stets das Zusammenwirken mit den Nächsten bleiben – nicht das Seelenleben des einzelnen. Werte lassen auch offensichtliche Ungerechtigkeiten hinnehmen. Die vollendete Gerechtigkeit gibt es nicht auf Erden, was nicht nur zum Vorteil der großen Herren gesagt wird. Auch die Kleinen und Bescheidenen bedürfen eines geistigen Trostes, der sie mit ihrem Schicksal aussöhnt – oder ihnen die Kraft gibt, notfalls die Fesseln abzustreifen, wenn die Knechtschaft unerträglich wird.

Weltverbesserer lieben es, einen »neuen Menschen« zu fordern, der nach den neuen Werten lebt. Sie möchten dabei gern die Lehren der Vergangenheit – weil nunmehr überholt – beiseite schieben. Sie wollen keine Vorbilder, sondern Zielsetzungen. Sie bauen ihr Weltbild aus ihrer Zukunftserwartung heraus auf. Aber auch sie setzen Werte, selbst wenn sie diese auch nicht von der Vergangenheit ableiten wollen, sondern aus höherer Erkenntnis heraus. Dabei meinen sie, diese ihre Werte seien so einprägsam, so selbstverständlich, daß sie in sich genügen, um sich durchzusetzen. Aber genügt das tatsächlich?

Es hat immer Menschen gegeben, die sich damit abfanden, bescheiden für sich dahinzuleben, fähig, die Anstrengungen und Leiden des Lebens zu ertragen. Ihnen fehlt jedoch der Ansporn, sich aus eigener Kraft aus dem bis dahin Gewachsenen zu lösen und das bis dahin Gewordene zu verändern, um die äußeren Verhältnisse zu verbessern – für sich und für die anderen. Der Grund für das Versagen liegt oft nicht so sehr in den manchmal unglücklichen äußeren Lebensbedingungen wie vielmehr am Fehlen der geistigen Kraft, aufzubegehren, um einen neuen Weg zu suchen. Woher soll jedoch diese Kraft inmitten des unendlichen Elends kommen? Die Geschichte kann dabei nur mithelfen. Sie kann auf Erfahrungen und auf Vorbilder bei den eigenen Vorfahren oder in anderen Ländern verweisen. Das gilt für jedes Vorbild. Maßstäbe aber ersetzen niemals den eigenen Willen zum Handeln.

Der Sinn der Geschichte tritt besonders klar hervor, wenn man auf Geschichte verzichtet hat und ihrer entraten muß. Meist folgt der Geschichtslosigkeit die große geistige und moralische Krise. Dann beginnt der Aufstand gegen alle Werte, denn alle sind sie zunächst und in der Hauptsache geschichtliche Werte. Neue zu begründen, neue der Mitwelt aufzuprägen gelingt nur selten, und auch dann fast immer erst in einem längeren, also geschichtlichen Prozeß. Weltverbesserer glauben, sie allein könnten neue Werte prägen. In der Regel rufen sie jedoch nur uralte Erinnerungen wieder wach, denen sie eine neue Deutung geben.

Unsere Welt wird von einer geistigen Krise geschüttelt. Es scheint die Krise unserer Zeit überhaupt zu sein. Überall lehnt sich die Jugend oder wenigstens ein Teil von ihr gegen überlieferte Werte auf. Sie erkennt die Autorität der Älteren nicht an, sie fragt nach der Berechtigung, Vorschriften zu machen. Sie lehnt eine überlieferte Rangstellung ab, ob sie sich auf soziale Stellung, auf Hautfarbe oder auf politische Macht stützt. Die gegenwärtige Gesellschaftsordnung erscheint als fragwürdig.

Die geistige Grundlage ist erschüttert. Wir fragen – bekommen aber keine Antwort. Die allgemein anerkannten »Werte«, wie die Menschenwürde, die Freiheit, die Demokratie, werden ausgehöhlt. Der neue Sinn, der diesen Worten unterlegt wird, hebt sie auf. Wir suchen nach Werten, die verbindlich sein können für uns und für andere. Solche Werte bedürfen jedoch ihrer festen Untermauerung in der Geschichte. Wir schneiden die Wurzeln ab, wenn wir diesen Zusammenhang nicht sehen.

Wenn unsere Zeit aus ihrer geistigen Krise herausfinden will, so wird sie – nicht zuletzt – auch die Aufgabe meistern müssen, unsere Werte und damit unser Weltbild fest in der Geschichte zu verankern. Sonst dürfte auf die geistige Krise die allgemeine Auflösung folgen. Wir wären der Zukunft nicht mehr gewachsen, weil wir die Vergangenheit vergessen haben.

Register

F

G

J

K

L

M

N

S